Koji Wakui Presents

THE KINKS COMPLETE

書き割りの英國、遙かなる亜米利加

責任編集　和久井光司

河出書房新社

目 次

INTRODUCTION
午前４時、裏声で歌う「バナナ・ボート・ソング」

和久井光司

ザ・キンクスを意識的に聴くようになる前から私はバンドをやっていた。音楽に導いてくれたのはビートルズやボブ・ディラン、ニール・ヤングやルー・リードだと思っているけれど、高校を卒業した１９７７年にキンクスにハマらなければ、私の音楽や表現活動はまったく違うものになっていただろう、と、いま改めて思う。

大学受験には失敗したものの、当時の私は調子に乗っていた。予備校に行くふりをして高校時代から続けていたジーンズ・ショップのバイトに直行し、楽器車やＰＡ機材を買ってバンドを生活の中心に置いた。新店を先輩と任されたり、見よう見まねで始めたＰＡ屋で高校の文化祭ぐらいの仕事ならできるようになったから、予備校には３日しか行かず、バイトとバンドとＰＡでスケジュールを埋めていくようになったのだ。

けれどもそんな生活は４ヶ月しか続かなかった。８月、仲間と楽器車に女のコたちを乗せて泊まりで千葉の御宿に泳ぎに行った。バイト先のシフトがどうしても動かせなかったため、先輩と口裏を合わせて風邪をひいたことにしたのだが、これが社長にバレて、気に入っていたバイトをあっさりクビになってしまった。新店は先輩と私でまわしていたから会社に必要とされていると思っていたのだが、甘かった。「バイトとはいえ仕事に責任が持てないヤツはダメだ」と父よりも年上の社長に言われ、あっさり放り出されてしまったのである。

車やＰＡのローンもあるから、収入がないのは困る。母が周囲に「まったくウチのどら息子は……」とこぼしているのを知った川崎の楽器屋の営業部長が誘ってくれて、10月から私は楽器を売るようになった。そこにも半年しかいなかったのだけれど、川崎で働いていた19のときに私はキンクスの虜になったのだ。

実は中1の3学期から、キンクスは気になる存在だった。１９７２年の2月だと思う。『音楽専科』という雑誌で「71年不発アルバム35」という特集があって（現物が手元にないから記憶は不確かだが本書の大筋に影響することではないのであえて調べない）、そこで『マスウェル・ヒルビリーズ』が選ばれていた。ジャケットの渋さに惹かれた私は大きなレコード店に行くたびに手に取って眺めていたのだが、ディランのオリジナル・アルバムを買ったり、アル・クーパーに飛んだりしていたので、キンクスまで手がまわらなかった。ザ・フーも同じような存在だったが、高校のときにバイト先の店長が『ライヴ・アット・リーズ』と『フーズ・ネクスト』を貸してくれたおかげで、かろうじてフーは知っていた。

川崎の楽器屋時代、私の楽しみは昼休みの一時間だった。近所の吉野家などで15分でメシをかきこむと、そのあとは京浜川崎の駅の近くにあった大きな新星堂でレコードを見て過ごす。そこではアメリカのカット盤や廉価盤が一律５００円で売っていたし、国内盤で出ているロックのレコードはだいたい揃っていた。私はカット盤をまぜて毎週5〜6枚のLPを買っていたから、楽器屋に通っているあいだに持っているレコードが倍になった。

そんなある日、５００円コーナーにRCA時代のキンクスがまとめて入荷した。忘れもしない、『プリザヴェイション』『同・アクトⅡ』『ソープ・オペラ』『スクールボーイズ・イン・ディスグレイス』である。しかし、一気に買うのはどうかと思った。そこで私は半年ほど前にリリースされた国内盤の『スリープウォーカー』を買ってみた。定価で聴いても気に入るようなバンドだったら、５００円のカット盤がいっそうありがたく感じられるだろうと考え、そのライナーを読めば近年のキンクスの活動が把握できるとも思ったのだ。

そして私は『スリープウォーカー』にKOされる。まいりました、だった。「どうしてこんないいバンドが語られてないの?」と思った私は翌日５００円のカット盤をまとめて買い、バイトが休みの日にはディスクユニオンなどをまわって中古盤を集めた（それは簡単ではなく、結局4年くらいかかったと思う）。そのせいか、川崎の楽器屋で働いていたころの記憶は、キンクスのアルバムを集めた日々にすり変わっている。

77年はロック・ファンには微妙な年だった。前年に出たボズ・スキャッグスの『シルク・ディグリーズ』や、イーグルスの『ホテル・カリフォルニア』が爆発的に売れ続け、フリートウッド・マックの『噂』がその年いちばんのヒット作となった。当時はデイヴ・メイスンがフェイヴァリットだった私は、英国人とアメリカ人の混合バンドが大好きということもあって『噂』にヤラれていた。しかし、すでにパティ・スミスやラモーンズを聴き、「これこそロックじゃない？」とも思っていたのだ。

ロンドンでパンクが凄いことになっている、と話題になり始めたころ、髪の毛を立てて頬に安全ピンを刺し、破れた服を着て暴れるパンクスには嫌悪感しか抱かなかったが、クラッシュやジャムやストラングラーズを聴いて、時代が音を立てて変わっていこうとしているのを感じた私は、パンクの導火線とも言えるパブ・ロック勢、つまり、ドクター・フィールグッドやグレアム・パーカー＆ザ・ルーモアに夢中になり始めていた。

そんなときにキンクスを集めたというのは大きかった。『スリープウォーカー』からＲＣＡ時代、『ローラ』からパイ時代を遡って初期に達したところで、パンクやパブ・ロックとキンクスが繋がった。「うわ、そういうことだったのか！」と悟った私は慌ててフーのアルバムを集め、デイヴィッド・ボウイの『ピンナップス』をひっぱり出してそこでカヴァーされていた曲のオリジナル盤も探すようになった。パンクやニュー・ウェイヴを聴けば聴くほど60年代のブリティッシュ・ビートがリアルになるという刺激は、なにものにも代え難かった。

しかし私の好みはＲＣＡ時代のキンクスに尽きた。歌詞がわからないと全体の意味が掴めない、と思った私は５００円で買った『プリザヴェイション』からの４作を日本盤に買い替え、レイ・デイヴィスのドラマづくりのセンスに痺れた。ショウ・ビズ界や英国社会への風刺や反感を〝悲喜劇〟に仕立て、ロックという芯はブレないまま〝労働者階級のミュージカル〟に発展させるレイ・デイヴィスは、チャーリー・チャップリンとレニー・ブルースと植木等が一緒になったような人だ、と思った。

そしてそれは、そのまま〝私のセンス〟になった。キンキーな私は自分のセンスを世に問うつもりで本書を投下する。まずは♪デ〜〜オ、デ〜エエ〜オ、と「バナナ・ボート」を歌うつもりでこの３ページを書いた。理由なんか訊かないでくれ。無粋だな、キミは（笑）。

Chapter 1

THE STORY OF THE KINKS

犬伏 功

第二次世界大戦さなかの1944年6月21日、レイモンド・ダグラス・デイヴィスはロンドン北部のマスウェル・ヒル近郊、フォーティス・ヒルで生を受けた。デイヴィス家は労働者階級に属していたが、庭師の父フレデリックには家族を支えるに充分な収入があり、戦時中にロンドンの中心地キングズ・クロスからここに越して居を構えたのだった。レイの上には5人の姉――ローズ、ルネ、ドロシー、ジョイス、ペグ――がいて、21人兄弟の中で育ったという母アニーのポリシーによって個々のプライヴァシーよりも家族であることにこだわったオープンな生活を送っていたが、そんな環境にレイは馴染むことができず、幼い頃の彼は家庭内でひとり心を閉ざしていたという。一方、47年2月3日に生まれた弟、デイヴィッド・ラッセル・デイヴィスは、レイとは対照的に勝気で活発な子供だった。

早くから音楽に興味を持ったレイを積極的にサポートしたのが、姉ルネだった。彼女は自らピアノを教えるなど日頃からレイの面倒を見ていたが、両親がスパニッシュ・ギターをレイにプレゼントした彼の13歳の誕生日の夜、ダンスホールで倒れて急逝。心臓疾患が原因だったらしいが、このことがレイの心を深く傷つけてしまう。しかし、姉ペグの夫で音楽家だったマイク・ピッカーがレイに手を差しのべ、クラシック・ギターの奏法や彼が知る音楽の基礎知識をレイに伝授していったのだ。

デイヴが最初のギター、ハーモニーのミーティアを手にしたのは59年12月のことだった。母がローンで買ってくれたギターでデイヴはロックンロールに心酔していく。

その頃レイは、ひとりギターを手に地元マスウェル・ヒルにあるパブ、クリソールド・アームズで歌ったが、デイヴと一緒に演奏するのも悪くないと思うようになる。エヴァリー・ブラザーズに憧れるデイヴと想いは一致し、60年12月に祖母の旧姓を拝借したデュオ、ケリー・ブラザーズが結成され、ふたりはすぐにクリソールド・アームズに出演している。この時レイは憧れていたチェット・アトキンスからの影響を物語るカントリー調の自作曲‘Rocky Mountain’や‘South’を披露。後者は「ウェイティング・フォー・ユー」の元になった。

61年9月にはデイヴが（レイと同学年の）ピート・クウェイフと一緒に演奏する仲となり、クウェイフが親友のドラマー、ジョン・スマートを誘ったことでバンドの体裁になっていく。そんな中レイは、62年10月にグラナダ・テレビで放映された番組『ディス・ワンダフル・ワールド』で観たビッグ・ビル・ブルーンジーの演奏に衝撃を受けた。

そして12月15日、アレクシス・コーナーのブルース・インコーポレーテッドの公演を観たレイは、終演後に「R&Bバンドの仕事はないですか？」とコーナーの楽屋へ押しかけたのだ。面倒見のいいコーナーは自分の電話番号を伝え、ピカデリー・クラブで（のちにヤードバーズを売る）ジョルジオ・ゴメルスキーに会う機会を与えてくれた。レイはゴメルスキーからクラブで演奏するデイヴ・ハントを紹介され、しばらく彼のバンドでギターを弾いていたが、仕事はあったもののギャラはさっぱりだったので数回のギグで脱退。3月からはハミルトン・キングズ・バンドにギタリストとして参加し、やがて自身のバンド――クウェイフの提案でデュエン・エディの曲から拝借したラムロッズ（The Ramrods）と名乗るようになった――を再始動する。これが62年4月のこと。バー・バンドの仕事に未練があったレイは、しばらくハミルトン・キング・バンドとラムロッズを掛け持ちする状態を続けた。

6月、レイはクロイドン・スクール・オブ・アートで舞台美術の勉強を始めたが、学業は決して楽しくなかったようだ。その後ジョン・スマートが脱退、8月にミッキー・ウィレットが後任として迎えられ、9月にはデイヴの提案で、エディ・コクランの「サムシング・エルス」のB面曲のタイトルから拝借したボール・ウィーヴィルズ（The Ball-Weevils）にバンド名を改めている。

レコード・デビューを目指して

この頃、ビートルズの成功をきっかけにビート・バンドを売り出すことが実業家たちの新たなビジネスとして注目されていた。ロバート・ウェイスもそんなひとりだった。彼は父親が成した印刷業を継がずにバンドで一発当てようと画策、新人バンドの物色をするため株式仲買人の友人グレンヴィル・コリンズとともにデンマーク・ストリートを頻繁に訪れていた。彼らはアイヴィー・リーグのマネージャー、テリー・ケネディーから得た情報でボール・ウィーヴィルズに連絡してきた。バンドはプロになる意思がなかったものの、いい仕事にありつけるかもしれないとウェイスのマネージャー就任を承諾。歌手志望だったウェイスのバック・バンドになることも引き受けたが、シンガーとしての彼の評判は惨憺たるものだった。結局ウェイスは歌手になることを諦め、バンドの売り出しに専念していくのだ。

63年10月19日、リージェント・サウンド・スタジオで「アイム・ア・ホッグ・フォー・ユー」と自作曲の「アイ・ビリーヴド・ユー」を録音。ウェイスの人脈を活かしたパーティーへの出演などバンドは精力的に活動し、ウェイスとコリンズはオーストリア人のパブリッシャー、エディー・カスナーと、元シンガーでマネージャーのラリー・ペイジが設立したデンマーク・プロダクションとパートナーシップ契約を交わした。業界でも特に嗅覚が鋭いと言われたペイジはレイの才能を見抜き、音楽ビジネスにおける作曲の重要性を指南。リフこそがヒット曲の要である、歌詞は〝Ｙｏｕ〟と〝Ｍｅ〟の関係を際立たせる——など自説を説き、彼をサポートしていく。11月になるとバンドはレイヴンス（The Ravens）を名乗るようになったが、その頃ミッキー・ウィレットが脱退。バンドはドラマー不在のままでの活動を続けなければならなかった。

アメリカ人のプロデューサー、シェル・タルミーがレイヴンスと関わるきっかけとなったのは、ミルズ・ミュージックにウェイスが持ち込んだ一枚のアセテート盤だった。これを聴いて興味を持ったタルミーは、パイ・レコードに彼らを紹介。すでにバチェラーズをヒットさせていたタルミーの影響力は大きく、64年1月にはパイとレコーディング契約を交わすことに成功している。同月、ブッキング・エージェントのアーサー・ハウズとも契約を交わし、デビューへの手筈は整っていったが、最後に問題となったのは彼らのバンド名だった。ウェイスらは英国の人気テレビ・ドラマ『おしゃれ㊙警察（The Avengers）』でオナー・ブラックマンが着用した〝Kinky Boots〟から採った「キンクス」という名前を提示したが、本来は性倒錯や変態を示す言葉であるＫｉｎｋにレイは顔を引きつらせていたという。

タルミーによる最初のレコーディングは、1月20日にロンドンのパイ・スタジオで行われた。当初はカスナー・ミュージックによって出版登録された最初期の自作曲「ユー・スティル・ウォント・ミー」がデビュー・シングルの候補だったが、パリでビートルズを観たハウズが観客の熱狂ぶりを理由に国際電話で「ロング・トール・サリー」を推してきた。同曲は急遽録音され、デビュー・シングルに決まったのだ。レイヴンズはキンクスとなったときにメロディ・メイカー紙にドラマー募集の広告を打ったが、それを見てやってきたのがミック・エイヴォリーだった。彼は広告にあった〝スマートなバンド〟という文言を勘違いして、髪を短く切ってきた。その姿が滑稽ではあったが演奏は申し分なく、彼は4人目のメンバーとなった。「ロング・トール・サリー」は2月7日に発売、12日にはウェイスとコリンズによるボスコベル・プロダクションとメンバーそれぞれが契約を交わし、26日にはボスコベルとデンマーク・プロダクションが業務提携を締結したが、肝心のシングルの売れ行きは芳しくなく、続いてリリースされた「ユー・スティル・ウォント・ミー」にいたっては１２７枚しか売れないという不名誉な結果となった。

運命を変えた「ユー・リアリー・ガット・ミー」

レイはラリー・ペイジの教え通り、明快なリフと〝ユー&ミー〟のセオリーに基づいた曲を書き続ける。「ユー・リアリー・ガット・ミー」はそんな中の一曲だった。元々はレイがピアノで作曲したナンバーで、フィル・スペクターの影響を受けていたタルミーは緻密なサウンド・プロダクションによってヒット曲に仕立てようと準備したが、5月14日にパイ・スタジオで完成したヴァージョンはバンドが描いていたイメージとは大きく異なった。ボスコベルは自費でI.B.C.スタジオを押さえて再録音。ここでデイヴが、エルピコ製の小さなアンプのスピーカー・コーンをカミソリで切り裂き、ギターの音を極度に歪ませることに成功した。それまでにはなかったワイルドな音が聴衆の心を掴み、シングルは8月4日にリリースされるや瞬く間にチャートのトップへと上り詰め、米国でも7位の大ヒットを記録。キンクスはいきなり世界的な人気グループとなった。「ユー・リアリー〜」の衝撃は大きく、オーディションをパスしないと出演できないはずのBBCからも声がかかった。キンクスの活躍は厳格な国営放送局の規約を変えさせるほどの勢いだったということだろう。10月には早くもファースト・アルバム『キンクス』をリリース、続くシングル「オール・オブ・ザ・ナイト」も3位のヒットになった。

65年になると、大きく路線変更したスローなナンバー「タイアード・オブ・ウェイティング・フォー・ユー」と、2枚目のアルバム『カインダ・キンクス』をリリースし、シングルは2曲目のナンバー・ワン・ヒットとなる。しかし、いきなり人気グループとなったおかげで、パッケージ・ツアーやレコーディング、テレビやラジオ出演と多忙な日々が続いた。バンドは常にストレスを溜めた状態で、その矛先はおとなしいミック・エイヴォリーに向けられるようになった。とくにデイヴはエイヴォリーに辛く当たり続けたが、5月19日のカーディフ、キャピトル・シアター公演でそれは事件へと発展する。デイヴが公演中にエイヴォリーのドラム・セットを蹴飛ばすと、それまで我慢していたエイヴォリーがシンバルでデイヴの側頭部を殴打。血を流してステージに倒れたデイヴを見たエイヴォリーは、彼を殺してしまったと思って逃亡し、警察が捜索するという事態となったのである。

〝カーディフ事件〟と呼ばれるこの一件はバンド内では不問にされたが、人間関係は燻り続けていた。6月にスタートした米国ツアーではレイが遂に不満を爆発させ、公的な場面でも勝手な振る舞いを見せた。それは度を越したものだったからペイジを怒らせ、彼はツアーの日程を一週間残した段階で先に帰国してしまった。バンドにはそれが裏切り行為に見えたのである。ペイジがアメリカで出会ったソニー&シェールの英国ツアーを計画したこともバンド側の不満に油を注いだが、そんな状況を喜んだのはペイジが目障りになっていたウェイスとコリンズだった。やがてペイジとの契約を解消するための裁判にまで発展し、〝ラリー・ペイジ裁判〟として後年まで語り継がれることになるのだ。ペイジはこの裁判でキンクスとトロッグスのマネジメント権を一度に失ったが、米国での振る舞いが問題となっていたキンクスもミュージシャンズ・ユニオンから3年間の出入り禁止を通告されている。アメリカからの締め出しはバンドの国際的な成功に水を差したものの、皮肉にもレイの目が英国に向くきっかけとなった。そうやって生まれたのが、勤勉なサラリーマンの判で押したような日常を描いた「ア・ウェル・リスペクテッド・マン」で、これまでのポップ・ミュージックにはない世界を描いたとして、ソングライターとしてのレイの評価は一気に上がるのだ。以降レイは高い観察眼で市井の人々を描いた作品を次々に発表。66年6月にリリースされた「サニー・アフタヌーン」は全英2位の大ヒットとなったが、このシングルの発売日に行われたショウの帰りにロード・マネージャーのピーター・ジョーンズが運転する車がトレーラーと衝突。重傷を負ったクウェイフが緊急入院する事態となった。

ペイジとの裁判は続いていたが、それよりも問題だったのは出版権を主張するカスナーとの争いで、おかげで新アルバム『フェイス・トゥ・フェイス』のリリースは棚上げとなっていた。業を煮やしたレイはニューヨークでアレン・クレインと会見。彼に解決を委ねることになるのだ。66年10月にパイ、米リプリーズと契約を更改した際にもクレインは手腕を発揮し、ピート復帰のニュースとともに『フェイス・トゥ・フェイス』がリリースされた。そんな混乱の中でもレイの観察眼は冴え、66年11月に発売された「危険な街角」は不況という深刻な問題をテーマにしながら極めてキャッチーな仕上がりとなる。タルミーのもとを離れ、レイ自身がプロデュースした最初の曲だった。

67年9月には大衆の日常にスポットを当てた『サムシング・エルス』を発表。ご当地ソング「ウォータールー・サンセット」や、デイヴ初のソロ・シングルとなった「道化師の死」を含む意欲作だったが、「ウォータールー〜」が全英2位のヒットになったにもかかわらずアルバムのセールスは芳しくなく、英35位という結果に終わる。

しかし、レイはブレなかった。初の実況盤『ライヴ・アット・ケルヴィン・ホール』を挟んで、英国がサイケデリックに染まる真っ只中に緑地保存の騒動を描いたコンセプト・アルバム『ヴィレッジ・グリーン・プリザベイション・ソサエティ』を完成させる。68年11月にリリースされたこのアルバムは高い評価を得たものの、トレンドとは逆をいく内容が世間に受け入れられるはずもなくセールスは惨敗。さらにはクウェイフの脱退と、トラブルは続いていく。けれどもバンドにとって良い話題もあった。アメリカでの禁が解けて、活動が自由となったのだ。キンクスを高く評価していた米リプリーズは、これを受けてバンドを大々的に売り出すキャンペーンを開始した。同じ頃レイはグラナダ・テレビからドラマの制作を依頼され、それはアルバム『アーサー、もしくは大英帝国の衰退ならびに滅亡』へと発展していった。肝心のドラマは頓挫し、結局アルバムだけが残ったが、69年3月にリリースされた『アーサー』はキンクスを代表する傑作のひとつになる。

翌70年11月にリリースされた『ローラ対パワーマン、マネーゴーラウンド組第一回戦』は、驚くほど辛辣なアルバムとなった。レイはここでキンクスに関わった人間を徹底的にこき下ろし、バンドの内部事情を世間に晒したのである。しかし先行シングル「ローラ」が英2位、米9位の大ヒットとなったことでキンクスはかつての勢いを取り戻すことに成功。米国ツアーも好調だった。71

年3月には映画『パーシー』のサウンドトラック盤をリリース。レイはチープなB級映画のためにとびきりの曲を書きおろし、パイとの契約を有終の美で飾った。

新天地を求めて

パイとの契約が切れるとアメリカの名門レーベル、RCAがキンクスに接近してくる。レイは憧れのチェット・アトキンスと同じ会社に所属することを喜び、レーベル側もキンクスの創作に大きな期待を寄せた。この契約とともに唯一残っていたマネージャーのウェイスもついにキンクスのもとを去り、いよいよレイの独裁体制となるのだ。

71年11月にリリースされた『マスウェル・ヒルビリーズ』で、レイは英国人の憧れるアメリカをみごとに描ききった。バンドはキーボーディストのジョン・ゴスリングをメンバーに迎え、マイク・コットン・サウンドのホーン・セクションもリクルート。大所帯となっていった。

72年になると、映画好きのレイの心に再び火がついたらしく、バンドのショウを題材にした映画が計画される。アルバムと連動したフィルムにしようと考えたレイはRCAに資金提供を打診したが却下されたため、成果は72年8月の2枚組アルバム『この世はすべてショウ・ビジネス』のみとなったが、バンドの多面的な姿がコンセプトとみごとにマッチした傑作は高く評価された。キンクスはこの路線を突き進み、ホーンや女性コーラスも加えた彼らのショウは、どんどんシアトリカルになっていく。

しかしその一方で、ショウや作品に完璧なものを求めるレイは自分を追い込んでしまい、私生活が破綻していくのだ。6月に妻ラサがふたりの子供を連れて去ったことで精神的に追い込まれたレイは、7月15日のホワイト・シティ・スタジアムでのショウで突然引退を宣言して周囲を驚かせたが、直後に撤回されている。11月には『ヴィレッジ・グリーン・プリザヴェイション・ソサエティ』をベースにした大作の第一弾『プリザヴェイション第一幕』がリリースされたが、セールスは惨敗。レイの苦悩は続いたが、創作意欲は逆に燃え上がり、74年5月には2枚組のヴォリュームとなった『同・第二幕』を発表している。

7月になるとレイは再びグラナダ・テレビからドラマ制作を依頼された。『スターメイカー』と題されたこの作品は、レイ演じるノーマンが自分をロック・スターだと思い込み、夢と現実の区別がつかなくなっていく物語で、観客を入れたスタジオでミュージカル形式で展開する変則的なドラマとなった。これをベースに新たな曲を加えたのが75年4月リリースの『ソープ・オペラ』である。このアルバムのツアーでは台詞回しもあるミュージカル形式のショウが披露され、11月には『プリザヴェイション』に登場するフラッシュの少年時代を描いた『不良少年のメロディ』がリリースされた。レイは演劇志向を最後まで貫いてRCAとの契約を満了したのだ。

76年、新たなパートナーとなるアリスタ・レコーズのクライヴ・デイヴィスがレイにラヴ・コールを送った。キンクスは長らくヒット曲もヒット・アルバムもなかったが、彼らの音楽は業界内の多くの人々に愛され、評価もされていた。キンクスは早速ニュー・アルバムの制作に着手するが、完成とともにジョン・ダルトンが脱退、アンディ・パイルがその後任となった。アリスタ初のアルバム『スリープウォーカー』は77年2月にリリースされたが、レイが演劇的要素を意識的に排除するように努めているのが窺える。英国ではパンク全盛の頃、キンクスもシンプルなバンド・サウンドに回帰したが、レイの気まぐれな悪態に業を煮やしたパイルとゴスリングはキンクスを離れていった。

78年8月の『ミスフィッツ（歪んだ映像）』は曲の粒が揃ってはいたが、メンバーの出入りが激しいアルバムだった。完成後の4月にはジム・ロッドフォードとゴードン・エドワーズが加入。アメリカで積極的なツアーを敢行したが、その成果が現れたのが79年7月の『ロウ・バジェット』だ。これはディスコへの接近とパンキッシュな疾走感が渾然一体となった意欲作で、全米11位の大ヒットとなった。エドワーズ脱退を受けて、キーボードの座には若いメンバー、イアン・ギボンズが就く。ホーンを排除したシンプルな編成は、キンクスのロック・バンドらしさを際立たせていった。その成果を形として示したのが80年6月リリースのライヴ・アルバム『ワン・フォー・ザ・ロード』である。81年に8月には新たなスタジオ作『ギヴ・ザ・ピープル・ホワット・ゼイ・ウォント』を発表し、精力的な米国ツアーを継続。私生活でレイはプリテンダーズのクリッシー・ハインドと急接近するのだが、プリテンダーズのジャパン・ツアーに合わせてキンクスの初来日が実現するという嬉しいボーナスがついてきた。

83年5月の『ステイト・オブ・コンフュージョン～夜

なき街角』からは、ダンス・ホールへのオマージュが込められた「カム・ダンシング」が英国で久々のシングル・ヒットとなり、アルバムは全米12位まで上がる。しかしレイの目は再び英国に向くようになっていくのだ。84年になるとエイヴォリーが脱退。ボブ・ヘンリットが加入したことで84年11月発売の『ワード・オブ・マウス』はふたりのドラマーが名を連ねるアルバムとなった。

86年１月、キンクスはロンドン／ＭＣＡへの移籍を発表。11月には『シンク・ヴィジュアル』、88年にはライヴ・アルバム『ザ・ロード』、89年10月には『ＵＫジャイヴ』と優れた作品がリリースされていったが、米国ではトップ１００圏外というセールスに終わっている。ところがこの時期のバンドはキンクスの歴史を振り返っても最高のレベルで、ライヴ・バンドとしてはまさに絶好調だった。売れない作品と最高のライヴという相反する要素もまた〝キンクスの芸風〟に由来しているのだろう。

91年、キンクスはＣＢＳ／ソニーとの契約を交わす。当時のＣＢＳ社長ドン・イエナーは、かつてアリスタでプロモーションを担当していて、キンクスとは縁があった。まずは10月にＥＰ『ディドゥ・ヤ』を発表。93年３月には４年越しのフル・アルバム『フォビア』がリリースされたが、キンクスがアルバムの間隔を２年以上あけるのは初めてだった。このアルバムはボブ・クリアマウンテンによる音作りがいささか仰々しいものの、英国市民のささやかな日常から兄弟の確執まで描いた充実作。11月には２度目の来日も実現して多くの観客を魅了したがＣＢＳとの関係は早くも終了。94年10月には変則的なライヴ・アルバム『トゥ・ザ・ボーン』を突如インディー・レーベルからリリースし、ファンを驚かせている。このアルバムはのちに米ＥＭＩ配給の２枚組へと拡張され再登場。95年５月には３度目の来日も実現してバンドの変わらぬ絶頂ぶりを示したが、同年12月、レイはのちにアルバム『ストーリーテラー』となるソロ名義のアコースティック・ショウをスタート。この辺りからキンクスとしての活動は停滞し始め、96年６月15日にオスロで行われたフェスティヴァルへの出演を最後に活動が途絶えてしまう。

しかし解散の表明もなければ休止を宣言したわけでもなく、なんとなく活動が止まっているだけなのだ。それもキンクスらしいと考えるべきなのだろうか。

以上が２０２１年３月の時点で語れるキンクスの歴史のすべてである。

Chapter 2

ORIGINAL ALBUMS

犬伏 功／真下部緑朗／森 次郎／和久井光司

British Beat
Before The Kinks

バンドにおけるセンスの在り処、そしてキンクス以前のロンドン音楽シーン

和久井光司

日本で英米のロックを聴いている人の多くは、グループサウンズ（ＧＳ）をちゃんと把握していない。1966年6月30日から7月2日の3日間、日本武道館で行われたビートルズの来日公演が社会現象としても語られ、遅ればせながらのバンド・ブームが我が国の歌謡界に起こった。ちょっと演歌っぽくてもフォークっぽくても、「エレキを持ってバンド形態でやっていればＧＳ」という風潮があったのは事実だが、英米のロックの最新に迫るようなバンドもあり、70年代に花開いたとされる〝日本語のロック〟はすでに生まれていた。

私は小学校4年のとき（68年）に、加山雄三とザ・ランチャーズや、ワイルド・ワンズなど7〜8バンドが出演したＧＳカーニバル、そして横浜文化体育館で行われた「スパイダーズ・リサイタル」を観ている。中でもスパイダーズは格別で、ヒット曲をうまく絡めた約90分のステージは一流のエンタテインメント・ロック・ショウだった。

だから、はっぴいえんどを〝日本語のロックの始祖〟とする説には同調できない。私は71年に、当時は話題になるのも稀だったはっぴいえんどに夢中になったが、ムッシュかまやつや加藤和彦がやっていることをバンドに落とし込んだのがはっぴいえんどだと思っていた。彼らは『ニューミュージック・マガジン』周辺で高く評価されていたが、同誌でも「革命的だ」とか「新しい」と、とくべつに褒めちぎられていた記憶もない。

もっと言えば、71年まではビートルズのアルバムさえ日本ではそれほど売れていなかったのだ。同じ東芝音工にいたゴールデン・カップスは68年度の社内ヒット賞のアルバム部門に入って金一封をもらったそうで、そのときに「ビートルズより

売れた」と褒められたという。68年、ビートルズのオリジナル・アルバムは日本では出なかったから（『ホワイト・アルバム』の日本発売は69年１月21日だ）、それも納得できる。髭をはやしたビートルズが一般的になったのは、映画『レット・イット・ビー』の演奏シーンを使った東芝のステレオ「ＩＣボストン」（70年9月26日発売）のテレビＣＭが流れ始めた10月ごろからで、アルバム『レット・イット・ビー』が１００万枚を突破したのは翌71年のことである。

極私的バンド論

71年夏にビートルズに出会った私が、彼らのどこに惹かれたのかと言えば、曲づくり、ヴォーカル、コーラス、楽器の演奏を、すべて4人でやりきっていることだった。ＧＳのヒット曲はだいたいプロの作家によるものだったし、ビートルズより前に私が聴いていたモンキーズも曲はだいたい作家が書いている。60年代の歌手といえばオーケストラをバックに歌だけ唄うものだったから、4〜5人のバンドで演奏しているだけでカッコよかったが、ビートルズは作家を頼らずに詞や曲を書き、中期からはロック・バンドが普通は使わない楽器を入れたり、スタジオで音を加工するなどしてポップ・ミュージックの幅を広げていった。後期にはオーケストラを入れた曲も出てくるが、それは彼らの〝音楽表現〟にそれが必要とされたときに限られているから、オーケストラが入ってもビートルズは〝バンド〟だった。

中１の私はそこが凄いと思ったのだ。いまなら「自分が書いた曲が必要とする表現を、どこまでも実直に試す姿勢」と言えるが、当時の私は「ロックは全部そういうもの」と勘違いして、レコード屋の〝ロック／ポップス〟のコーナーに並んでいるレコードを何でも聴きたがった。しかし、シングルが大ヒットしたからといって、アルバムは売れるものではない（もしくはアルバム・アーティストとしては認められない）ということに3ヶ月ぐらいで気づいてしまう。71年はミシェル・ポルナレフの「シェリーに口づけ」や、マッシュマッカーンの「霧の中の二人」、オーシャンの「サインはピース」、メッセンジャーズの「気になる女の子」（最近またＣＭで使われている）なんてところが〝ポップ・ヒット〟だったが、ポルナレフはともかく、ほかのバンドは『ミュージック・ライフ』にさえ取り上げられず、最初から〝一発屋〟の扱いだった。「これはどういうこと？」と思ったときに、ボブ・ディランのＥＰを買って、「ヒットを目的としない音楽表現」の凄みに、私は気づいてしまったのである。

　商業音楽の図式を考えればおかしなことだが、やりたいようにやって認められたり、ヒットを飛ばしたりするのが〝ロック〟、会社に飼われてヒット曲をつくるのは〝ポップス〟という認識が、不文律として確かにあった。乱暴に言えば、レッド・ツェッペリンのアルバムをよしとする人たちは、カーペンターズを認めていなかったのだ。

　もともと歌謡曲が大好きだった私は、そういう〝ロック観〟も好きになれなかったが、中３になってバンドを組んでみたら、ヘタクソなバンドが演奏できる音楽の、あまりのパターンの少なさに幻滅してしまった。バンド音楽の限界を悟った私は、高校時代に知り合った仲間たちといろいろなバンドを試し、アマチュア・コンサートを主催するようになる。同じ曲でもメンバーが変わると違うものになったり、誰かの意見を採用して気乗りしないことをやったときに案外いい演奏になったりするのを経験し、「上手いヤツを集めてもいいバンドにはならない」と実感した私は、やがて「ソングライターである私がヴィジョンを示さないかぎり、バンドは趣味のサークルになってしまう」と思うようになる。

　１９８０年にスクリーンが始まったとき私が最初に書いたのは、レイ・デイヴィスを意識した５曲から成るストーリーものの組曲だった。「トーキング・ヘッズやＸＴＣが目標だ！」と豪語しながら、キンクスの『ソープ・オペラ』みたいなチープなミュージカルを書き下ろした私に、メンバーは「なんで？」という顔をした。けれど、演ってみると全員が面白がった。それぞれにほんの少し〝役〟を与えたからだ。「自分の担当楽器を演奏するだけではダメ」と思ってもらうことで、私も「バンドでできる音楽表現」を考えたかったから荒療治のつもりでそんな無謀なことを企てたのだが、一度だけステージで演奏した組曲は好評で、表現の幅は飛躍的に広がった。

　いまでこそ〝コンセプト〟をアマチュア・バン

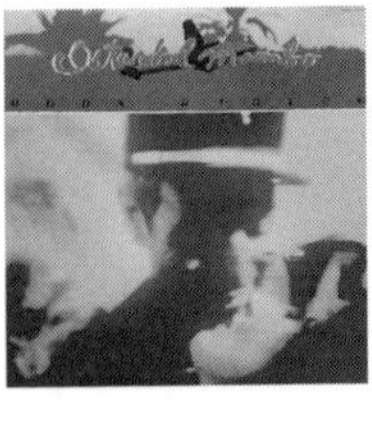

ムーンライダーズ『イスタンブール・マンボ』
1977年10月リリース。ライダーズの作品群の中でもトータリティの高い傑作。キンクスの『スリープウォーカー』とほとんど同時に聴いたこともあって、とてもキンクス的な印象を持った

ドが口にし、演奏はなんでも〝パフォーマンス〟と呼ばれるが、フュージョンとパンクと歌謡ロックとテクノ・ポップしかなかった1980年当時、根っこにレイ・デイヴィス的なセンスを持とうとするバンドなんて、皆無に等しかった。けれども私は、ムーンライダーズのアルバムづくりや、プラスティックスのヴィジュアル表現に、それまでの日本の音楽にはなかった〝コンセプト〟を感じていたのだ。『ミュージック・ステディ』か何かのインタヴューで鈴木慶一さんが、「ムーンライダーズは申し合わせたわけではないのに、全員がキンクスの『ソープ・オペラ』を愛聴しているようなバンドなんだよ」と言っていたのはそのころだったと思う。それは「レイ・デイヴィスのセンスに影響を受けた」というような文脈で出た話ではなくて、「バンドとしての個性」を語った箇所だったはずだ。慶一さんはそのあと、「でもバンドは、徹底的に個人の感覚でやってるシンガー・ソングライターに敵わないときがあるものなんだよ。友部正人とかさぁ……」と、その話を締めていたように記憶している。

誤解しないでいただきたいのは、私はレイ・デイヴィスのセンスやコンセプトを称賛するために本稿を書いているわけではなくて、むしろ逆だ。「それをわかる人にとっては最高で、麻薬のようにクセになるものだが、おいそれとはわからないセンスは厄介だ」と言いたいのである。

スキッフルの時代

レイは56年に英国でブームになったスキッフルやアメリカのロックンロールに刺激されて、58年にキンクスの前身となるバンドを始めている。この辺りのことは犬伏さんが詳しくお書きになるだろうが、レイはいったん学業に専念するためにバンドを辞め、デイヴが引き継いでビート・バンド、ザ・レイヴンズが生まれた。

62年12月、アレクシス・コーナーのバンドを観に行って彼の電話番号を聞いたレイは、アレクシスに紹介されたジョルジオ・ゴメルスキー（その一年後にはヤードバーズのマネージャーとなる）に勧められるままデイヴ・ハントのバンドのオーディションを受け、音楽活動を再開する。ハントのバンドというのはつまりトラッド・ジャズから

Chris Barber's Jazz Band & Skiffle Group
"New Orleans Joy" 1954年［10inch LP］
スキッフル・ブームのきっかけとなったロニー・ドネガンの「ロック・アイランド・ライン」を初収録したアルバム

の流れのバー・バンドで、ロル・コックスヒルがサックスを吹いていたことを除けば、前時代的なゴッタ煮感で酔客の相手をしているにすぎない連中だったようだ。アレクシスのバンマスとしての立ち居振る舞いに憧れ、そこでドラムを叩いていたチャーリー・ワッツがローリング・ストーンズに引き抜かれるのを横目で見ていたレイは、ホーンのいないストーンズを「スキッフル」と決めつけるキングの無知に失望し、ストーンズのあとを追おうとキンクスを結成するのだが、下世話なトラッド・ジャズ・バンドに籍を置いたことが、彼の人間観察の目を育てたと言ってもいいと思う。

　英国のトラッド・ジャズは、アメリカのデキシーランド・ジャズ・バンドの形態を真似た独特のもので、バンジョー、ピアノとリズム・セクションに2〜3人のホーンを加えたバンドにゲスト・シンガーを混えて、インスト曲とヴォーカル曲を演奏するヴァラエティ・ショウを観せるのがおなじみのスタイルだった。第二次世界大戦後の49年ごろ頭角を現したトロンボーン奏者でベーシストのクリス・バーバーや、トランペットのケン・コリヤーのバンドが人気で、49年に英国では珍しかったギターを手にしたアレクシス・コーナーも最初はトラッド・ジャズのサークルにいた。

　52年に渡米したケン・コリヤーが、ニューオリンズの街角でフォークとブルースとR&Bを一緒にしたようなストリート・ミュージシャンを目撃し、「それはスキッフルと呼ばれていた」と吹聴したことから、クリス・バーバーはバンド内にスキッフル・コーナーを設け、バンジョーとギターを弾くシンガーのロニー・ドネガンに、レッドベリーのフォーク・ブルースなどを歌わせるようになった。バーバーは54年にクリス・バーバー・ジャズ・バンド名義の10インチ・アルバム『ニューオリンズ・ジョイ』にドネガンをフィーチャーした「ロック・アイランド・ライン」を入れたのだが、翌年11月にロニー・ドネガン名義でシングルになったこの曲が56年初頭に大ヒットし、ビル・ヘイリー&ヒズ・コメッツの「ロック・アラウンド・ザ・クロック」と、エルヴィス・プレスリーの英国デビュー・シングル「ハートブレイク・ホテル」のあいだにポコンと挟まったスキッフルがブームになる。ドネガンに痺れた少年たちがこぞってギターを始めたことで、英国では初めてギタ

Lonnie Donegan "Lonnie" 1957年
米・ドットから発売されたアメリカでのファースト・アルバム。「ロック・アイランド・ライン」はビルボードでもトップ10ヒットとなり、ドネガンはニューヨーク録音も敢行した

ーがポピュラーな楽器となり、60年代のビート・バンドへの布石が打たれる。しかし手にしたのがアコースティック・ギターだったため、エルヴィス以降どんどん入ってくるようになったアメリカのロックンロールを聴きながら、演奏するのはスキッフルという〝ねじれ〟が58年まで続いた。

　ロニー・ドネガンのスキッフルは、レッドベリーや、ピート・シーガーが率いたザ・ウィーヴァーズのレパートリーを参考にしていたため、一方ではアメリカの黒人フォーク・ブルースや、ウディ・ガスリーのナンバーが知られるようになった。英国のトラディショナル・フォークの巨人であるA・L・ロイドやイーワン・マッコールがラジオで番組を持ち、ピート・シーガーとの交流から彼の妹ペギーがマッコールと結婚したため、50年代後半のフォーク・リヴァイヴァルは英米の垣根を超えたものとなる。39年にソヴィエトの左翼運動歌の紹介をメイル・オーダーで始めたワーカーズ・ミュージック・アソシエイションによるトピック・レコーズが、57年からアメリカのフォークウェイズの英国版と言ってもいいレコードのリリースを開始したのも、ロイドやマッコールとシーガー兄妹のあと押しがあったからだ。

　また、スキッフルのメッカとなったロンドンはソーホーのザ・トゥー・アイズ・コーヒー・バー（フレディとサミーのイラーニ兄弟が55年に開店したヴェニューを引き継いだオーストラリア人プロレスラー〝ドクター・デス〟ことポール・リンカーンと、プロレスのプロモーターだったレイ・ハンターがスキッフルのライヴを売りにする店として再オープンしたのは56年4月22日だった）からは、ジョージ・マーティンのプロデュースでデビューするザ・ヴェイパーズ・スキッフル・グループや、トミー・スティール、ヴィンス・イーガー、ジョー・ブラウン、アダム・フェイス、トニー・シェリダン、ジョニー・キッド、スクリーミング・ロード・サッチといったスターが次々と生まれ、ジャック・グッドがプロデュースするテレビ番組でアイドル的に売り出される者と、ラリー・パーンズのプロモートで英国ツアーやハンブルク遠征に駆り出される者に振り分けられていく。

　58年、トミー・スティールに続く国産ロックンローラーとしてジャック・グッドによって売り出されたクリフ・リチャードが、トゥー・アイズの

V.A. "Jack Good's Oh Boy!" 1958年
ABCテレビで放映された『オー・ボーイ!』のコンピレイション。クリフ・リチャード、ヴィンス・イーガー、ジョン・バリー・セヴンらの演奏を24曲収録。当時のテレビ番組の様子を伝えている

仲間だったザ・シャドウズ（当初はザ・ドリフターズと名乗っていた）をバックに人気を得ると、瞬く間に英国音楽史を塗り替える大スターになっていく。赤いストラトキャスターがトレード・マークのハンク・マーヴィンを中心とするシャドウズは単独のインスト・バンドとしてもヒットを連発し、クリフと共に英国ロックの礎づくりに大きく貢献していくのだ。

アレクシス・コーナーの功績

54年にロニー・ドネガンの後釜としてケン・コリヤーズ・スキッフル・グループのギタリストとなったアレクシスは、すぐにこのバンドでレコード・デビュー。56年にはハーモニカの名手シリル・デイヴィスとデュオでブルースを演奏するようになる。どのサークルとも交流を持ちながら〝ブルース〟を標榜した彼は、ホテルのボールルームなどで愛好会的／研究会的な〝クラブ〟を開くようになっていく。

57年、まだ常設のハコではなかったラウンドハウスで、アレクシス・コーナーズ・ブレイクダウン・グループ・フィーチャリング・シリル・デイヴィス名義の10インチ・アルバム『ブルース・フロム・ザ・ラウンドハウス』を録音した彼は、アレクシス・コーナー・スキッフル・グループ名義のEPをリリースしながらブルースの啓蒙を続け、59年1月にロンドン初の常設ヴェニューとして誕生したイーリング・ジャズ・クラブで、土曜日にR&Bナイトを展開するようになるのだ。

登竜門としてよく知られた不定形のセッション・バンド「ブルース・インコーポレイテッド」は、最初は主にイーリング・クラブでのセッションに使われた名称だった。ソロで成功するロング・ジョン・ボールドリー、のちにアートウッズを結成するアート・ウッド（ロン・ウッドの兄）、サックスの名手ディック・ヘクストール＝スミス、グレアム・ボンド・オーガニゼイションで一時代を築くグレアム・ボンドや、チャーリー・ワッツをはじめとするのちのストーンズの面々、やがてプリティ・シングスを結成するディック・テイラー、クリームに集結することになるジャック・ブルース、ジンジャー・ベイカー、エリック・クラプトン、スキッフル末期にトゥ・アイズでデビューし

Cyril Davis “The Legendary Cyryl Davis” 1964年
64年1月7日、31歳の若さで急死したシリル・デイヴィスの追悼盤。57年2月13日にアレクシス・コーナーらとラウンドハウスで録音した8曲と、61年8月3日のライヴ4曲を収録

たダフィ・パワーらが、62〜64年ごろに参加した〝新人たち〟だった。

アレクシスは50年代末から60年代初頭にかけて、アメリカからやってきたアラン・ロマックス、ランブリング・ジャック・エリオット、チャンピオン・ジャック・デュプリー、メンフィス・スリムなどのロンドン録音に参加し、オープン・チューニングのパイオニアとして後進のギタリストに多大な影響を与えることになるデイヴィ・グレアムともEPを残している。

フランスやドイツでラジオ番組を持ったアレクシスは、61年6月22日（翌日もセッションは続いたという説もある）にトニー・シェリダンがハンブルクのフリードリッヒ・エバート・ハレ（高等学校に併設された市営のホール）でアルバムを録音する際に、録音機材の調達をかって出て、ドイツの放送局を動かした。このときシェリダンのバックを務めたのがビートルズだ。シェリダンにインタヴューしたとき、彼は私に、「ヤツら初の公式音源として主役の俺より有名になっちまったドイツ録音だが、アレクシス・コーナーのおかげで実現したレコーディングだったなんて、ヤツらはまったく知らないはずさ。当時はただのバック・バンドだったからな」と豪快に笑ってみせたが、私が驚いたのは61年の段階でアレクシスがドイツでもそれほどの顔役だったことだ。

62年12月にレイがアレクシスのキャリアをどこまで摑んでいたかは判らないが、アレクシスがアメリカのミュージシャンとの交流や、後輩の育成、ラジオを通じたブルースの啓蒙にまで精魂を傾けるのを眺めていたことが、レイの〝この世はすべてショウ・ビジネス〟とするコンセプトを育んでいったのが私には容易に想像できる。アレクシスのコスモポリタンらしい無手勝流を、レイは「センスの師匠」と見ていたのではないだろうか。

ジャック・グッドとも親交があったアレクシスがテレビとはほとんど縁がなかったのを私は不思議に思っていたのだが、トニー・シェリダンが教えてくれた。「テレビ関係は昔からゲイが多くてさ、クリフ・リチャードなんか昔から両刀でスゴかったよ。アレクシスとか俺みたいな女好きはその気がないから敬遠されたのさ（笑）」と。

なるほど。レイもデイヴも絶対に〝そっち〟じゃないもんね。

Alexis Korner's Blues Incorporated "Red Hot From Alex" 1964年
64年に4カ所で録音された10曲を収録した初期の名盤。ディック・ヘクストール＝スミスや、のちにペンタングルで有名になるダニー・トンプソンが参加した曲も収録されている

The Kinks
Pye Years 1

乱暴なギター・リフのガレージ・ロックから知的なフォーク・ロックへの自虐的な転身

和久井光司

デイヴがやっていたザ・レイヴンズにレイが合流したのは63年1月、ミック・エイヴォリーを加えてザ・キンクスと改名したのが同年11月、パイと正式契約したのが64年1月である。

レイが音楽活動を再開しようと思ってから、たったの1年1ヶ月。その間に英国の音楽界は大きく変わり、ビート・バンドがトレンドになった。ビートルズが空前の人気を得たからだ。

親が経営するレコード屋の責任者にすぎなかった素人同然のブライアン・エプスタインまで〝時の人〟になった。レイヴンズのリード・シンガーだったロバート・ウェイスはその座をレイに譲り、マネージャーに就任。株式仲買人グレンヴィル・コリンズの資金援助を受けてボスコベル・プロダクションを設立し、音楽出版も手掛けていたデンマーク・プロダクションの傘下に入り、同社からラリー・ペイジを招くことになった。そこにフリーランスのプロデューサーだったシェル・タルミーが加わり、パイとの契約を決めてくる。バンドのメンバーと同じだけ「第二のエプスタインになりたい男がいた」ということだろう。

最初期のキンクスはどうにもバタバタしているが、ヘタさを隠すためにレイが思いついたパワー・コードの平行移動が、長調か短調か瞬時には判断できない3度抜きのリフを生み、のちのハード・ロックやパンクの〝元祖〟とも言える「ユー・リアリー・ガット・ミー」や「オール・オブ・ザ・ナイト」というヒットが出たのだから面白い。ガレージっぽいそれは、ワイルドだと言われたプリティ・シングスやダウンライナーズ・セクトより、ある意味では乱暴なのにポップだから、それを〝キンキー・サウンド〟と呼ぶ人がいたのも納得

Bob Dylan "Another Side Of Bob Dylan"
64年8月リリースの4作目。弾き語りだが曲調はすでにフォーク・ロック。「悲しきベイブ」はここに収録。アメリカでは43位止まりだったが、英国では8位まで上がった。レイの目を開かせたのはこのアルバムか？

だが、ファースト・アルバムの段階で「ストップ・ユア・ソビング」のような珠玉のポップ・チューンも書いているレイは、世評に反発を感じたのではないかと思う。

64年8月にビートルズの前座を2回務めたとき、レイは1回目にジョン・レノンに、2回目にはポール・マッカートニーにパワハラめいた意地悪をされている（近年、ポールとレイのデュオをYouTubeで観て私は愕然とした）。このときのことは自伝『エックス・レイ』に詳しく書いているが、リヴァプールの成り上がりにマウントを取られたのは癪だったはずで、64年後半になると早くもレイの曲は知的なフォーク・ロックの方を向き始めるのだ。ビート・バンドでいることにレイが抵抗し始めたのは、65年のシングル、「タイアード・オブ・ウェイティング・フォー・ユー」「エヴリボディーズ・ゴナ・ビー・ハッピー」「セット・ミー・フリー」「シー・マイ・フレンズ」「ティル・ジ・エンド・オブ・ザ・デイ」という流れにも現れているが、R&Bっぽい「エヴリボディーズ〜」が19位止まりだったことも、レイにしてみれば「ほら見たことか」だったのかもしれない。

レイはおそらくボブ・ディランを聴いて、「自分の人間観察は間違っていなかった」と思ったのだろう。66年のシングルを見れば、シニカルな目線と、労働者階級の意識を強めているのがわかる。スウィンギン・ロンドンに浮かれる若者たちを揶揄した「デディケイテッド・フォロワー・オブ・ファッション」、英国の没落を物憂げに表現した「サニー・アフタヌーン」、労働者階級の実態をリポートしたような「デッド・エンド・ストリート」は、ディランのプロテスト・ソングへの、英国からの答えだったのではないかと思う。

しかしアルバムは売れなくなった。パーティ向きではないからだろう。『フェイス・トゥ・フェイス』がチャートに入らなかったとき、シェル・タルミーは「こいつらには責任を持てない」と思ったはずだが、キンクスにとってはセンスのないタルミーが離れたのはむしろよかった。

67年には「ウォータールー・サンセット」を2位、「オータム・アルマナック」を5位にしたのに、『サムシング・エルス』はまたもチャート・インしなかったのだ。そんな流れは自虐的なまでにキンキーではないか。

Bob Dylan “Bringing It All Back Home”
65年3月リリースの5作目。バックをつけたフォーク・ロック第1作は全米6位、全英1位。「ミスター・タンブリン・マン」「ラヴ・マイナス・ゼロ／ノー・リミット」「シー・ビロングス・トウ・ミー」辺りがレイの好みだろう

Kinks
キンクス

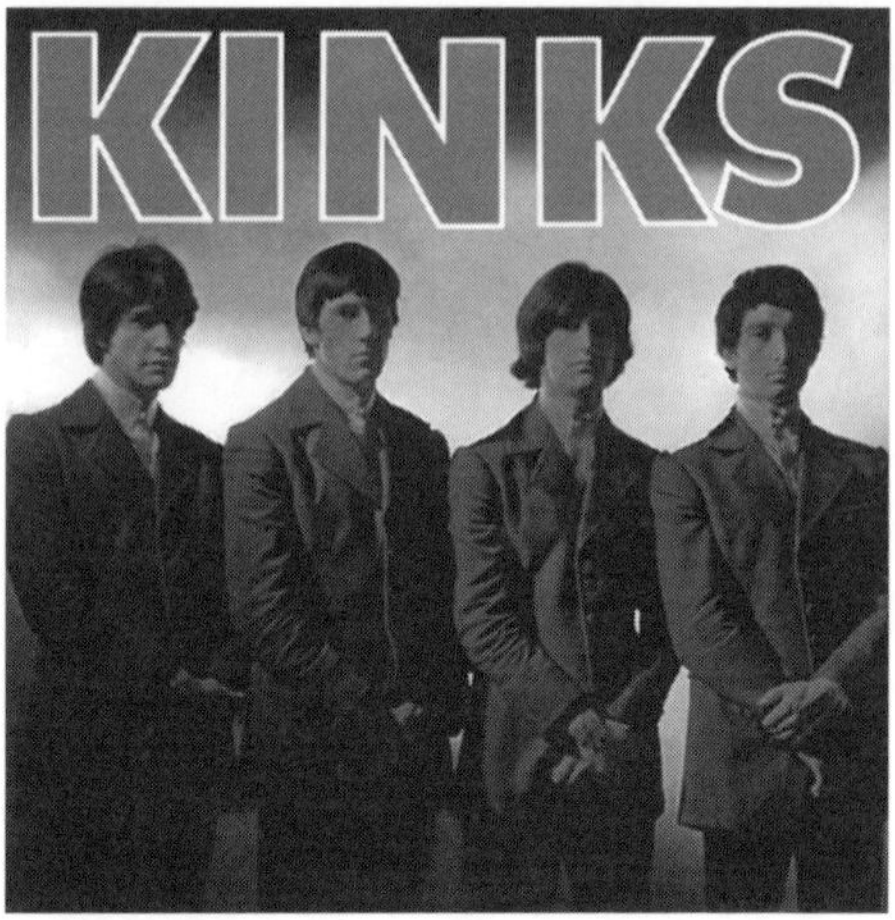

Pye Records／NPL.18096／NSPL.18096
Release: 1964.10.2

[side A]
1. Beautiful Delilah
2. So Mystifying
3. Just Can't Go To Sleep
4. Long Tall Shorty
5. I Took My Baby Home
6. I'm A Lover Not A Fighter
7. You Really Got Me

[side B]
1. Cadillac
2. Bald Headed Woman
3. Revenge
4. Too Much Monkey Business
5. I've Been Driving On Bald Mountain
6. Stop Your Sobbing
7. Got Love If You Want It

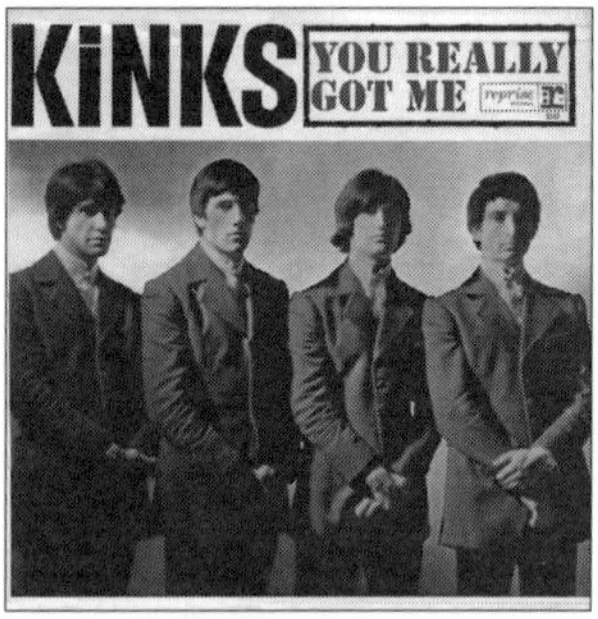

[US] **You Really Got Me**
Reprise／R 6143／RS 6143
Release: 1964.11

レコード・デビューから8ヶ月にしてリリースされたキンクスの記念すべきファースト・アルバム。

大ヒットした3枚目のシングル「ユー・リアリー・ガット・ミー」の勢い冷めぬ間に市場投入すべく、シェル・タルミーによって64年8月15日〜9月1日に行われた3回のスタジオ・セッションで録音された。「ユー・リアリー〜」とデビュー・シングル「ロング・トール・サリー」のB面曲「アイ・トゥック・マイ・ベイビー・ホーム」を加えて10月2日にリリースされている（全英4位）。リード・トラックとなるのはナンバー1ヒットを記録した「ユー・リアリー〜」だが、アルバムを聴いてまず印象に残るのはロックンロール色の極めて強いカヴァー曲の数々。いずれもデビュー前からレパートリーだったもので、ボ・ディドリー（「キャデラック」）、スリム・ハーポ（「ガット・ラヴ・

イフ・ユー・ウォント・イット」)、レイジー・レスター(「アイム・ア・ラヴァー・ノット・ア・ファイター」)、トミー・タッカー(「ロング・トール・ショーティー」)、チャック・ベリー(「ビューティフル・デライラ」「トゥ・マッチ・モンキー・ビジネス」)と、当時のロンドンを拠点としたビート・グループがこぞってカヴァーした曲ばかりだ。レイが歌う「ガット・ラヴ・イフ・ユー・ウォント・イット」は緩急のメリハリがみごと。当時のライヴでは〝決め〟の1曲だった。これらカヴァー6曲中、3曲がデイヴのリード・ヴォーカルによるものだ。

すでにリリースされていた2曲を除き、レイが本作のために書き下ろしたのは「ソー・ミスティファイング」「ジャスト・キャント・ゴー・トゥ・スリープ」「ストップ・ユア・ソビング」の3曲だが、ここで名曲「ストップ・ユア・ソビング」をモノにしているあたりはさすが。デビュー前のレイはブルースに心酔する一方で、いざ自分で書く曲は感傷的なバラードばかりだったようだが、早くもメロディ・メイカーとしての彼の高い才能が顔を覗かせている。「ソー・ミスティファイング」は平均的な作品だが、「ジャスト・キャント・ゴー〜」は曲構成もよく練られており、タルミーが手がけたスニーカーズをはじめ、いくつものカヴァーを生んだ。レイによるもう1曲のオリジナル「リヴェンジ」は彼がラリー・ペイジの〝ヒット曲に重要なのはリフ〟という教えを元に書いたレイヴンズ時代のナンバー。本作にセッション・プレイヤーとして参加したジミー・ペイジは65年にこのリフを拝借した「シー・ジャスト・サティスファイズ」をソロ名義でリリースしている。

「ボールド・ヘデッド・ウーマン」と「ドライヴィング・オン・ボールド・マウンテン」はいずれも伝承曲を改作したタルミーのオリジナルで、印税収入を見込んでアルバムに自身の曲を忍ばせたもの。これはフィル・スペクターなど当時のプロデューサーがよく使った手だが、前者はタルミーが手がけたザ・フーや先のスニーカーズも録音、英国外のビート・グループによるカヴァーも数多い。

米国では「アイ・トゥック〜」「アイム・ア・ラヴァー〜」「リヴェンジ」の3曲をカット、『ユー・リアリー・ガット・ミー』のタイトルで11月25日にリリースされ、全米29位を記録している。英米ともにモノラル、ステレオ盤の2種がリリースされたが、いずれのステレオ盤も「ユー・リアリー〜」のみ深いエコーをかけた擬似ステレオでの収録で、米国モノラル盤の「ボールド〜」にはヴォーカルがシングル・トラックの別ミックスが収められていた。

(犬伏)

Kinda Kinks
カインダ・キンクス

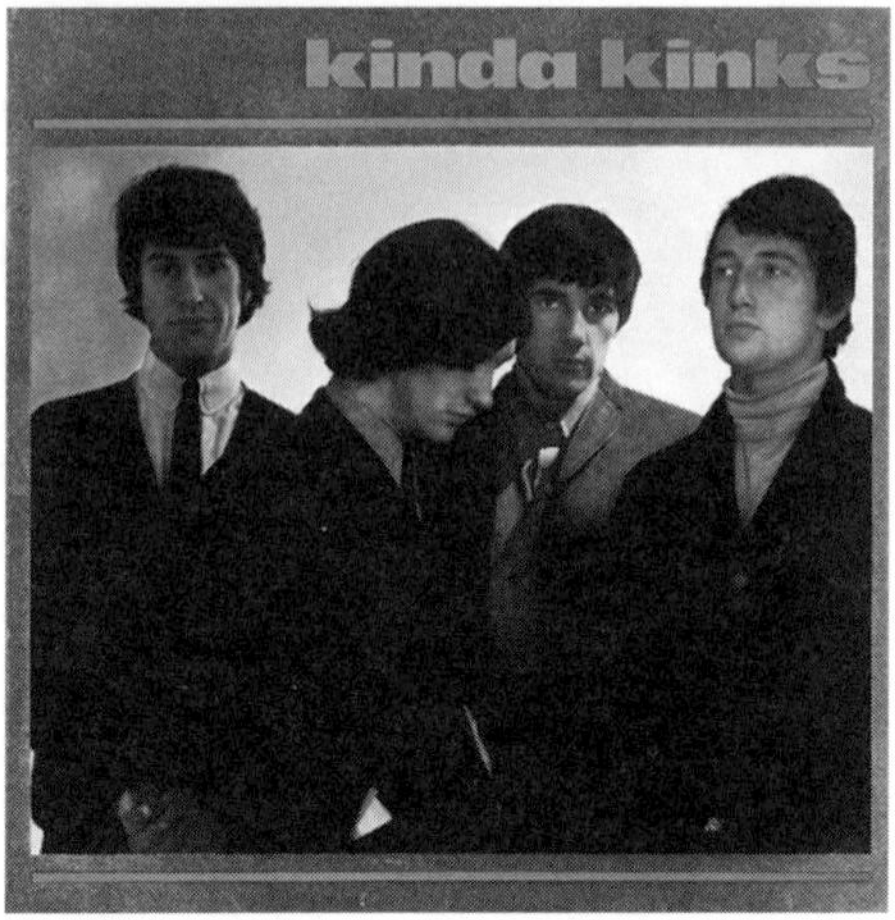

Pye Records／NPL 18112
Release: 1965.3.5

[**side A**]
1. Look For Me Baby
2. Got My Feet On The Ground
3. Nothin' In The World Can Stop Me Worryin' 'Bout That Girl
4. Naggin' Woman
5. Wonder Where My Baby Is Tonight
6. Tired Of Waiting For You

[**side B**]
1. Dancing In The Street
2. Don't Ever Change
3. Come On Now
4. So Long
5. You Shouldn't Be Sad
6. Something Better Beginning

Reprise／R 6173／RS 6173
Release: 1965.8.11

レイ・デイヴィスはデイヴ・デイヴィスとのデュオ〝ケリー・ブラザーズ〟を結成した60年頃より本格的な作曲を始め、初の自作曲'Rocky Mountain'と'South'を披露している。いずれもギターによるインストゥルメンタルで、今やそれがどんな曲だったかを知る由もないが、ヒントとして'South'が「ウェイティング・フォー・ユー」の元になったという話が残されている。その「ウェイティング〜」がリード・トラックとなったのが65年3月5日にリリースされた本作『カインダ・キンクス』である。

64年の終わりが近づくと「オール・オブ・ザ・ナイト」に続くシングル候補曲が必要となったが、レイが「陽気にやろうぜ」(Everybody Gonna Be Happy)と「サムシング・ベター・ビギニング」を用意、12月22〜23日のセッションで「ネクスト・イン・ライン」(Who'll Be The Next In

Line）とデイヴの「カム・オン・ナウ」が、29日には「ドント・エヴァー・チェンジ」（元々レイがハニーカムズのために用意した曲だった）と「ウェイティング～」が録音されたが、それらを聴いたパイのA&R部長、アラン・フリーマンが推した「ウェイティング～」がデイヴの「カム・オン～」とのカップリングで65年1月15日にシングル発売、英1位、米6位の大ヒットとなった。

キンクスはシングル「ウェイティング～」の発売翌日からアジア／オセアニア・ツアーに出ており、英1位獲得をシンガポールで知ったようだ。バンドはツアー終了後にニューヨークへプロモーションで訪れ、帰国翌日の2月15～17日に集中したセッションを敢行、アルバムに収めるための8曲を録音し2週間後の3月5日に本作はリリースされたが、「ウェイティング～」の勢いそのままに前作を超える英6位の好セールスを記録している。

ジミー・アンダーソンの62年作品を取り上げた「ナッギン・ウーマン」とマーサ・アンド・ヴァンデラスの「ダンシング・イン・ザ・ストリート」を除く10曲がレイのオリジナルで、デイヴが歌う3曲：アップ・テンポな「ガット・マイ・フィート・オン・ザ・グラウンド」と「カム・オン～」、R&B色の強い「ワンダー・ホエア・マイ・ベイビー・イズ・トゥナイト」に前作と通じる雰囲気を感じつつも、アルバム冒頭を飾る「ルック・フォー・ミー・ベイビー」には早くもどこか屈折したムードが漂っており「ユー・リアリー～」を超えた個性が姿を現している。美しくも感傷的なラヴ・ソング「サムシング～」「ドント・エヴァー～」、シリアスなフォーク・スタイルの「ナッシン・イン・ザ・ワールド・キャン・ストップ・ミー」（キンクスの熱心なファンだったヴィム・ヴェンダースは自身の監督作『アメリカの友人』にこの曲を用いていた）と「ソー・ロング」、ポップな魅力が溢れた「ユー・シュドゥント・ビー・サッド」などレイの作風は前作より明らかに広がっている。これらバラエティに富んだ曲が絶妙のバランスで並べられており、「ダンシング～」のカヴァーも実にいいアクセントとなっている。のちのキンクス作品と比べるとまだ未整理な部分もあるものの、2作目にして早くも〝キンクスらしさ〟が湧き出ているところはさすがである。

米国では少し遅れた8月11日に3枚目のアルバムとして発売されたが、前作『キンクス・サイズ』に「ウェイティング～」と「カム・オン～」が先取りされたため「セット・ミー・フリー」と「陽気に～」を新たに加え「ナッギン～」を外した11曲が収められている。

（犬伏）

US: Kinks-Size
キンクス・サイズ

Reprise／R 6158 (mono)／RS 6158 (STEREO)
Release: 1965.3

[side A]
1. Tired Of Waiting For You
2. Louie Louie
3. I've Got That Feeling
4. Revenge
5. I Gotta Move

[side B]
1. Things Are Getting Better
2. I Gotta Go Now
3. I'm A Lover Not A Fighter
4. Come On Now
5. All Day And All Of The Night

緻密な計画によるものではあったが、ビートルズの米国市場での成功はこの国の音楽業界に大きな衝撃を与え〝英国産は売れる〟と米国のあらゆるレコード会社が英国のバンドに飛びつく争奪戦となった。マンフレッド・マンのシングルを米国で最初にリリースしたのがジャズの名門、プレスティッジだったという驚きの事実もあるほどそれは加熱した状況となったが、当然ながら大きな看板を持つレーベルでない限り売れ筋を獲得することは難しく、〝青田買い〟に賭けなければならなかった。フィラデルフィアに拠点を置くカメオもそんなレーベルのひとつで、彼らは英国でもまだ未知数の存在だったデビュー間もないキンクスと契約、4月1日には英国でのデビュー作となった「ロング・トール・サリー」を発売している。当然ながらそれは不発に終わったが、8月に英国でリリースされた「ユー・リアリー・ガット・ミー」が爆発的ヒットを記録したことで状況は一変、キンクスは再び米国市場へ参入するチャンスを手にする（65年1月にカメオが配給権を持つ英国でのセカンド・シングル「ユー・スティル・ウォント・ミー」を便乗してリリースする計画も立てたが未発売に終わっている）。今度の相手はリプリーズだった。リプリーズはフランク・シナトラが自身の作品をリリースするためワーナー・ブラザーズと共同出資で設立したレーベルで、63年にワーナーが株式を買い取りシナトラはレーベル運営から外れこそしたが、同社は〝アーティスト・レーベル〟の元祖的存在だった。9月になるとリプリーズはシングル「ユー・リアリー〜」を発売、いきなり7位のヒットを記録しリプリーズの〝売れる〟という読みはみごと的中。11月には米国におけるデビュー・アルバム『ユー・リアリー・ガット・ミー』、12月にはシングル「オール・オブ・ザ・ナイト」がリリースされ7位、65年1月には「ウェイティング・フォー・ユー」が過去最高の6位のセールスとなり、その勢いを持って65年3月24日に登場したのが米国でのセカンド・アルバム『キンクス・サイズ』である。

この頃の米国ではシングルを中心にアルバムを組むのが通例だったが、本作も「オール・オブ〜」と「ウェイティング〜」という強力なヒット・シングルが収められていることがウリであり、この2曲がフロント・カヴァーに大きく記されている。英国では3月5日にセカンド・アルバム『カインダ・キンクス』がリリースされており、そこには「ウェイティング〜」も収められていたが、このリプリーズ盤は「ウェイティング〜」とそのB面収録曲だったデイヴ・デイヴィスが歌う「カム・オン・ナウ」を収めている以外に英国盤『カインダ〜』との共通点はなく、シングル「オール・オブ〜」両面と英国のEP“Kinksize Session”全曲、米国でのデビュー・アルバムから落ちた英国盤『キンクス』収録の「リヴェンジ」とレイジー・レスターのカヴァー「アイム・ア・ラヴァー・ノット・ア・ファイター」の10曲で構成された完全な〝編集盤〟だった。

発売当時はモノラル、ステレオの2種がリリースされたが、いずれの曲もトゥルー・ステレオ版は存在せず、後者に収められているのは疑似ステレオ・ヴァージョン。バック・カヴァーには4人の趣味や嗜好をまとめたプロフィールが掲載されておりいかにも人気グループのアルバムといった雰囲気だが、フロント・カヴァーのポートレートはミック・エイヴォリーが半目でデイヴが目を閉じた完全な〝ボツ〟カットが使われてしまっている。

（犬伏）

US: Kinkdom
キンクダム

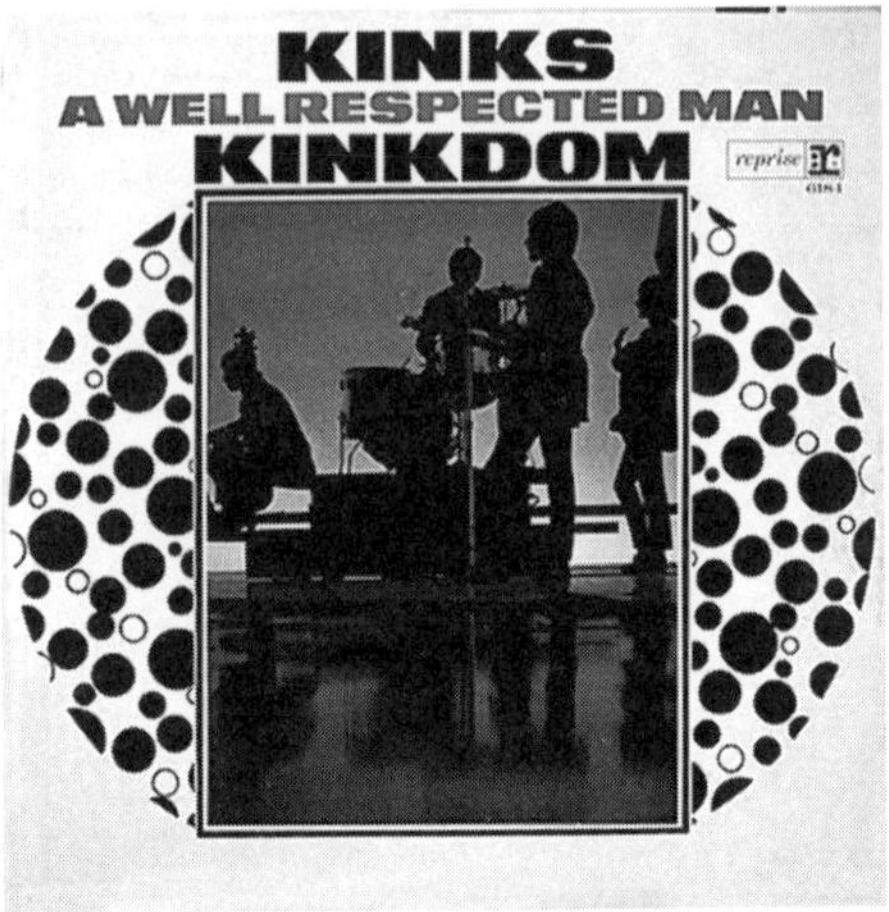

[US] Reprise／R 6184 (mono)／RS 6184 (stereo)
Release: 1965.11

[side A]
1. A Well Respected Man
2. Such A Shame
3. Wait Till The Summer Comes Along
4. Naggin' Woman
5. Never Met A Girl Like You Before
6. See My Friends

[side B]
1. Who'll Be The Next In Line
2. Don't You Fret
3. I Need You
4. It's All Right
5. Louie Louie

ツアーでの振る舞いが問題となり3年間の米国出入り禁止となったキンクスだったが、レイ・デイヴィスはそれをきっかけに英国の人々の日常に目を向けるようになった。レイならではの視点と観察眼で市井の人々の生活や振る舞い、奇妙な習慣などを見つめる日々。その最初の成果となったのが65年9月17日に英国で発売されたEP〝Kwyet Kinks〟に収められた「リスペクテッド・マン」だった。

まるで判で押したように勤勉な毎日を送るサラリーマンを風刺した歌は英国で話題になり、レイのソングライターとしての注目度は一気に上がった。この曲は英国では先のEPにのみ収められシングル・カットはなかったが、日本を含む英国以外の国ではシングルとしても発売されヒットした。面白いのは、米国に暮らす人々とは何の関係もなさそうなこの曲が、アメリカではシングルになり13位のヒットを記録したことだ。

本作は65年11月にリリースされた米国で4枚目のアルバムであり、本作に相当する英国盤は存在しない。ベースとなったのは前述の英国盤EPで、そこにアルバム『カインダ・キンクス』の英国盤収録曲で米国では未発売だったデイヴ・デイヴィスが歌うジミー・アンダーソンの62年エクセロ・レーベル作品のカヴァー「ナッギン・ウーマン」（余談だが、デビュー・アルバム『キンクス』収録のレイジー・レスターのカヴァー「アイム・ア・ラヴァー・ノット・ア・ファイター」も同じくエクセロ・レーベル作品。当時のデイヴの嗜好が窺えて面白い）、シングル「陽気にやろうぜ」（Everybody Gonna Be Happy）のB面曲「お次は誰れ」（Who'll Be The Next In Line）、65年3月発売のシングル「セット・ミー・フリー」のB面曲「アイ・ニード・ユー」、同年7月に英国発売（米国では少し遅れて9月に発売）されたシングル「シー・マイ・フレンド」とB面曲「ネヴァー・メット・ア・ガール」（Never Met A Girl Like You Before）と、英国で64年にリリースされていた2曲：シングル「ユー・リアリー・ガット・ミー」のB面収録曲「それでいいのさ」（It's Alright）、米国でのセカンド・アルバム『キンクス・サイズ』で既にリリース済みだったキングスメンの「ルイ・ルイ」という全11曲が収められている。

フロント・カヴァーにあしらわれているのは米国ツアー中の65年7月1日に収録された米ABCテレビの人気音楽番組『シンディグ！』出演時に撮られたもので、バンドのシルエットが浮かび上がった美しいショットが使われている。本作がリリースされた当初はフロント・カヴァーのタイトル部分に「リスペクテッド・マン」「シー・マイ・フレンド」「お次は誰れ」の3曲がメインとして扱われ、その下に5曲が並べられていたが、「リスペクテッド・マン」がヒットするとそれ1曲のみが大きく表記されるデザインに変更された。

英国では同じタイミングで『キンク・コントラヴァーシー』が発売されているが、米国では本作が発売されたため先送りとなり、それが発売されたのは66年3月になってからだった。前作同様に本作もモノラル、ステレオの2種が出たが、全曲トゥルー・ステレオ版は存在せず、疑似ステレオ化されたものが収録されている。

本作は米国で独自に編集された最後のアルバムとなったが、次作『キンク・コントラヴァーシー』は、収録曲こそ同じものの、アートワークは英国盤と異なる独自のものが用意された。

（犬伏）

The Kink Kontroversy
キンク・コントラヴァーシー

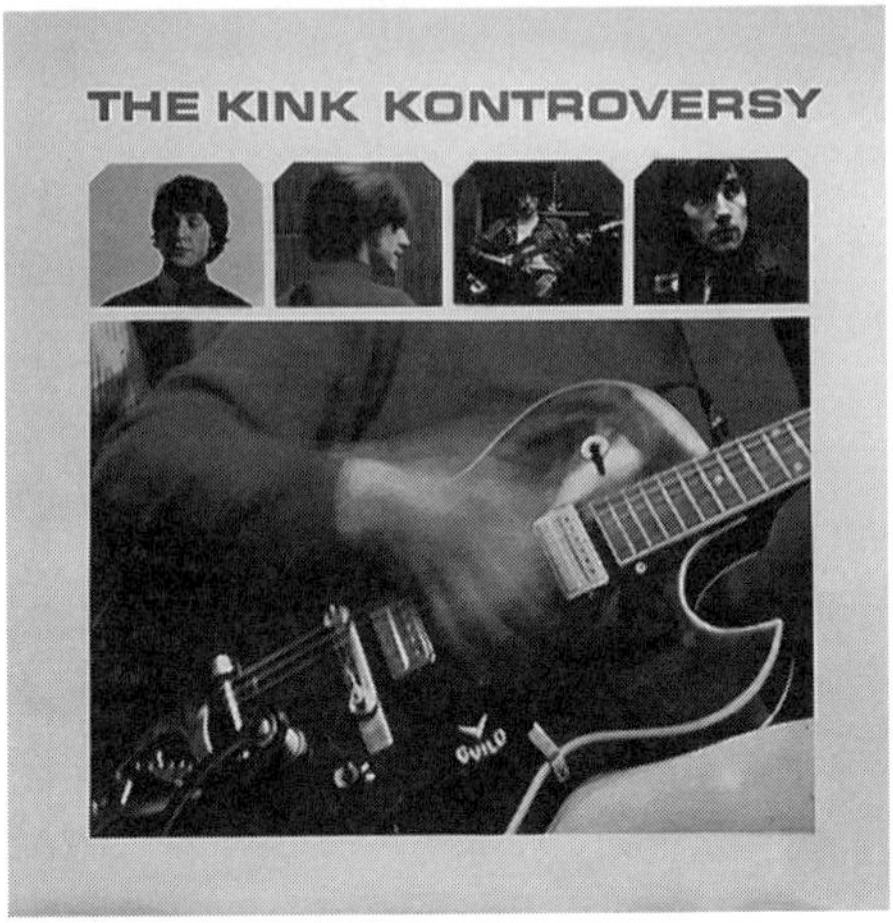

Pye Records／NPL.18131
Release: 1965.11.26

[**side A**]
1. Milk Cow Blues
2. Ring The Bells
3. Gotta Get The First Plane Home
4. When I See That Girl Of Mine
5. I Am Free
6. Till The End Of The Day

[**side B**]
1. The World Keeps Going Round
2. I'm On An Island
3. Where Have All The Good Times Gone
4. It's Too Late
5. What's In Store For Me
6. You Can't Win

[US]
Reprise／R 6197／RS 6197
Release: 1966.3.30

前作『カインダ・キンクス』は様々なスタイルの曲を擁し、バンドの音楽性の広さを世に示す作品となったが、中でもアコーティック・ギター1本で歌われる「ナッシン・イン・ザ・ワールド・キャン・ストップ・ミー」と「ソー・ロング」は異彩を放っていた。この時期レイはフォーク・シンガーよろしくアコースティック・ギターの弾き語りによるナンバーをいくつも残しており、当時は〝Kinky-Folky〟と題されたEPの発売も計画された。ラリー・ペイジはレイのそんな嗜好を理解しており、米国ツアー中の6月30日にハリウッドのゴールドスター・スタジオでの録音を計画、レイの新曲「リング・ザ・ベル」が収録されている。この曲は当初シングルA面を想定したものだったが、最終的にペイジとタルミーの間で意見が割れ、「セット・ミー・フリー」がA面曲となった。

キンクスは8月になると先の〝Kinky-Folky〟から発展したEP〝Kwyet Kinks〟を完成させたが、バンドは欧州ツアーを継続中でアルバム制作は10月中頃まで待たねばならなかった。レイはそこから一気に曲を書き上げ、10月25日からパイ・スタジオで集中的なセッションを敢行、11月3～4日にはシングル曲にもなった「エンド・オブ・ザ・デイ」が録音され、本作は完成している。この時ミック・エイヴォリーは〝カーディフ事件〟と呼ばれるデイヴ・デイヴィスとのトラブルを引きずっていたためスタジオには顔を出しておらず、「エンド・オブ～」を含む本作のセッションでは代役としてクレム・カッティーニ（この時期カッティーニはタルミーが頻繁にセッション起用していたアイヴィー・リーグのツアー・バンド、ディヴィジョン・ツーのメンバーでもあった）がドラムを叩いていた。

当時のライヴでデイヴの重要なレパートリーだったスリーピー・ジョン・エステスのカヴァー「ミルク・カウ・ブルース」（この曲と「リング～」にはエイヴォリーが参加）で幕を開ける本作は、レイのフォーク志向とキンクスらしいビート・サウンドが混ざり合った折衷的なアルバムとなったが、フォーク調の「リング～」やカリプソ風の「アイム・オン・アイランド」、デイヴが歌うワルツ「アイ・アム・フリー」のようなアコースティック・ギターが美しく響くナンバーが並ぶ一方で、「ユー・リアリー・ガット・ミー」から続くリフを際立たせたビート・ナンバーの集大成的作品「エンド・オブ・ザ・デイ」、R&Bの香り漂う「ゴッタ・ゲット・ザ・ファースト・プレーン・ホーム」、「ホエン・アイ・シー・ザット・ガール・オブ・マイン」（ボビー・ライデルへの提供曲の自演版）、「イッツ・トゥ・レイト」、「ユー・キャン・ウイン」と（かなりの〝振れ幅〟があるものの）ざらついた音の手触りは共通していて、アルバムとしてブレた印象はない。〝悲観〟と〝楽観〟が共存しているのも本作の特徴で、疲弊した感情や未来への希望が渾然一体となっているあたりに当時のレイの心境が浮かび上がってくる。そんな中でも「エンド～」のシングルB面となった「ホエア・ハヴ・オール・ザ・グッド・タイムス・ゴーン」は最高の1曲で、古き良き時代への回帰が力強く歌われている。デイヴィッド・ボウイが73年の『ピンナップス』でカヴァーしているが、付属のシートには他を省いてこの曲の歌詞だけを掲載するというこだわりようだった。

本作は65年11月26日に発売され英4位を記録、異なるアートワークの米国盤は95位に終わった。英米のアルバムが同一の内容となったのはここからだ。

（犬伏）

Face To Face

フェイス・トゥ・フェイス

Pye Records／NPL.18149／NSPL.18149
Release: 1966.10.28

[side A]
1. Party Line
2. Rosy Won't You Please Come Home
3. Dandy
4. Too Much On My Mind
5. Session Man
6. Rainy Day In June
7. House In The Country

[side B]
1. Holiday In Waikiki
2. Most Exclusive Residence For Sale
3. Fancy
4. Little Miss Queen Of Darkness
5. You're Looking Fine
6. Sunny Afternoon
7. I'll Remember

[US]
Reprise／R 6228／RS 6228
Release: 1966.12.7

前作『キンク・コントラヴァーシー』でもその萌芽が見えた脱ガレージ・バンドの動きが加速し、さらにはバンドの一体感が薄れたようにも見える過渡期の1枚。8トラック機材の導入によりステレオ録音の4曲入りＥＰとして制作が開始されたが、歌詞の問題から作業は一旦中断。次に曲間を効果音で繋げたトータル・アルバムに舵を切ったが、シングル「サニー・アフタヌーン」の全英ナンバーワン・ヒットによってパイがクリスマス前の発売を要請したため、3曲に効果音が使われるのみに留まったとされている。つまりレコーディング自体は長期に及んだにも関わらず、仕上げに時間をかけられなかったわけだ。

キンクスは65年の全米ツアーでストレスからか度々トラブルを引き起こし、全米音楽家協会から3年間の音楽活動禁止を言い渡されてしまう。さらにはレイ・デイヴィスの体調不良、ピート・クウェイフの交通事故による一時脱退なども重なり、焦点がブレても仕方ないカードが揃った中でのレコーディング作業だったと想像できる。その結果はレイの声が荒れている曲や、デイヴのギターが大人しいことなどに現れてはいるのだが、その反面、レイの作風が内省的でメロディアスな方向へと傾き、リズム体を中心にした試行錯誤の跡が見られるといった収穫も得ているのだ。

　つまりこの『フェイス・トゥ・フェイス』は、キンクス初のコンセプト・アルバムというよりも、その後のロック・オペラ路線を支えることになる、多様な音楽性を飲み込んだ新たなキンキー・サウンドの端緒となった一作だと位置づけるべきだろう。レイ自身も後年のインタヴューで、68年の『ヴィレッジ・グリーン・プリザヴェイション・ソサエティ』のことを〝初めてコンセプトを意識した作品〟だと答えている。

　アルバムはビートルズ的な「パーティ・ライン」と「アイル・リメンバー」に挟まれているが、本作のレコーディングが始まった65年の秋と言えばビートルズはアメリカでの「イエスタデイ」の大ヒットとアルバム『ラバー・ソウル』発売の頃で、とっくに脱ブリティッシュ・ビートを果たしている。また、アメリカではボブ・ディランの「ライク・ア・ローリング・ストーン」が世に出ていたのだから、キンクスがこれらの影響を受けていないわけがない。「ロージー、家にこないかい」「僕の心に深く」などで聞かれるアコースティック・ギター、同じく「ロージー～」や「セッション・マン」でのニッキー・ホプキンスによるハープシコードの多用は明らかにそれまでのキンキー・サウンドとは別の道筋を歩んでいる。また「ワイキキの休暇」のイントロとアウトロに配された不器用なジャングル・ビートや、「とても美しい」での引き攣ったような短いギター・ソロは、ロック・バンドとしての次のステップを模索しているように響いてくる。

　ヒットした「サニー・アフタヌーン」にしても、ライヴで観衆が大合唱するような雰囲気はここにはない。むしろ気怠さが支配している分、美しいメロディが際立っている。逆に「豪華邸宅売ります」ではメロディアスな曲に脳天気なコーラスが重なることで情景が浮かんでくるのだ。

　これだけの手札を取り揃えながら、キンクスが本格的なコンセプト・アルバム『ヴィレッジ・グリーン～』制作に乗り出すまでには、さらに2年を要することになる。

　なお、「ダンディ」はハーマンズ・ハーミッツが、「田舎の家」はプリティ・シングスがカヴァーした。（森）

Something Else By The Kinks
サムシング・エルス

Pye Records／NPL.18193／NSPL.18193
Release: 1967.9.15

[side A]
1. David Watts
2. Death Of A Clown
3. Two Sisters
4. No Return
5. Harry Rag
6. Tin Soldier Man
7. Situation Vacant

[side B]
1. Love Me Till The Sun Shines
2. Lazy Old Sun
3. Afternoon Tea
4. Funny Face
5. End Of The Season
6. Waterloo Sunset

[US]
Reprise／R 6279／RS 6279
Release: 1968.1

コンセプト・アルバムの先鞭をつけた『フェイス・トゥ・フェイス』と、対をなすかのような第5作。

　このアルバムを発表した67年は、キンクスにとって嵐のような一年だった。2月から約2ヶ月は英国~フランスをまわるツアー、4月にはシングル「ミスター・プリザント」がベルギーやオランダでチャートの上位に食い込んだ。それと前後して、デイヴはデンマーク人のリズベートと結婚。極めつけは、本作にも収録された「ウォータールー・サンセット」の大ヒット（全英2位）である。

　そんな中、レイは「ニュー・ミュージカル・エキスプレス」誌のインタビューでキンクスから脱退すると発言。今後は作曲とプロデュースに専念し、キンクスにはビーチ・ボーイズのブライアン・ウィルソンのような立場で（レコーディングにだけ）協力したいと語ったのだ。当時のマネージャー、ロバート・ウェイスとグレンヴィル・コリンズは慌てて否定。すぐにレイも発言を撤回して騒動は収まるのだが、内部事情が悪いのが世間に知れた。

7月にはデイヴのソロ・シングル「デス・オブ・ア・クラウン」が発売され、全英3位の大ヒット。美しいバック・コーラスはレイの当時の妻ラサである。それまではレイの影に隠れていたデイヴだったが、ここでスポットライトがあたり、ソロで『トップ・オブ・ザ・ポップス』などの音楽番組にも出演。デイヴは翌67年8月の「ディスク・アンド・ミュージック・エコー」紙にこう語っている。

「あれが失敗に終わったら、喜ぶ人が業界にたくさんいたはずだよ。ずっと前から僕のことを、大した仕事をせずにグループにくっついているだけと思っている連中がいるのを感じていた。連中は僕がレイとグループに頼りっぱなしだって思っているんだ」

さて、9月にリリースされた本作は、勢いも満点の「デイヴィッド・ワッツ」で幕を開ける（この曲は78年にポール・ウェラー率いるザ・ジャムのカヴァーでパンク世代にも知られることになった）。デイヴィッド・ワッツは実在の人物で、キンクスが当時親しくしていた元・近衛少佐という経歴のプロモーター。世間がビートルズが生み出したペパーなる架空の軍曹を称賛するなか、レイは実在の少佐のことを歌っていたわけである。

デイヴ渾身の一曲「デス・オブ・ア・クラウン」に続いて、「トゥー・シスターズ」ではハープシコードが魅惑的なイントロを奏でる。管や弦を絡めたこの曲では、それとなくデイヴィス兄弟の姉たちを歌っているのだろうか？

キンクス版ボサ・ノヴァという雰囲気の「ノー・リターン」に続いて登場するトラッド調の「ハリー・ラグ」は、大家族だったデイヴィス家の様子を想像させるコーラスが印象的だ（全員が音楽好きだったという一家はこんな感じで合唱したのだろうか？）。

アルバムの最後を飾るのは英国ロック史に燦然と輝く名曲「ウォータールー・サンセット」だ。ロンドン市中を流れるテムズ川ほとりのウォータールー駅、その夕暮れ時を舞台にしているため、「キンクス版ペニー・レイン」と称されることも。ロンドン・オリンピックの閉会式でレイが唄ったのは記憶に新しい。

ここまでのキンクス作品は一貫してシェル・タルミーがプロデュースしていたが、彼はここでお役御免となった。素晴らしいアルバムだが、全英アルバム・チャートには入らず、アメリカでも153位という結果だった。（真下部）

Live At Kelvin Hall
(US: The Live Kinks)
ライヴ・アット・ケルヴィン・ホール

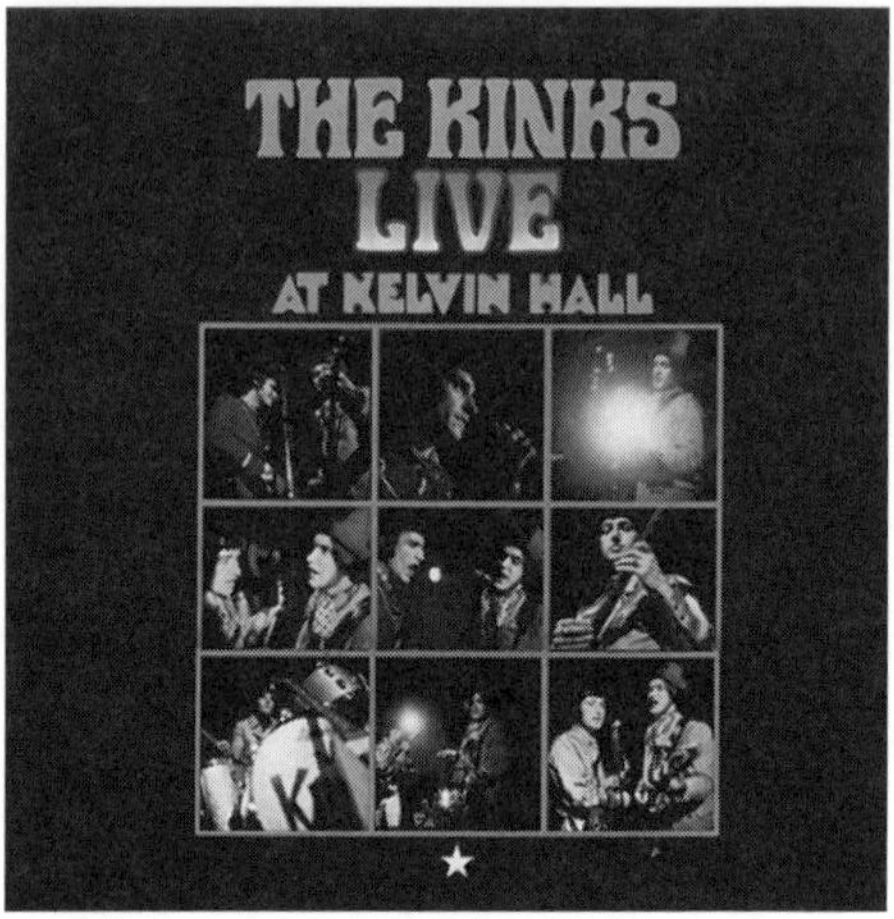

Pye Records／NPL.18191／NSPL.18191
Release: 1968.1.12

[side A]
1. Till The End Of The Day / 2. A Well Respected Man / 3. You're Looking Fine / 4. Sunny Afternoon / 5. Dandy
[side B]
1. I'm On An Island / 2. Come On Now / 3. You Really Got Me / 4. Medley: 4a. Milk Cow Blues / 4b. Batman Theme / 4c. Tired Of Waiting For You / 4d. Milk Cow Blues

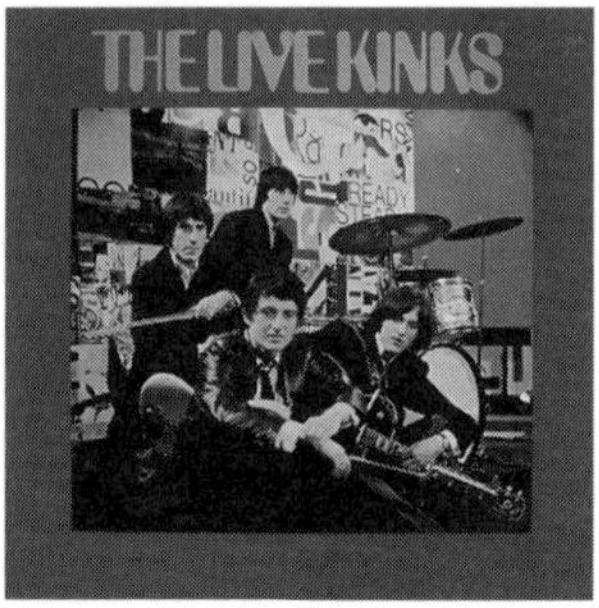

[US]
Reprise／R 6260／RS 6260
Release: 1967.8

音は悪いが演奏は素晴らしい、という評価が定着しているキンクス初のライヴ・アルバム。67年4月1日にスコットランドのグラスゴーにあるケルヴィン・ホールで収録された。しかし「ウォータールー・サンセット」のヒットを受けてイギリスでは『サムシング・エルス』の発売が先行され、リリースは68年1月まで延期になっている。またアメリカでは『ザ・ライヴ・キンクス』のタイトルで67年8月に発売されたが、ジャケットはなぜかベースのピート・クウェイフがセンターにいる写真が使われている。

アルバムは若い女性ファンの嬌声が渦巻く中、ステージ上に現れたメンバーのウォーミング・アップからスタートする。一瞬の静寂のあと、レイが「ティル・ジ・エンド・オブ・ザ・デイ」を歌い始めるのだが、すぐにバンドの音に埋もれてしまう。アウトロでテンポが早まり、裏拍になるところが実にスリリング。ピートのベースも唸りを上げている。ちなみにこの曲、米盤の裏ジャケットでは誤って「オール・デイ・アンド・オール・オブ・ザ・ナイト」と表記されたままプレスされ続けていた。ブートレグ並みの音質と言われるのはオープニングが原因なのだろう。２曲目以降はバランスの改善が見られる。

デイヴがヴォーカルの「とても美しい」は重いリズムとキレキレのギターに磨きがかかっているし、「ダンディ」もポップなメロディと演奏のハードさの匙加減が絶妙。この『ライヴ・アット・ケルヴィン・ホール』はキンクスのデビューから『フェイス・トゥ・フェイス』までの楽曲を満遍なく取り上げながら、当時の最新型にアップデイトして提示する試みだったと捉えた方がよさそうだ。最後は客席にサビを歌わせて盛り上げる「サニー・アフタヌーン」。これにしてもデイヴのギターが時折キンキーになっているのが聴きどころ。ポップとアヴァンギャルドの両立に成功していると言っていい。

ガレージ・バンドとしてのキンクスは「カム・オン・ナウ」の中にしっかりと息づいているし、続く「ユー・リアリー・ガット・ミー」でもデイヴはオリジナルのギター・ソロをなぞるどころか、どこか遠くへ行ってしまいそうなフレーズを弾きまくっているのだからたまらない。なお「ユー・リアリー～」の前に客席から「ハッピー・バースデイ」の合唱が起こっていることが、（キンクスには４月生まれのメンバーはいないので）別の日の録音が含まれているという説の根拠になった。これについてはオーヴァー・ダビングも含めて編集や修正が施された可能性も否定しないが、レイが冗談で「今日はピートの誕生日なんだ、みんなハッピー・バースデイを歌ってくれないか?」などと言って信じた客もそうでない客もそれに乗っかった、ということにしておいた方が面白いと思う。

ラストのメドレーに挟み込まれた「バットマンのテーマ」では、ピートの頻繁に上下するベースが印象的。そういう流行りものを取り入れているところも、またキンクスのミュージック・ホール的な一面だ。

アルバムは「ビューティフル・デライラ」のイントロが少し聴こえたと思ったら終わってしまう。この狂乱の模様が当時の完全なドキュメントだとは思わないが、レコードでは既に成熟した世界を見せていたキンクスが、ライヴではポップな面でもガレージな面でも新しい表現を希求しながら、ファン・サービスに徹していたことがよくわかる。すべてが歴史的な資料と言えるはずだ。

（森）

The Kinks
Pye Years 2

英国社会への深い眼差しが唯一無二の「悲喜劇」を生んだロック・オペラ期

和久井光司

66年夏、「サニー・アフタヌーン」がビートルズの「ペイパーバック・ライター」をたった1週の天下から引きずり下ろしてトップに立ったとき、レイ・デイヴィスは自分が英国一のポップ・ソングライターになったと自覚したようだ。翌年には44年後のロンドン・オリンピック閉会式で歌うことになる「ウォータールー・サンセット」が2位。ビートルズはレノン／マッカートニー、ストーンズはジャガー／リチャーズ……と、メイン・ソングライターは〝ふたり〟だ。ひとりでキンクスの曲を書くレイの実力は間違いなかった。

ところがアルバムはどんどん売れなくなる。レイはおそらく、「自分の曲はビート・バンド向きではない」と感じたのだろう。『ザ・ヴィレッジ・グリーン・プリザヴェイション・ソサエティ』が当初はレイのソロ・アルバムとして企画されたのは、事務所やレコード会社も「キンクスは過渡期にある」と実感していたからだと思う。

65年7月の北米ツアー中に行く先々で事件を起こしたことからキンクスはアメリカのミュージシャンズ・ユニオンから3年間の謹慎を言い渡された。そして9月にレイは、ラリー・ペイジとデンマーク・プロダクションを相手に、同社の管理曲を取り戻すための訴訟を起こす。レイ&ボスコベル組vsラリー&デンマーク組の法廷闘争は一回戦では終わらず3年がかりになるのだが、そんな背景をパイが面倒くさがったから、「ソロ・アルバムもあり？」と判断されたようでもある。

68年、レイは20曲入り2枚組の『ヴィレッジ・グリーン〜』を計画したが、結局キンクスでやることになり、2枚組は却下。しかし大作でソロ・デビューしようとしたことが、シェイクスピアま

Dylan Thomas “Reading His Complete Recorded Poetry”
49年から53年にロンドンとニューヨークで録音された朗読を後年2枚組のLPにまとめたアルバム。自身による朗読はこれがすべてなので、世界のトマス・マニアの必携盤となった

で遡った〝英国的表現〟の研究に彼をかきたて、階級社会が生む〝英国病〟に、〝労働者階級的な共産主義〟をぶつけるような独特な作風に転じたわけだ。

ボブ・ディランの名前のもとになったウェールズ出身の詩人ディラン・トマスの『アンダー・ミルク・ウッド（ミルクの森で）』にインスパイアされながら『ヴィレッジ・グリーン～』となる曲を書いていったレイは、19世紀後半から1920年代に興隆したミュージック・ホールの芸に興味を持った。おそらくチャップリンの両親が当時の芸人だったことや、少年時代に社会の最下層にいたことに由来する彼の平和思想を知って、シェイクスピアの時代から一貫する〝悲喜劇〟のロック化を思い立ったのだろう。

69年、グラナダ・テレビでドラマ化するために曲づくりが始まった『アーサー、もしくは大英帝国の衰退ならびに滅亡』は、脚本家ジュリアン・ミッチェルの協力を仰いだものだったが、レイはアーサー王に長姉ロージーの夫アーサーを重ねることで、英国社会と世界大戦に翻弄された末に息子のためにオーストラリアに移住した夫婦（姉夫婦は実際に当地に渡っていた）を描き、労働者階級の〝市民〟を浮き彫りにしたのである。

『アーサー』もまた企画が流れ、ドラマは制作されなかったが、〝対比〟を軸にしたストーリーテリングは自身の裁判をシニカルに絡めた『ローラ対パワーマン、マネーゴーラウンド組第一回戦』を生み、「マネーゴーラウンド」にはマネージャーのグレンヴィル・コリンズとロバート・ウェイスが実名で登場することになった。また、いかついオカマの歌「ローラ」では、コカ・コーラとシャンパン、電球のキャンドル・ライトという表現で〝まがいもの〟と〝本物〟を対比させ、「ルーツ音楽に根ざしたバンドこそが本物」とする当時のロック界のトレンドを揶揄してみせたのだ。

しかし、「こんなロックもありだろ?」という作品づくりは意外と受けて、「ローラ」と「エイプマン」が続けてヒット。謹慎明けのアメリカではアルバムもビルボード35位まで上がった。

ねじれよじれて英国を憂い、資本主義社会の構造に疑問を投げかけることにもなったパイ後期の三部作は、「いずれ劣らぬロック・オペラの到達点」としてロック史に残ったのである。

ディラン・トマス『詩劇　ミルクの森で』
1967年に国文社から発行された日本初版。松浦直巳と青木庸效の共訳によるものだ。登場人物にいくつもの「声」が重なり、ポリフォニックなフィクションになっているところに、レイは影響を受けたのだろう。

The Village Green Preservation Society
ヴィレッジ・グリーン・プリザヴェイション・ソサエティ

Pye Records／NPL.18233／NSPL.18233
Release: 1968.11.22

[side A]
1. The Village Green Preservation Society
2. Do You Remember Walter
3. Picture Book
4. Johnny Thunder
5. Last Of The Steam-Powered Trains
6. Big Sky
7. Sitting By The Riverside

[side B]
1. Animal Farm
2. Village Green
3. Starstruck
4. Phenominal Cat
5. All Of My Friends Were There
6. Wicked Annabella
7. Monica
8. People Take Pictures Of Each Other

[US]
Reprise／RS 6327
Release: 1969.1

前年6月にビートルズが出した『サージェント・ペパーズ・ロンリー・ハーツ・クラブ・バンド』の影響で、68年の英国ロック界はコンセプト・アルバムが花盛りとなった。スモール・フェイシズの『オグデンズ・ナット・ゴーン・フレイク』や、ムーディー・ブルースの『失われたコードを求めて』は商業的にも成功し、ロック史に残るアルバムが続々と発表されていく。

『フェイス・トゥ・フェイス』と『サムシング・エルス』でアルバムにコンセプトを持ち込むのをいち早く芸風にしたレイは、初のソロ・アルバムを想定して、「よりトータリティの高い作品」を考えていた。ウェールズの詩人ディラン・トマスの『アンダー・ミルク・ウッド』にインスパイアされた彼は、英国の片田舎で暮らす人々の生活を物語にしようと20曲を書きおろした。ところがソロ作という案は却下され、アルバムの制作は迷走を続けることになる。その結果、レイの「気難しい人」「扱いにくい男」というイメージが定着してしまうのだ。

アメリカでは別内容のアルバム『フォー・モア・リスペクテッド・ジェントルメン』が進行していたが、こちらはキャンセルされ、英米同じ曲目で一本化された。そして、当初は「68年9月リリース」と告知されたのだ。ところが土壇場になってレイがミックスのやり直しと曲の追加を主張し、プレス工場にストップがかけられる。ただ、フランスやスカンジナビア諸国では回収指示が遅れたため一部が市場に出回ってしまい、混乱に拍車をかけることになったそうだ。レイは最初の企画どおりの20曲ヴァージョンを主張したが、パイが出してきたのは15曲という折衷案。ジャケットも変更されて11月22日（ビートルズの『ホワイト・アルバム』と同日）に発売されたのだが、充分なプロモーションに必要な時間や金がパイにはなかった。レイは言う。

「僕は困惑したよ。いい曲が書けた時は自分でわかるし、アルバムにはいい作品がいくつも入っているという自負があった。ただ、きちんとした形で聴いてじっくり噛みしめてもらわないとだめだったんだ」

オープニングを飾るタイトル曲は軽快なフォーク・ロック調。レイのヴォーカルからはロック・バンドらしからぬ〝コメディ俳優風〟の芸が見受けられる。続く「ドゥー・ユー・リメンバー・ウォルター」は、かつては村の好青年だったウォルターを偲ぶ曲だ。「ピクチャー・ブック」は当時レイが影響を受けたと公言していたラヴィン・スプーンフル風。暴れん坊のバイク野郎を歌った「ジョニー・サンダー」（ニューヨーク・ドールズのギタリストの芸名になった）をはさんで、「ラスト・オブ・ザ・スティーム・パワード・トレイン」ではハウリン・ウルフのリフを借用したキンクス版のブルース・ロックを聴かせる。意味深なフレーズが繰り返される「ビッグ・スカイ」に続いて、美しいピアノにメロディを乗せた「シッティング・バイ・ザ・リヴァーサイド」でアナログ盤のA面が終わる。

B面はニッキー・ホプキンスのハープシコードも軽やかな「アニマル・ファーム」から、古き良き時代への郷愁を歌った「ヴィレッジ・グリーン」へ。イングランドの村落に見られる中世から伝わる共有緑地のことを〝ヴィレッジ・グリーン〟と言うそうだ。

サイケデリックブームの真逆をいくようなアルバムは英米ともに商業的には苦戦したが、業界内や音楽通のあいだでは絶大な支持を得ることになった。

（真下部）

Arthur Or The Decline And Fall Of The British Empire
アーサー、もしくは大英帝国の衰退ならびに滅亡

Pye Records／NPL 18317／NSPL 18317
Release: 1969.10.10

[side A]
1. Victoria
2. Yes Sir, No Sir
3. Some Mother's Son
4. Drivin'
5. Brainwashed
6. Australia

[side B]
1. Shangri-La
2. Mr. Churchill Says
3. She's Bought A Hat Like Princess Marina
4. Young And Innocent Days
5. Nothing To Say
6. Arthur

[US]
Reprise／RS 6366
Release: 1969.10.10

　タイトルが想像させるのはアーサー王伝説だが、さにあらず、このアルバムの主人公は、ヴィクトリア朝時代末期にロンドン近郊に暮らしていた労働者階級の平凡な男、アーサー・モーガンだ。彼とその一家の物語を軸に、二つの世界大戦を経て大英帝国が衰退していく様が描かれた、壮大（かつチープ）なロック・オペラなのである。

　このアルバムへの助走が始まったころ、キンクスに大事件が起こった。ピート・クウェイフが「これ以上、お子様向けの音楽をやっていくことには耐えきれない」と脱退してしまったのだ。後任は66年にもクウェイフの代役を務めたことがあったジョン・ダルトン。第二期キンクスがスタートしたと思われたのだが……。

『アーサー』の企画はグラナダ・テレビからレイに持ち込まれたもので、ジュリアン・ミッチェルとレイが共同執筆

した脚本をドラマ化、アルバムはそれに合わせたものとして制作されるはずだった。ところが予算の問題でグラナダ側がドラマの中止を決定。アルバムは本編のないサントラ盤として完成を目指すことになる。69年5月にはザ・フーがロック・オペラ『トミー』を発表し、大ヒットとなっていた。キンクスは先を越されてしまったわけだ。

レイ個人にとっても『アーサー』は重要な作品だった。主人公の名前と悲哀に満ちた雰囲気は、実は姉ロージーの夫アーサーに由来するものだったからである。

「アーサーは生真面目な男だった。そして英国に対する幻滅は彼の世代に共通する経験だった。アーサーの兄は英国空軍でヴィクトリア十字勲章までもらったのに、彼は目が悪かったため戦闘機のパイロットになれなかった。そしてその後も、何をやってもうまくいかない人生だったんだ」とレイは語っている。

アルバムは軽快なロック・ナンバー「ヴィクトリア」で幕を開ける。この曲はシングル・カットもされ、全英33位／全米63位を記録した。続いてはミック・エイヴォリーのドラムも印象的な「イエス・サー・ノー・サー」。レイは三つのメロディーの歌い方を変えることで登場人物のキャラクターの違いを際立たせている。ピアノとギターのイントロが美しい「サム・マザーズ・サン」は、戦争の愚かさを痛烈に批判した反戦歌。シングル・カットもされた「ドライヴィン」は、コーラスも楽し気なナンバーだ。ホーン・セクションがいい味を出している「ブレインウォシュド」に続いて、A面最後を飾るのは「オーストラリア」。姉夫婦が実際に移り住んだ国の歌だ。陽気な前半部分から、後半はギター、ピアノ、ホーンも交えたソロ合戦となっていく。

B面はこのアルバム屈指の名曲「シャングリ・ラ」から。シングル・カットされたにも関わらず、5分以上の長さがラジオ局に敬遠されてチャート・インさえしなかったが、ファンのあいだでは人気の高い曲だ。「ミスター・チャーチル・セッズ」は言わずと知れた英国の大宰相チャーチルへのぼやき節。第二次世界大戦時下の警戒警報をSEにしているのも念入りだ。そしてイントロのピアノがノスタルジックな「シーズ・ボート・ア・ハット・ライク・プリンセス・マリーナ」、アコギを爪弾きながらレイが切々と歌う「ヤング・アンド・イノセント・デイズ」、ラグタイム風の「ナッシング・トゥ・セイ」を経て、ロックンロール・ナンバー「アーサー」でロック・オペラは大団円を迎える。しかし前作同様、商業的にはまったく失敗に終わったのだ、こんな傑作が。

（真下部）

Lola Versus Powerman And The Moneygoround: Part 1
ローラ対パワーマン、マネーゴーラウンド組第一回戦

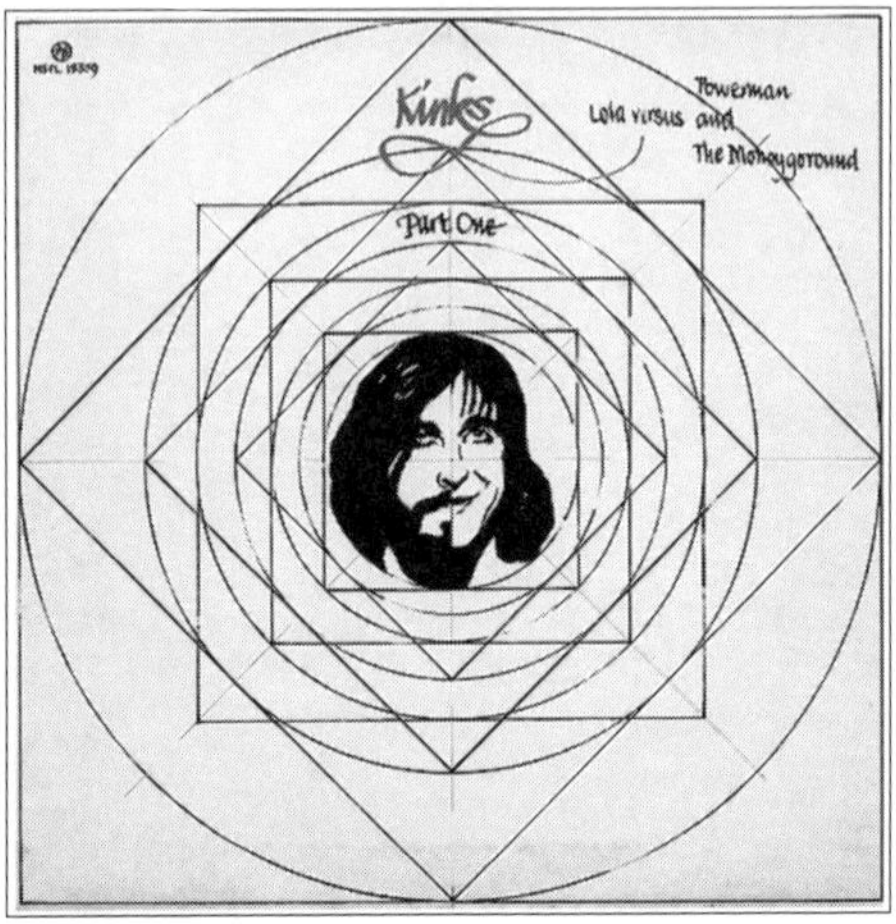

Pye Records／NSPL 18359
Release: 1970.11.27

[side A]
1. The Contenders
2. Strangers
3. Denmark Street
4. Get Back In Line
5. Lola
6. Top Of The Pops
7. The Moneygoround

[side B]
1. This Time Tomorrow
2. A Long Way From Home
3. Rats
4. Apeman
5. Powerman
6. Got To Be Free

[US]
Reprise／RS 6423
Release: 1970.12.2

この作品が発表された1970年は、ロックに一大転機が訪れた年だった。サイモン&ガーファンクルやビートルズの解散、ジミ・ヘンドリクスやジャニス・ジョプリンの早すぎる死……。前年のウッドストックのお祭りムードは、バブルのように消えていっていた。

そんな中キンクスは、65年に全米音楽家連盟から受けた活動禁止処分も解け、本格的にアメリカ進出を目指すことになる。レイはこの機会にキーボード・プレイヤーをツアーに参加させ、バンドのサウンドを変えようと考えた。選ばれたのは「ZIG-ZAG」誌を運営していたピート・フレイムの紹介でやってきたロイヤル・アカデミーの学生、ジョン・ゴスリングであった。ジョン・ザ・バプティスト(=洗礼者ヨハネ)というニックネームまで頂戴した彼は、71年4月に正式メンバーに昇格し、その後のキンクスには

不可欠な存在となるのだ。

本作もまたコンセプト・アルバムと言っていい内容で、レイの自伝的な要素がストーリーの中核になっている。マチュア・バンドがレコード・デビューにこぎつけてスターになるまでの苦労話や、栄光を手にした彼らを取り巻く日常生活の変化が面白おかしく語られ、そこに音楽業界への皮肉が重ねられていく――。

オープニングはバンジョーもゴキゲンなパブ・ロック風のナンバー「ザ・コンテダーズ」。デイヴ作の「ストレンジャーズ」では、ジョン・ゴスリングによるスワンプ・ロック調のピアノがデイヴのヴォーカルに花を添える。ロンドンのレコード会社や音楽出版社が集まった街のことを歌った「デンマーク・ストリート」は、英国版ティン・パン・アレイへのシニカルな目線が感じられる。キーボードがいいアクセントになった「ゲット・バック・イン・ザ・ライン」を経て、タイトル曲「ローラ」へ。ソーホーで出会った女性が実はいかつい男だったというストーリーが面白いこの曲は先行シングルとして発売され、全英2位／全米9位の大ヒットになる。ただしシングル・ヴァージョンでは〝コカ・コーラ〟の歌詞が〝チェリー・コーラ〟と変更された（商品名を嫌ったBBCが放送禁止を予告したため、パイに差し換えを命令されたのだ）。「トップ・オブ・ザ・ポップス」はキングスメン「ルイ・ルイ」のリフをそのまま借用したナンバー。そこからラグタイム風の「マネーゴーランド」へ。この曲では実際のマネージャーたちを名指しで批判している。

B面は「バック・イン・ザ・USSR」さながらのジェット音で始まる「ディス・タイム・トゥモロウ」でスタート。バーズのフォーク・ロックを意識したのかもしれない「ア・ロング・ウェイ・フロム・ホーム」でしんみりしたあとは、デイヴが元祖ヘヴィメタと言えるような激しいリフを弾く「ラッツ」へ。そして全英5位／全米45位のヒットとなったカリプソ風味漂うトロピカル・ソング「エイプマン」が続く。この曲は当時は珍しかったプロモ・ヴィデオが制作され、ジョン・ゴスリングがゴリラの着ぐるみで頑張った（笑）。最終コーナーはデイヴのギターとコーラスが素晴らしい「パワーマン」から、カントリー・フレイヴァーが効いた「ゴット・トゥ・ビー・フリー」という流れ。みごとな大団円、まさに傑作だ。

「ローラ」「エイプマン」のヒットを生んだ本作も英国ではチャート・インしなかったが、アメリカでは久々のツアーの効果もあって、全米35位まで上がった。

（真下部）

Percy
パーシー

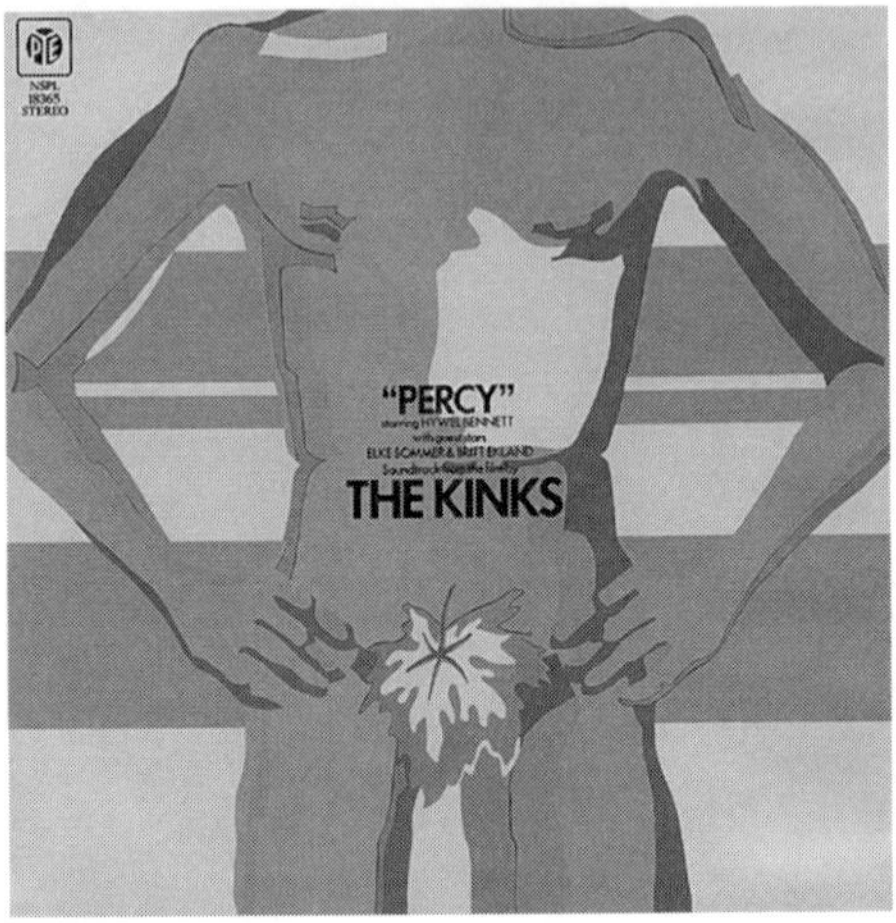

Pye Records／NSPL 18365
Release: 1971.3.26

[**side A**]
1. God's Children
2. Lola
3. The Way Love Used To Be
4. Completely
5. Running Round Town
6. Moments

[**side B**]
1. Animals In The Zoo
2. Just Friends
3. Whip Lady
4. Dreams
5. Helga
6. Willesden Green
7. God's Children - End

ラルフ・トーマス監督によるB級映画『パーシー』のサウンドトラック・アルバム。事故で傷ついた性器の移植手術を受けた男を巡るスラップスティック・コメディで、74年には続編もつくられている。のちにVHSやDVDでも発売されているし、動画共有サイトにもアップされているので、興味がある方は探してみてください。ただし、レイ・デイヴィスは「映画はどうしようもなくひどかったけど、優れたキンクス・ソングが使われてたことだけが唯一の救いってわけさ」と振り返っていることをお忘れなく《「レコード・コレクターズ」2000年1月号》。

アルバムは映画の主題歌「ゴッズ・チルドレン」で始まる。ボブ・ディランの影響が漂うメロディとフォーク・ロックなアレンジ、そしてスタンリー・メイヤーズの手によるストリングス。まるでキンクス版『セルフ・ポートレイト』ではないか。『セルフ〜』の発売は70年6月、本作のレコーディングは同年の10月だ。また、「ウィレスデン・グリーン」がディランも参考にしたであろうエルヴィス・プレスリーの、とくに『フロム・エルヴィス・イン・ナッシュヴィル』で聴くことができる、ナッシュビル・セッションのネイキッドな雰囲気のような仕上がりであることからも、あながち強引な解釈ではないと思えるのだが。

「ローラ」のインストゥルメンタルは、前半はチープなキーボードとドライヴするギターが牽引し、後半になるとホーンとストリングスで盛り上げていくというつくり。オリジナルヴァージョンのアコースティック・ギターやパーカッションが効いた仕上がりとは一味違うが、映画ではロンドンの街並みと相まって実に印象的だ。

「ザ・ウェイ・ラヴ・ユースト・トゥ・ビー」はシンガー・ソングライター的なアプローチのアコースティックなアレンジ。この辺りはきっちりと時代の流れを取り込んでいる。

「コンプリートリー」はインストのブルース・ナンバー。ハードになり過ぎないギターの絡みとハーモニカが心地よいが、曲は急に終わる。「ランニング・ラウンド・タウン」はサントラらしい小品のインスト。ストリングスが美しい「モーメンツ」でアナログのA面はおしまい。

B面に移ってもヴォーカル入りのトラックとインストゥルメンタルが混在したまま曲のヴァリエーションは更に広がる。「アニマルズ・イン・ザ・ズー」は緩いボ・ディドリーみたいだし、「ジャスト・フレンズ」の楽器はハープシコードとストリングスのみで、バンド不在のところまで振り切っている。逆に「ホイップ・レディ」はバンドならではのインストで、60年代の残滓のようなポップなアレンジの「ドリームス」への橋渡しになっている。3連のインスト「ヘルガ」、先に紹介した「ウィレスデン・グリーン」を経て、アルバムの最後は短いインストの「ゴッズ・チルドレン／エンド」で締めくくられている。

キンクスはこのアルバムを最後にパイを離れ、多様な音楽性を飲み込んだコンセプト・アルバムを連射する時代に突入していく。いい曲を書き、ストーリーに沿ったアレンジを当てはめるという点において、本作はその助走になったのではないだろうか。しかし14年版のCDでは丸ごと『ローラ対パワーマン、マネーゴーラウンド組第一回戦』のボーナス・ディスクに格下げ（？）されてしまった。

ところで映画の原作者レイモンド・ヒッチコックは、あのロビン・ヒッチコックの父親である。ロビンのカルトなイメージにぴったりなエピソードではないか。（森）

The Kinks RCA Years

「ヴィクトリア朝風ヴォードヴィル」で幻の懐かしさを演出したミュージカル期

和久井光司

ミュージック・ホールの芸人のように

ビートルズ、ストーンズの前例があったとはいえ、結局パイには6年いて、アルバム10枚。ビート・バンドがアルバム・アーティストになるなんて誰も想像していなかった時代にデビューした〝お兄ちゃんたち〟の中では、やはりトップ・クラスの存在だったと思う。アルバムが売れなくなってもパイに必要とされたのは、ヒット・シングルを並べたコンピレイションで充分商売になったからだろう。アメリカでの配給がずっとリプリーズだったのも安定感につながったし、『アーサー』からはストーンズ、ビートルズに続いてアレン・クレインを契約の窓口として立てている（クレインのabkcoはリプリーズとの交渉を任されたのをいいことに勝手に編集盤をつくったため、レイは早々に関係を解消するのだが）。

私は以前、ドノヴァンにクレインのことを聞いたことがある。彼、および直接のプロデューサーであるミッキー・モストも米・エピックとの契約にクレインを使い、いまだにクレインの会社アブコが原盤権の一部を持っているからだ。

「ビートルズのおかげで〝クレインは悪者〟ということになっちゃったけど、ビジネスマンとしてはとっても優秀で、レコード会社との折衝はうまかったんだよ。ストーンズがいい例、ビートルズは悪い例だけど、マネージメントの全部を任せなければ、クレインは使える男なんだ」

ドノヴァンの証言は、ストーンズやキンクスのレコードにいまもabkcoのマークが残る理由を物語っている。

『パーシー』をもってキンクスとパイ／リプリー

ズの契約が満了（『パーシー』はアメリカでは発売されなかったが）となったとき、ＲＣＡとのワールドワイド契約の話が持ち上がった。フランク・シナトラを迎えるためにワーナー・ブラザーズが興したリプリーズから、エルヴィス・プレスリーで知られるＲＣＡへの移籍は、レイをニヤリとさせたはずだが、１００万ドル（当時のレートでは3億6千万円）という破格の契約金を得たことで、デイヴィス兄弟にビジネスを整理する機会が訪れる。移籍第一弾の『マスウェル・ヒルビリーズ』を71年11月にリリースしたあと、グレンヴィル・コリンズ、ロバート・ワースと手を切り、ボスコベル・プロダクションを解散させたのだ。

デスクや経理、ロード・マネージャーはいるものの、キンクスを動かすのはレイになった。契約金で両親に家を買い、72年にコンク・スタジオを建てた兄弟は、彼ら以外のメンバーを雇う形でキンクスを続けることにしたわけである。

〝ミュージック・ホールの芸人のように〟と在り方を決めたレイに、莫大な金が入ってきたのは皮肉だったが、彼はその〝ねじれ〟を面白がった。かつてのミュージック・ホールには、アメリカでミンストレル・ショウの一座にいた芸人や、アイルランドからやって来たミュージシャンもいて、新天地を求めてアメリカに渡る者もいた。ラジオもなかった時代に昼間から雑多なヴァラエティ・ショウを観せていたミュージック・ホールは、日本で言えば寄席や、エノケン／ロッパの時代の芝居小屋のようなものだ。ロックを〝労働者階級の娯楽〟と考えるようになったレイは、クリームの〝長いインプロヴィゼイション〟やプログレッシヴ・ロックの〝踊れない演奏〟に違和感を覚えていたのだろうし、大半がカナダ人であるザ・バンドによる〝アメリカ南部のロック〟を信用する気にはなれなかったのだと思う。

英国の縮図をミュージカルに転嫁

ＲＣＡ時代のアルバムに色濃く表れたのは、「巨大産業と化していくロックへの疑問」と、「生活に根ざした表現」への帰結だった。

ロールス・ロイスに乗せられていい気になっているうちに何人もに稼ぎを抜かれ、ヤクの売人に多額の金を落とす〝ロック・スター〟なんて、レ

井野瀬久美恵『大英帝国はミュージック・ホールから』（朝日選書 1990年）
日本人による唯一のミュージック・ホール研究書。18世紀後半から20世紀前半のミュージック・ホールの実態に迫り、「階級社会」や、帝国時代の「意識」に言及している

イにしてみたら〝愚の骨頂〟だろう。けれど、悲しいかな芸人は、「明日をも考えぬ刹那を生きるからこそ、瞬間、輝けるのだ」という想いも消せなかったに違いない。

いにしえのミュージック・ホールに〝大衆芸能の真実〟を垣間見たレイは、『マスウェル・ヒルビリーズ』で〝地元に根差した小さなロック一座〟というキンクスの立場を表明し、アルバムづくりを〝演目〟と考えるようになっていく。

一枚をライヴとした『この世はすべてショウ・ビジネス』で〝バンドの在り方〟をより明確にしたキンクスは、アメリカでもショウの面白さを高く評価されるようになり、知的なエンタテインメントを売りにしていくようになる。

その結果、アルバムはレイのコンセプト一色になっていくが、ライヴは「ユー・リアリー・ガット・ミー」や「オール・オブ・ザ・ナイト」での爆発があってこそのものとなり、デイヴには斬り込み隊長の役が与えられた。

『ヴィレッジ・グリーン・プリザヴェイション・ソサエティ』を当初の計画通りにつくれなかったのを悔やんでいたのか、レイは次に『ヴィレッジ・グリーン〜』を拡大完全版にしたミュージカル『プリザヴェイション』に着手する。彼の意地が見えた瞬間だった。

『アクトII』は2枚組となり、全32曲の大作となった『プリザヴェイション』は英米でチャートに入らず、大衆には理解されなかったが、キンクス・ファンはレイの深い洞察力に溜息をついた。最初に輸入盤を手にした私に国内盤の歌詞対訳を求めさせたほど、この作品はストーリーが重要だ。ザ・フーの『トミー』が高く評価されるのを苦々しい気持ちで眺めていたレイは、物語としてのわかりやすさを切り捨てることなく、英国社会と資本主義の関係を描いていく。『マスウェル・ヒルビリーズ』から匂わせるようになった〝懐かしさ〟に、ここで〝ヴィクトリア朝風ヴォードヴィル〟という名前がついたとき、過去には絶対になかった芸を蘇らせるという〝SF的転換〟を無自覚になしえていたことをレイは悟るのだ。

「やられた！」と思ったピート・タウンゼンドは『プリザヴェイション』の舞台をロンドン郊外の街に置き換えたような『ホワイト・シティ』と、SF的な寓話集『四重人格（Horse's Neck)』を

The Quartones, The Merrill Staton Choir, Gordon Goodman, John Neher, Allen Roth & His Orchestra
“Gentlemen Be Seated (A Complete Minstrel Show)”
1910年代のミンストレル・ショウを再現した52年録音のアルバム。ミュージック・ホール出身歌手の録音もないことはないが、同時代のショウの雰囲気がよくわかるのがこのアルバムだ

約10年後に書き上げるのだが、キンクス・ファンの多くは「いまごろ?」と思ったに違いない(85年の『ホワイト・シティ』はフーの古い曲をまじえたステージで完成されたことも含めて、とてもレイ・デイヴィス的だった)。

念願のテレビ・ドラマを制作

60年代のリヴェンジは続く。『アーサー』のドラマ化から手を引いたグラナダ・テレビがドラマの制作をレイに依頼してきたのだ。

ソープ・オペラと呼ばれたアメリカの昼メロを模して、芸能界と社会の構造を重ねてみせようとしたレイは『スターメイカー』を書き下ろす。北米ツアーやコンク・レコーズの設立を挟んで半年がかりで完成された『スターメイカー』は74年9月に全英で放映され、アルバム『ソープ・オペラ』にまとめられた。女性シンガーを加えて『スターメイカー』を再現したショウも評判となり、『ソープ・オペラ』は全米51位を記録。ＲＣＡ内での面目はなんとか保たれたのだった。

小さな世界を舞台にしたミュージカルが、拡大してみれば英国社会の縮図となっているという図式を面白がったレイは、11歳の学童全員が受ける共通テスト「イレヴン・プラス」で否応なく進路が決められてしまう英国の教育制度への疑問を、『スクールボーイズ・イン・ディスグレイス(不良少年のメロディ)』にぶつける。キンクスの作品を商業的な成果だけでは測らないＲＣＡにいるうちに、やりたいことはやっておこうと思ったのかもしれない。甘酸っぱいメロディとシンプルなロックンロールをあふれさせたこのアルバムは全米45位まで上がり、ＲＣＡとの契約は無事に満了となった。

ロックのトレンドが刻々と変わっていった70年代前半に、〝ヴィクトリア朝風ヴォードヴィル〟なんてありもしないもので〝懐かしさ〟を演出し、共産主義寄りの考えを持つことを〝大衆の知性〟としたレイは、ロック界きってのストーリーテラーと認められるようになる。

私生活では妻との不和が進み、家庭内はまさに悲喜劇だったらしいが、それでピエロのような泣き笑いが板についたのだから、〝芸の肥やし〟と諦めるしかなかったのだろう。

Chalie Chaplin “Goodbye Chaplin”
70年代に代表作が回顧上映されたときに編まれた音楽作品集。チャップリンはミュージック・ホールの芸を受け継いだソングライターの最高峰と言っていい。レイは思想的にも影響を受けたか?

Muswell Hillbillies
マスウェル・ヒルビリーズ

RCA Victor／SF 8243
Release: 1971.11.26

[**side A**]
1. 20th Century Man
2. Acute Schizophrenia Paranoia Blues
3. Holiday
4. Skin And Bone
5. Alcohol
6. Complicated Life

[**side B**]
1. Here Come The People In Grey
2. Have A Cuppa Tea
3. Holloway Jail
4. Oklahoma U.S.A.
5. Uncle Son
6. Muswell Hillbilly

[US]
Reprise／R 6260／RS 6260
Release: 1967.8

　レイとデイヴが育ったマスウェル・ヒルからも近いアーチウェイのパブ「タヴァーン」で撮影された見開きジャケットもイカしたRCA移籍第1弾は、戦後生まれの多くの英国民がアメリカに抱いている憧れに近い気持ち（そこは日本人とあまり変わらない）をストレートに出すことで、労働者階級の鬱屈と対比させた（実はシニカルな）トータル・アルバム。英国のテレビに、優勝するとアメリカ旅行があたる視聴者参加のクイズ番組があるが、「アメリカに行きたいかーッ?」と福澤アナに問われて「ウォーッ!」と叫ぶ高校生の何十倍も英国の出場者は大騒ぎする。なのに「黒人がいなきゃアメリカはいい国だよな」なんてのたまう前時代的な国民が、ちょっと地方に行くと予想よりはるかに多かったりする国なのだ。

　だから、キンクスはラストに置かれたタイトル曲で〝俺たちはマスウェル・ヒルで生まれたマスウェル・ヒルビリーズ〟と歌った。ヒルビリーは黒人のR&B／ロックンロールに対する、白人のカントリー／ロックンロールを指しているからね。で、〝俺の心は遥かオールド・ウエスト・ヴァージニアにあるが、ニューオリンズもオクラホマもテネシーも見たことがない〟というのがオチ。

情報にふりまわされてきたのは親の世代から、と示した「20世紀の人」で始まるアルバムを、「精神分裂偏執病ブルース」「ホリデイ」「骨と皮」「アルコール」「複雑な人生」「ヒア・カムズ・ザ・ピープル・イン・ブルー」「一杯のお茶を待てば」「はかない監獄」「オクラホマU.S.A.」「アンクル・サン」と進めて「マスウェル・ヒルビリーズ」で幕とするんだから、カントリー・ロックやスワンプ・ロックに迫ったサウンドに騙されて〝アメリカ指向のアルバム〟なんて思っちゃいけない。曲の邦題を書き出しただけでも、一筋縄ではいかない、皮肉を混じえたドラマが描かれているのがわかるはずだ。

英国のパブで飲むビールは冷たくないし、夏は白夜に近く、冬は極端に日照時間が短い。雨はよく降るけれどすぐにやむから傘を持たない人が多いし、地下鉄の駅のエレベーターはそのまま屠殺場に向かいそうなほど監獄めいている。ロンドンの人たちは脚が速く、「ソーリー」「ソーリー」と言いながら人をかきわけていくし、シティのビジネスマンも街角で売っているピザをベロンとさせながら食らうし、林檎をかじりながら歩く。

英国はどこまでも英国で、ロンドンはとくにそれが顕著だ。三日もいれば〝文化の違い〟がわかる。

この時代のザ・バンドは素晴らしいけれど、ロンドンのレイ・デイヴィスはカナダ出身のロビー・ロバートソンのようにはアメリカを描けない。ザ・バンドの前身は、アーカンソーでは身の置き場がなくてカナダに渡ったロニー・ホーキンスのバックを務めたホークスで、ディランと合流したのは66年。レイとデイヴもロイヤル・アルバート・ホールで歴史的なステージを観ただろう。ビートルズもストーンズもドノヴァンもマーク・ボランもデイヴィッド・ボウイもその場にいた。「俺たちは絶対ああはなれない」と思いながらの〝ビート・バンド卒業〟が、しかし英国ロックを先に進めたのだ。レイにとっては労働者階級を語ることが〝文化〟だから、RCAに100万ドル積まれたって、アメリカ向きにはなりようがない。

もらったドルに合わせてビルボード100位。シャレで勘弁してっていう不朽の名作だ。

（和久井）

Everybody's In Show-Biz
この世はすべてショー・ビジネス

RCA Victor／DPS 2035
Release: 1972.9.1

[side A]
1. Here Comes Yet Another Day
2. Maximum Consumption
3. Unreal Reality
4. Hot Potatoes
5. Sitting In My Hotel

[side B]
1. Motorway
2. You Don't Know My Name
3. Supersonic Rocket Ship
4. Look A Little On The Sunny Side
5. Celluloid Heroes

[side C]
1. Top Of The Pops
2. Brainwashed
3. Mr. Wonderful
4. Acute Schizophrenia Paranoia Blues
5. Holiday

[side D]
1. Muswell Hillbilly
2. Alcohol
3. Banana Boat Song
4. Skin And Bone
5. Baby Face
6. Lola

[US]
RCA Victor／VSP 6065
Release: 1972.8.25

当時、キンクスのドキュメンタリー・フィルムをつくる計画があって（ビートルズの『レット・イット・ビー』を皮切りに、『ウッドストック』、ストーンズの『ギミー・シェルター』、『バングラ・デシュのコンサート』、ジョー・コッカーの『マッド・ドッグズ&イングリッシュメン』等々、ロック映画は一種のブームだった）、レイはそのサントラ盤として本作を思いつく。映像化はなくなったがアルバムは残った、という〝キンクスらしいパターン〟は苦笑を誘うけれど、スタジオ録音で1枚、ライヴで1枚という2枚組は、みごとなコンセプト・アルバムとなった。

〝みんな夢見る人、誰もがスター〟と歌う「セルロイド・ヒーローズ」が全編のテーマだったのは間違いないが、スタジオ録音の最後にそれを置いて、2枚目で実際のショウに雪崩れこむという構成は文句なしだ。レイはスタジオ録音の新曲で、ツアー浸りの生活に疲弊していくバンドの悲哀を歌い、ライヴ録音ではそんなバンドと熱狂するファンの〝すれ違い〟を語りたかったろう。

　バンドマンの日常は生活に疲れた労働者階級のそれと重なる。かつての映画スターやロックンローラーのイラストをあしらったジャケットが〝古き良きアメリカ〟を想わせたのも効いて、英国民の生活はチープな〝書き割り〟に見えてくる。それでも夢を捨てちゃいけない。現実の生活においては〝誰もがスター〟なんだ。この世界のすべての事象を〝ショウ・ビジネス〟だと思えば、「書き割りの中の生活にも希望が持てるはずさ」というメッセージは、いつもの皮肉混じりとは違って、実に真摯である。

　ライヴ録音は72年3月2日、3日にニューヨークのマジソン・スクエア・ガーデンで行われ、オリジナル版には11曲が収録された。長年このライヴの完全版を求める声が高かったが、2016年のリマスター／拡大版（LPは3枚組）に同日のライヴ7曲と、アウトテイクの「ヒストリー」、「スーパーソニック・ロケット・シップ」の別ミックスが追加され、多くのファンの溜飲を下げることになった。

　前作からの鍵盤奏者ジョン・ゴスリングに加えて、マイク・コットン（トランペット）、ジョン・ビーチャム（トロンボーン、チューバ）、アラン・ホームズ（バリトン・サックス、クラリネット、フルート／スタジオ録音のみ）、デイヴィ・ジョーンズ（バリトン・サックス、クラレネット／ライヴ録音のみ）のホーン・セクションを導入したため、よけいにザ・バンドを意識したようなサウンドになったが、そうではないのだ。50年代のトラッド・ジャズを想わせる〝いなたい〟ホーンによるブラス・バンド感は、次の『プリザヴェイション』でさらに活かされ、英国の田舎町の風景を描き出すキモになっていくのだから。

　このアルバムの段階でレイがどこまで意識していたのかはわからないが、アメリカのカントリー・ロックやスワンプ・ロックとの違いを、歌詞以外のどこで出すかを考えていなかったとは思えない。ライヴの全編が聴けるようになってみれば、オリジナル版ではコンセプトに合った曲が選ばれていたにすぎず、〝演奏のでき〟は二の次と言ってもいい。そこまで〝意味〟を重視していたと思わないと、「セルロイド・ヒーローズ」の威力は半減してしまうので、ジョン・ウェインの西部劇とジュリアーノ・ジェンマのマカロニ・ウエスタンを区別するような〝注意〟が必要である。

　そんな〝贋物〟がビルボード70位って、大健闘だと思いませんか？

（和久井）

Preservation Act 1
プリザヴェイション〈第1幕〉
〜あゝ懐かしき日はいずこ

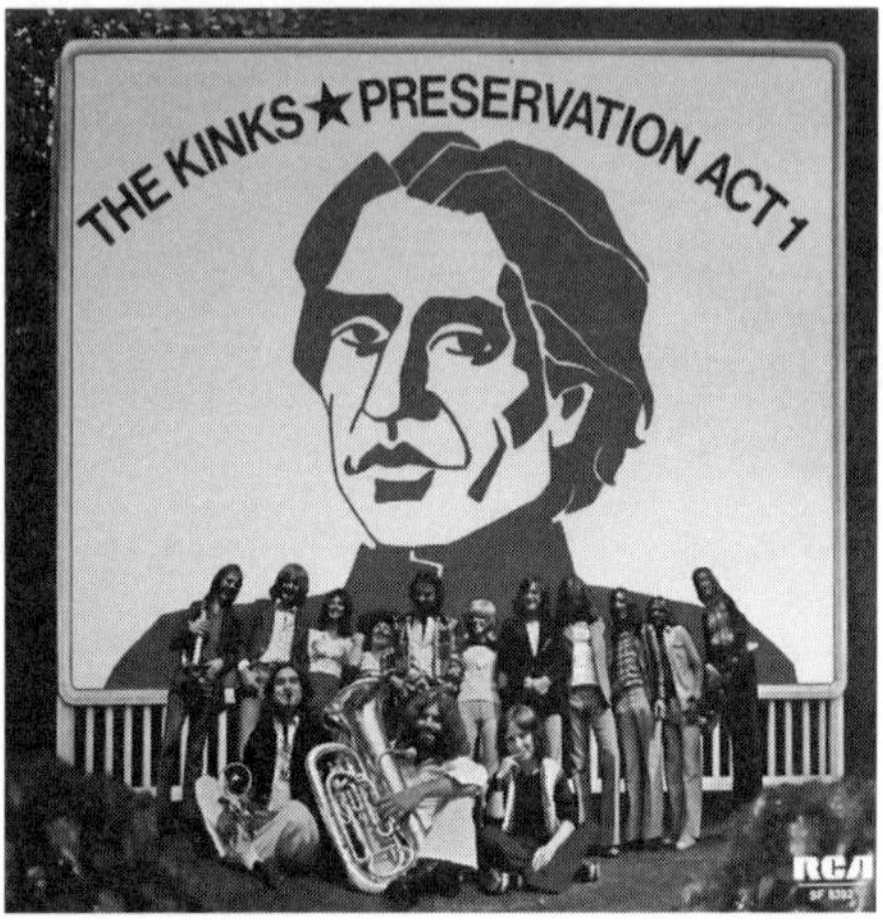

RCA Victor／SF 8392
Release: 1971.11.26

[side A]
1. Morning Song
2. Daylight
3. Sweet Lady Genevieve
4. There's A Change In The Weather
5. Where Are They Now?
6. One Of The Survivors

[side B]
1. Cricket
2. Money & Corruption / I Am Your Man
3. Here Comes Flash
4. Sitting In The Midday Sun
5. Demolition

[US]
RCA Victor／LPL1-5002
Release: 1973.11

あらすじにすぎなかった『ヴィレッジ・グリーン・プリザヴェイション・ソサエティ』を、ストーリーも明確なミュージカルにする、とレイが思いついたのはおそらく72年後半のことで、その引き金になったのはグラム・ロックの〝虚飾〟だったはずだ。シングル・ヒットを飛ばし続けるT・レックスに、デイヴィッド・ボウイが『屈折する星くずの上昇と下降、そして火星からの雲の群れ（ジギー・スターダスト）』というコンセプト・アルバムで合流したとき、50年代の金ピカなロックンロールを70年代的なハード・ロックにリメイク／リモデルしようとしたバンドたちに〝グラム・ロック〟の名がついて、ブームは74年初頭に終わる。わずか1年半、T・レックスの快進撃が始まったところから計算しても約3年の天下だったが、アルバム・アーティストばかりになりかけていた英国ロックにシングル・ヒットの重要性を再認識させ、ティーンエイジャーを巻き込んだという意味でも、まがいものの面白さを〝キッチュ〟として認めるセンスを広めたという意味でも、グラム・ロックはパンク／ニュー・ウェイヴの呼び水になった。しかし〝そこ〟には決して同調せず、「そのセンスがありならこれもありじゃん」と、ひねったものを突きつけてくめのがレイ・デイヴィスという人なのである。

物語は英国の小さな町ヴィレッジ・グリーンに、「朝の光がさしてくる」情景から始まる。そこに故郷を出て流れ者になった男が帰ってくる。初恋の人とも言える「美しきジェネヴィーヴ」に会うためだ。しかし、町は「天気は変わる」ように変わっていて、階級の差が市民の生活に影を落とすようになっている。流れ者は歌う。細身のズボンにブルー・ウェード・シューズのテディ・ボーイズや、ビートニク、ロッカーズやモッズはどうしたの？「あの人たちは今、何処に」と。するとジョニー・サンダーとコーラス隊が登場。ジョニー・サンダーは太り気味、髪も白くなりかけているけど、俺たちはサーヴァイヴァー。ジェリー・リー・ルイスにディオン＆ザ・ベルモンツ、そしてジョニー＆ザ・ハリケーンズだ。「ロックンロールは生きている」と彼らは高らかに歌う。

B面は、牧師が〝人生は競技のようだ〟と英国の伝統スポーツを例に生き方を語る「クリケット」で始まる。けれども民衆は牧師の教条主義はうんざりだと言うのだ。「富と堕落」を見てみろ、民衆は結束すべきなのだ、と。そこに〝労働者よ、団結しよう〟と現れ、「私が君たちの救い主」とうそぶくのは社会主義の政治家ミスター・ブラックだ。ところが町の情勢を察した右翼の政治家「フラッシュがやってくる」。かつては信頼されていた彼は、いまや暗殺団さながらに市民を罪にひきずりこみ、自由を禁止し、富を占有しようとしている。逃げ惑う女たち、男は〝女を隠せ！〟と叫ぶ。けれども流れ者は「日なたぼっこが俺の趣味」と、みんなの意見もどこ吹く風。〝俺はプライドをもっているからこそ行動しないのに、わからないのかな？〟とダラダラしているのだ。そこにフラッシュの一味がやってきて、いよいよ古い町の「取り壊し」が始まる。さあ、ヴィレッジ・グリーンの運命やいかに。つづく！——と終わってしまうのが〈第1幕〉である。

音はまさにミュージカルで、ブカブカ鳴るホーンと、女性コーラスを絡めたチープな村芝居。デイヴはいないも同然だ。こんな〝バンドのアルバム〟は他にない。レイの才能が爆発した傑作は、米153位と奮わず。（和久井）

Preservation Act 2

プリザヴェイション〈第2幕〉
～金か力か、さあ軍配は？

RCA Victor／LPL2 5040
Release: 1974.7.26

[side A]
1. Announcement
2. Introduction To Solution
3. When A Solution Comes
4. Money Talks
5. Announcement
6. Shepherds Of The Nation

[side B]
1. Scum Of The Earth
2. Second-Hand Car Spiv
3. He's Evil
4. Mirror Of Love
5. Announcement

[side C]
1. Nobody Gives
2. Oh Where Oh Where Is Love?
3. Flash's Dream (The Final Elbow)
4. Flash's Confession

[side D]
1. Nothing Lasts Forever
2. Announcement
3. Artificial Man
4. Scrapheap City
5. Announcement
6. Salvation Road

[US]
RCA Victor／CPL2 5040
Release: 1974.5

前作からわずか7ヶ月でリリースされた〈第2幕〉は、堂々の2枚組。ニュースを模した「アナウンス」を挟みながら進行していく物語は、ロック・アルバムの枠には収まらないものになった。しかし前作からホーン3人と女性コーラス隊を正式メンバーとした効果は、この〈第2幕〉にこそ強く現れ、デイヴのギターやゴスリングのキーボード、そしてレイのヴォーカルには、デイヴィッド・ボウイやロキシー・ミュージックに応えるかのような〝ロック感〟もあふれている。リズムには粘っこいグルーヴもあるし、ホーンや女性コーラスはストーンズばりにカッコよかったり。そこにフェアポート・コンヴェンションに対抗するようなトラッド趣味を加えているのだから、逆に〝英国ロック〟が見えてくるのだ。レイ・デイヴィス、恐るべし。

〝ブラック氏を司令官とする新しい人民軍が組織された、

と噂されています。国民の皆さんは冷静にこの危機に対処してください〟というアナウンスに続いて、流れ者が歌う「対決のきざし」で〈第2幕〉は幕を開ける。争いが嫌いな彼は町角に立ち尽くすのだが、郊外のアジトの屋根裏部屋でブラックは「対決の時」を告げる。一方ナイト・クラブの一部を事務所にしたフラッシュは、女たちや成金仲間と「この世はすべて金しだい」と意気をあげるのだ。アナウンスはブラックの到着を3万の民衆が待ちわびる様子を告げる。壇上に立ったブラックは、ドラッグやポルノを規制し、倒錯と無法から国を守るんだ、「国家の羊飼」である我々と共に、と民衆を先導する。一方フラッシュたちは、みんなは俺を「人間の屑と云うけれど」と歌い出し、女たちは〝彼はただの人間、感情も欠点もあるわ〟と応じる。同席していた「中古車成金」は、〝俺はスラムで育ち、学校を出るとすぐに失業し、低賃金で働き続けた末に、ようやく中古車販売で大金を手にした〟と半生を語るのだ。ブラックと彼の党は「あいつは悪魔だ」と資本主義者を許さないが、フラッシュの情婦ベルが〝ひどい仕打ちを受けてもアタシはフラッシュが好き〟と「恋の鏡」を披露する。しかしアナウンスが告げるのはブラック軍の大勝利。ここまでが1枚目だ。

後半は、流れ者トランプが歌う「不信の世界」で始まる。英国が第一次世界大戦後の炭鉱不況にまで遡って労働者が置かれた社会に言及し、仲間たちと「愛は何処に」を歌う。そうこうするうちにブラックの軍隊はフラッシュの一味を包囲し、眠っていた「フラッシュの夢」に彼の分身が現れ、〝欲のためにやったことだろう、覚悟しろ〟と攻め立てるのだ。目を覚ました彼は「フラッシュの告白」を始める。彼には詐欺師めいた自分の人生を反省しているところもあったし、審判の時を悟った。逃亡したフラッシュはベルを相手に「愛さえはかなく」で若き日の思い出を語り、〝お前はきっと生き残れるよ〟と歌う。するとアナウンスはブラック軍によってフラッシュの一味が投獄されたと告げ、場面はブラックとフラッシュが対決する「人造人間」へと進む。本性を現したブラックは民衆を人造人間にすることで世界の秩序を守る計画を話し、取り壊されるフラッシュのアジトでベルと女たちはこれから連れて行かれる「ごみ屑都市」を語る。アナウンスは無期限の非常事態宣言が発せられたことを告げ、人民軍に制圧された町で民衆が歌う「救世通り」が流される。さて、勝ったのは誰だ?

　これが米114位は、ある意味すごいよ。聴けば聴くほど深みにはまっていく。

（和久井）

Soap Opera
石鹸歌劇〜
連続メロドラマ「虹いろの夢」

RCA Victor／SF 8411
Release: 1975.5.16

[side A]
1. Everybody's A Star (Starmaker)
2. Ordinary People
3. Rush Hour Blues
4. Nine To Five
5. When Work Is Over
6. Have Another Drink

[side B]
1. Underneath The Neon Sign
2. Holiday Romance
3. You Make It All Worthwhile
4. Ducks On The Wall
5. (A) Face In The Crowd
6. You Can't Stop The Music

[US]
RCA Victor／LPL1-5081
Release: 1975.4.25

レイがグラナダ・テレビからドラマの制作を依頼されたのは、74年初頭だったようだ。ブームが去りつつあったとはいえ、グラム時代に人気を獲得したボウイ、ロキシー、ゲイリー・グリッター、スレイドらは〝見た目〟が強力だったからテレビや映像の世界で受け、スレイドの主演映画が制作されたほどだった。グラナダには『アーサー』を反故にした負い目もあったのだろう、脚本・主演・音楽をこなせる男はレイ・デイヴィスしかいない、と〝ヴィジュアル時代〟にふさわしいミュージカルが計画されたのである。

制作発表は同年3月。翌月、自身のレーベル「コンク」をRCA傘下に設立したのは、キンクスの契約金とは別の、コンク・レーベル用の制作費（原盤供給契約に対してのアドヴァンス）を英RCAから引っぱって、このドラマに金を使いたかったからに違いない。カフェ・ソサエティの一員としてコンクからデビューしたトム・ロビンソンがのちに恨み辛みをレイにぶつけたのは、〝資金繰りに利用された〟と感じていたからだったはずだ。

それはともかく、74年9月に英国で放映されたドラマ『スターメイカー』のためにレイが書いた9曲に、新曲3曲を加えたアルバムはミュージカル路線の到達点となった。

当時レイは、取材に応えてこういう話をしている。

《ある有名な芸能マネージャーが、昔こんなことを言ってた。「街に出かけて最初にすれちがったハンサムな男の子をつかまえて、キンキラのスーツを着せればヒット・レコードをつくれる。そして私はその子をスターにしてみせる」って。72年の夏、『この世はすべてショー・ビジネス』というアルバムをつくったとき、ぼくの頭には彼の言葉があった。今回クラナダ・テレビからミュージカルを書いてほしいと言われ、このアイディアを、ぼくが興味を持っているアメリカの昼メロ式に扱えば、面白いものができると思ったんだ。（略）人はみな、自分が何になりたいかについてファンタジーを持ってるはずだが、この物語は、主人公ノーマンが自分のファンタジーを実現しようとして不幸が始まる。もうひとりの彼、すなわち〝スター〟がやがてノーマンを征服してしまうからだ。物語の前半で、妻アンドレアは彼と一緒に芝居をして、ノーマンを〝スター〟として扱うんだが、彼の妄想がどんどん膨らんでいって現実と幻想の区別がつかなくなってしまったとき、彼女は無理にでもノーマンの夢を醒まして現実に連れ戻さなきゃいけない、と気づく。このアルバムを聴いた皆さんは、ぼくに尋ねるはずさ。「ところで君はどっちなの？　スター？　それともノーマン？」と。訊かれる前に答えるとね、自分でもどっちだかわからないんだよ》

『プリザヴェイション』の結末と比べれば、かなりわかりやいし、〝コッポラが昼メロを撮ったとしたら？〟みたいなイメージもあったんだと思う。チープやキッチュなら昔から俺の独壇場だぜ、とグラム勢に言いたかったのかもしれないが、ひねりの利いたロックンロール・ナンバーとトラッド・ジャズ調のヴォードヴィルがみごとに調和し、捨て曲なしでまとまっているのだからたまらない。パメラ・トラヴィス、シャーリー・ロージー、リンジー・ムーアのコーラス隊に、ノーマンの妻アンドレア役のジューン・リッチーという女性陣の活躍も効いて、テレビ的な無責任さはマックスだ。

キンクスを一枚と言われたら、悲しいかな（笑）私はこれを選んでしまう。ビルボード51位は立派やで。（和久井）

Schoolboys In Disgrace
不良少年のメロディ
〜愛の鞭への傾向と対策

RCA Victor／RS 1028
Release: 1976.1.23

[side A]
1. Schooldays
2. Jack The Idiot Dunce
3. Education
4. The First Time We Fall In Love

[side B]
1. I'm In Disgrace
2. Headmaster
3. The Hard Way
4. The Last Assembly
5. No More Looking Back
6. Finale

[US]
RCA Victor／LPL1-5102
Release: 1975.11.17

現在も英国の教育制度は複雑で、英連邦（イングランド、ウェールズ、スコットランド、北アイルランド）の各地で考え方が違っていたりする。パンク世代が〝義務教育〟を受けた70年代末までは11歳の学童全員が受ける共通テスト〝イレヴン・プラス〟による振り分けは絶対で、大学に進学可能なグラマー・スクール（日本の高専のような5年制）に行ける者は全体の25パーセント、それ以外の生徒はセカンダリー・スクール＝公立中学（日本の中学のような3年制）に通った。デイヴィス兄弟が育った時代は、小学校7年＋高専5年か、小学校7年＋公立中学3年だったから、イレヴン・プラスで公立中学に振り分けられると（年次が違うため）大学進学は絶望的だった。義務教育の拡大をうながす目的で、戦後、2年制の高等中学や職業訓練校（美術学校や音楽学校）がポピュラーになったが、ジョン・レノンの代（1940年9月生まれ以降）の前年に徴兵制度が廃止になったため、比較的裕福な家に育った子のあいだで公立中学からアート・スクールや音楽／演劇学校への進学がちょっとしたブームになったのだ。

公立中学を出た16歳の子に多かったのは、いったん就職して自分で貯めた金でアート・スクールに入るというパターンで、レイはこれだった。映画『さらば青春の光』では、2年間働いてアート・スクールに通う〝モッズ〟と、志願して軍隊に入った〝ロッカーズ〟という対比で〝相入れない気持ち〟が描かれているし、アメリカのロックンロールの常套句になっている〝セヴンティーン〟も英国では〝イコール高校生〟にはならない。ビートルズの「アイ・ソー・ハー・スタンディング・ゼア」が新しかったのは、〝すでに働いている17歳の少女〟が〝就職しないでブラブラしている不良のきみ（＝ぼくら）〟を気にしている、というシチュエーションだったからで、そこが読み取れないと英国ロックの深さは見えてこないのだ（ステイ・ホームのポスターにエリザベス女王を起用し、〝家でレッド・ツェッペリンを聴こう〟と言わせるような国だからね）。

RCA最後の作は、そんな英国の教育問題に切り込んだトータル・アルバム。レイはきっと『アメリカン・グラフィティ』でも観て、〝英国はそうじゃないんだって！〟と思ったのだろう。胸キュンなテーマ曲「思い出のスクール・デイズ」の次に、ビーチ・ボーイズを彷彿させる「愚かなジャック」を置いて〝対比〟の構造を明確にしているわけだ。そして次の「エデュケイション（教育って何だろう？）」こそが、このアルバムで言いたいことだった。7分7秒という長尺の一曲だが、途中で大幅に曲調が変わり、ミュージカル期の成果が現れている。次のロッカ・バラード「初恋の頃」はアメリカン・ポップス調だが、これも組曲と言える展開。『ウエスト・サイド・ストーリー』が想い浮かぶ。

B面は物語としてのつながりを明確にする曲のオン・パレードだ。マイナーの導入部からキンキーなロックに転じる「不良の烙印」から、組曲になっている「校長先生への告白」への展開は中盤のヤマだが、最後の一行が〝ぼくのズボンを脱がせるなんて、やめてください！〟という訴えなのが笑える。「オール・オブ・ザ・ナイト」のパロディみたいな「ハードに生きろ」から、美メロの「涙の送別式」に行って、スティーリー・ダンにブライアン・メイが参加したような「振り返ったりはしないのだ」で幕（人が悪いって）。カーテン・コールは「エデュケイション」のリプライズだ。全米45位はRCAへの餞別となった。（和久井）

60年代型キンキー・サウンドのセルフ・パロディ化でアメリカの聴衆を煙に巻いた第二の黄金時代

和久井光司

本書では各国の編集盤以外の原盤はすべて英国盤としているが、RCAインターナショナルの本拠地はニューヨークであり、アリスタはアメリカの会社である。〝直接契約した相手〟が最初に出した盤を〝オリジナル〟とするのがレコード業界の通例だし、RCA〜アリスタ時代のアルバムは、リリースもアメリカの方が先だ。

　ということは、「この時期はアメリカ盤がオリジナル」という見方もできるわけだが、キンクスの場合、録音は主にロンドン（72年にコンク・スタジオが完成してからは基本そこ）だから、〝原産国〟を採用して〝英国オリジナル〟としている。

　しかし、アリスタ時代のアルバムはすべてニューヨークの「マスターディスク」で、（クレジットされていない盤もあるが）名手ボブ・ラドウィグによってマスタリングされたものなのだ。RCA時代は英国盤の方が鮮度が高いアルバムもあったが、アリスタ時代の英国盤はマスターディスク製のスタンパーに英国のレコード番号を書き加えているだけなので（レーベルの周り、送り溝の刻印を見れば判る）、完全に〝アメリカ・オリジナル〟ということになる。

　それでも我々が〝英国盤〟にこだわるのは、「キンクスはどんなときもロンドンを代表するバンドであってほしい」という願いからだろう。かつては当たり前のようにまかり通っていた「英国のバンドだから英国盤がオリジナル」という考えは間違っているが、ノース・ロンドンのコンク・スタジオで録音されたレコードを〝アメリカ・オリジナル〟としてしまうのは、「契約がそうでも抵抗がある」という気持ちの問題でしかない。そういうところが悩ましいのも、またキンクスらしい。

アリスタへの移籍が見えてきたのは76年4月、単身アメリカに渡ったレイがビジネス・ミーティングを繰り返した中で、クライヴ・デイヴィスと意気投合したからだった。デイヴィスは、キンクスが地道なアメリカ・ツアーを続け、RCAでのレコード・セールスをアルバム毎によくしてきたのを評価していたから、「ビジネスの拠点をアメリカに移したい」と言うレイに、サポートを約束したのだった。

契約は6月、ロンドンのドーチェスター・ホテルで行われ、翌月にはアメリカのプロモーター、エリオット・コイボットと長期のマネージメント契約が交わされる。リリースとツアーを同時に計画できる形となったのだから、アメリカでの安定した売上は約束されたようなものだった。

実際、移籍第1弾となった77年2月の『スリープウォーカー』は全米21位まで上がり、以後『ミスフィッツ』が40位、『ロウ・バジェット』が11位、『ワン・フォー・ザ・ロード』が14位、『ギヴ・ザ・ピープル・ホワット・ゼイ・ウォント』が15位、と売上は安定。先行シングル「カム・ダンシング」の全米6位というヒットを生んだ『ステイト・オブ・コンフュージョン』は12位、ちょっとネタ切れという感じもした『ワード・オブ・マウス』もなんとか57位まで上がって、アリスタとの7年契約は満了となった。RCA時代が大好きな私にとって、原点回帰がハード・ロック寄りの形で現れた『ロウ・バジェット』以降は食い足りないのだが、アリスタでキンクスが〝第二の黄金時代〟を迎えたのは間違いないことだ。

クライヴ・デイヴィスという男

キンクスを迎えたアリスタの社主、クライヴ・ジェイ・デイヴィスは1932年4月4日にニューヨークのユダヤ人家庭に生まれた。65年にコロンビアおよびCBSレコーズ（エピックやベルなど傘下のレーベルも含む）の契約部署で働くようになったデイヴィスは、翌年ミッキー・モストが持ってきたドノヴァンをエピックに採用し、「サンシャイン・スーパーマン」を世界的なヒットにした。この功績が認められて、トニー・オーランド（のちにドーンを率いて「ノックは3回」や「幸せの黄色いリボン」を大ヒットさせる）のゼネラ

Donovan 'Sunshine Superman' [7inch]
クライヴ・デイヴィスの出世街道は、66年9月にリリースされ全米ナンバー・ワンとなったドノヴァンのエピック移籍第1弾シングルから始まった

ル・マネージャーとなった彼は、67年6月の「モンタレー・ポップ・フェスティヴァル」のオーガナイザーのひとりとなる。そこで観たジャニス・ジョプリンに打たれたデイヴィスは、彼女がいたビッグ・ブラザー&ザ・ホールディング・カンパニーをコロンビアに招いたのを皮切りに、アル・クーパー、エレクトリック・フラッグ、ローラ・ニーロ、シカゴ、サンタナらと次々に契約。70年代に入ると、ロギンス&メッシーナ、ブルース・スプリングスティーン、ビリー・ジョエル、エアロスミスらと長期契約を交わし、アメリカ音楽界を代表するプロデューサーとなるのだ。

73年にコロンビアを退社したデイヴィスが、約一年の準備期間を経て75年に興したのがアリスタ・レコーズだった。バリー・マニロウ、ベイ・シティ・ローラーズ、エリック・カルメン、アリサ・フランクリンらを迎えたアリスタは〝新しいタイプのポップ・レーベル〟と言えたが、パティ・スミスにいち早く注目し、彼女のファースト・アルバム『牝馬』を〝パンク・ロック・アルバムの第一号〟としてリリースしたり、76年にＲＣＡと契約の切れたルー・リードをすぐに迎えたりしたのは、デイヴィスのニューヨーカーらしいセンスと言えるだろう。また83年にナイト・クラブで歌っていたホイットニー・ヒューストンをスカウトし、大スターに育てた功績も高く評価されている。

２０００年にアリスタを離れたデイヴィスは、02年にＪレコーズを興したが、レーベル統合によってＲＣＡミュージック・グループ（アリスタ、Ｊも含む）が生まれた際にＣＥＯに就任し、その流れからＢＭＧノース・アメリカのＣＥＯを務めることにもなった。18年からはソニー・ミュージックのチーフ・クリエイティヴ・オフィサーという役職にあるデイヴィスは、88歳のいま（21年2月の時点）も現役である。

仕事を超えたミュージシャンとの交流から〝信頼に値する人〟として知られるデイヴィスだが、パティ・スミスが04年にコロンビアに移籍する際に橋渡しをしたことから考えても、レイ・デイヴィスが17年からレガシー／ソニーにいるのは彼の暗躍があってのことと思われる。日本式に言えば〝ひとまわり違う〟中年のふたりの友情は、微笑ましいではないか。

Patti Smith “Horses”
「パンク・ロック・アルバム第一号」として歴史に残るパティの名作は、75年12月にアメリカで発売。クライヴ・デイヴィスはその後もずっとパティの良き理解者、そして“相談役”であり続けている

ヴァン・ヘイレンのカヴァーをコピー

アリスタ時代のキンクスは、ロック・オペラやミュージカルを諦めて60年代前半に回帰したような印象があるが、実際に聴き比べてみるとそうでもない。レイの曲づくりの進化や、バンドのテクニックが向上していることを差し引いて考え、70年代後半から80年代前半というニュー・ウェイヴ全盛時代にあてはめると、この時代ならではの〝キンキー〟が見えてくるのだ。

ガレージ・バンドやハード・ロックの元祖と呼ばれること自体をパロディと考え、60年代と80年代を自ら比べるようになったのは、78年1月に「ユー・リアリー・ガット・ミー」でデビューしたヴァン・ヘイレンが、いち早く80年代型の〝カッチョいいハード・ロック〟を形にしてしまったからだろう。

ニューヨークで誕生したパンク・ロックが英国でも話題になり始めたのは、ラモーンズが世界デビューをはたしたのは76年前半。それから半年足らずでレコードも出していないセックス・ピストルズらが英国ロック界の〝台風の目〟となってしまったのだから、ブリティッシュ・ビート爆発の渦中にいたレイとデイヴが〝デビュー当時〟を思い出さなかったはずはない。『不良少年のメロディ』には60年代のパロディ化も見られたから、わかりやすい形で〝原点回帰〟をアピールすれば、時代とそれほどズレることなくアメリカで受けるだろう、と踏んだのではないだろうか。実際『スリープウォーカー』はそういう路線のアルバムだし、アメリカで売れたが、ヴァン・ヘイレンのカヴァーによって若い世代からも注目を集めたのは予想外の展開だったはずだ。

ほとんどつくり終えていた『ミスフィッツ』は〝「ユー・リアリー・ガット・ミー」のオリジネイター〟を求める世間の期待に応えられるものではなかったため、60年代のナンバーをパンクっぽく聴かせたライヴ盤『ワン・フォー・ザ・ロード』にはキターーーッと思った。しかしヴァン・ヘイレンでキンクスを知った友人たちは、「なんで本人たちがカヴァーをコピーするの？」と口を揃えたのだ。「このセンスがキンキーなんじゃん！」と心の中で叫んだ21歳の私は、それを言えない悲喜劇をリアルに初体験したのである。

Van Halen ‘You Really Got Me’［7inch］
78年1月にリリースされたデビュー・シングルは全米36位までしか上がらなかったが、ファースト・アルバムはビルボード19位、UKチャートでも34位を記録した

Sleepwalker
スリープウォーカー

Arista／SPARTY 1002
Release: 1977.2.25

[side A]
1. Life On The Road
2. Mr. Big Man
3. Sleepwalker
4. Brother

[side B]
1. Juke Box Music
2. Sleepless Night
3. Stormy Sky
4. Full Moon
5. Life Goes On

[US]
Arista／AL 4106
Release:

アリスタでの最初の2枚、この『スリープウォーカー（夢遊病者）』と、『ミスフィッツ（不適合者たち）』が私は大好きだ。RCA時代は意識的に〝フィクション〟をつくっていたレイが、自分の人生の〝フィクショナルな部分〟を掬い上げているのがとても面白く、〝シンガー・ソングライター的〟でもあるから、「作品の中に自分を落としこむ方法」を教わったように感じたのである。

クライヴ・デイヴィスはおそらく、パティ・スミスやルー・リードを引き合いに出して、「いちいちミュージカルにしなくてもいいんじゃない？」と助言したのだろう。その結果〝フィクション〟として描かれてきたシーンが、ネタばらしとしてレイの人生のドキュメントにポコッと嵌まった感じで、テーマ的な「ライフ・オン・ザ・ロード」と「ライフ・ゴーズ・オン」のあいだで、『プリザヴェイション』

と繋がる「ミスター・ビッグ・マン」や、『不良少年のメロディ』に入っていてもおかしくない「ジューク・ボックス・ミュージック」が、大きな意味を持つことになった。

ＲＣＡ時代のレイが自分を語るのを嫌ったのは、64年に結婚して二女をもうけた最初の妻ラサにボロボロにされ、73年に離婚したからだった。74年に教師のイヴォンヌと再婚したレイは81年に、プリテンダーズのクリッシー・ハインドと恋仲になって二度目の結婚を終わらせ、83年にクリッシーはレイの子ナタリー・レイを産んでいる。しかし彼女は翌年レイをふってシンプル・マインズのジム・カーと結婚してしまったため（90年に離婚）、レイはアイルランド人のバレエ・ダンサー、パトリシア・クロスビーと三度目の結婚をして、4人目の娘エヴァをもうけた。

つまり『スリープウォーカー』～『ミスフィッツ』は、レイの私生活がいちばん安定していた時期の作。（イヴェンヌとのあいだには子供がいなかったし）気持ちに余裕があったのかもしれない。「自分を見つめ直しながら整合性の高い曲を書いている」という意味では、このころがいちばん安定度が高い。超名曲はないかわりにバランスの取れた佳曲が並んでいるから、アルバムとしてはとてもシャープな印象だ。

レイ、デイヴ、ミック・エイヴォリー、ジョン・ダルトン、ジョン・ゴスリングという5人に戻り（「ミスター・ビッグ・マン」のベースはアンディ・パイル）、ホーンや女性コーラスという装飾がなくなったのも、シャープな印象をあと押しすることになった。まだパンクはそれほど意識していなかったのか、『アーサー』『ローラ』あたりの曲調を、少しオトナな感覚で緻密に再現しているようなところもある。アルバムとしてのコンセプトがないわけではないが、それよりも、「一曲一曲を丁寧に聴かせよう」という意思が勝った感じがするのだ。

主人公がレイであることはフロント・カヴァーが伝えているが、ＲＣＡ時代のような〝独壇場〟ではなく、〝バンドのアルバム〟になっているのもわかりやすいところ。アリスタがそれほどの大宣伝をしていた記憶がないにもかかわらず、じわじわ全米チャートを上がり、いつの間にか21位に達したのは意外だった。日本ではこのころほとんど語られないバンドになっていたから国内盤は惨憺たるセールスだったはずだが、ＡＯＲじゃガツンとこないし、パンクはまだ信用できないし……という気持ちの音楽好きが集う輸入レコード店では、秘かにロング・セラーになっていたように思う。

（和久井）

Misfits
ミスフィッツ（歪んだ映像）

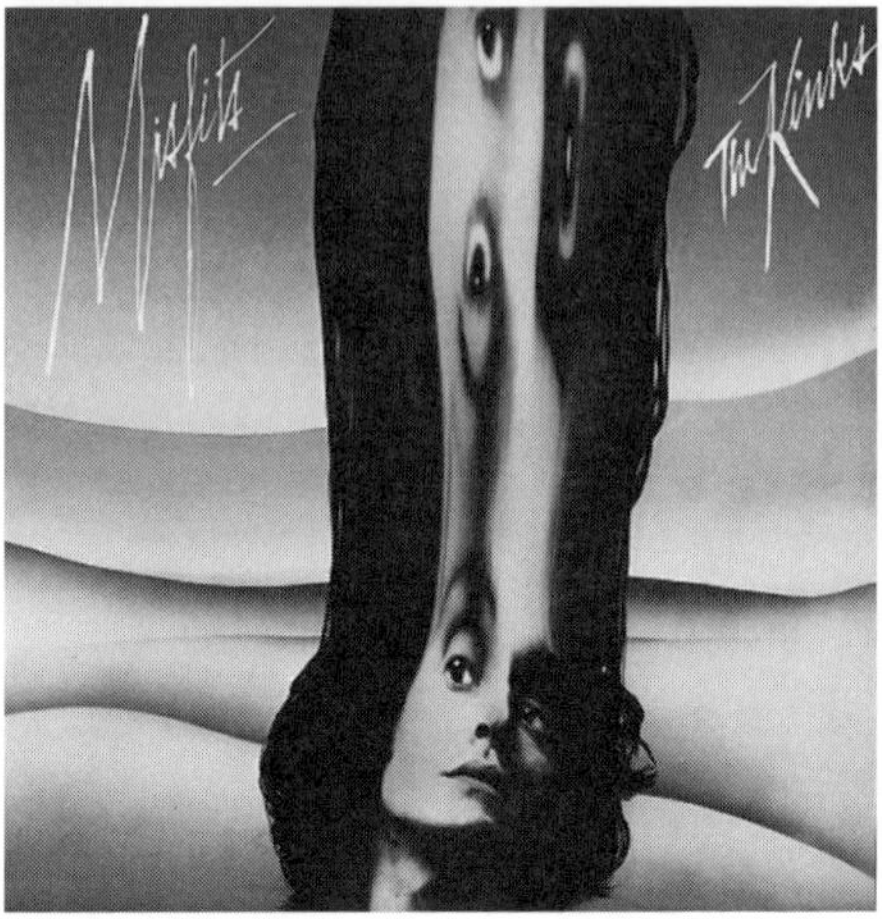

Arista／SPARTY 1055
Release: 1978.5.19

[**side A**]
1. Misfits
2. Hay Fever
3. Black Messiah
4. Rock 'N' Roll Fantasy
5. In A Foreign Land

[**side B**]
1. Permanent Waves
2. Live Life
3. Out Of The Wardrobe
4. Trust Your Heart
5. Get Up

[US]
Arista／AL 4167
Release: 1978.5.17

せっかくヴァン・ヘイレンが話題にしてくれたのに、妙にアメリカンな、落ち着いたアルバムが届いたからズッコケたが、フリートウッド・マックは71年の『フューチャー・ゲームズ』がいちばん、と思っている私には最高のアルバムだった。前作で『アーサー』『ローラ』あたりが復習されたから、『マスウェル・ヒルビリーズ』『この世はすべてショー・ビジネス』期のアメリカ志向が思い出されたのかもしれない。スワンプ・ロックみたいな曲調の「ミスフィッツ」で〝きみはハミ出し者〟と歌うのはどういうつもりだったのかと思うが、レゲエにヴォードヴィル調のホーンが絡む「ブラック・メシア」から、「セルロイド・ヒーローズ」のロック世代版と言ってもいい「ロックンロール・ファンタジー」への流れが『この世はすべてショー・ビジネス』を思い出させることもあって、レイのペースに嵌まってしまうのだ。

一転B面では、パンクを意識したのが明らかな「リヴ・ライフ」と、デイヴがひとりツイン・リードとはち切れんばかりのハイ・トーン・ヴォーカルを聴かせる「トラスト・ユア・ハート」が面白いが、そのあいだにフォーク・ロック調の「アウト・オブ・ザ・ワードローブ」が置かれているからアルバムの印象はジャケットのように〝歪む〟のだ。最後の「ゲット・アップ」が狂騒的なのも、あったはずのコンセプトに自ら泥を塗るようでキンキー。つかまえようとすると、どんどん逃げていってしまうようなアルバムなのである。

シングル・カットされた「ロックンロール・ファンタジー」が全米30位まで上がったのにアルバムは40位止まりだったのは、『スリープウォーカー』のようなわかりやすさがなかったからだろう。しかし、ジョン・ダルトンに代わって正式メンバーとなったアンディ・パイルのベースがポンポン弾んでいるため前作以上にサウンドは明るいし、デイヴのジョー・ウォルシュみたいな役回りも面白い。

冷静に振り返ってみると、76年の12月に出たイーグルスの『ホテル・カリフォルニア』がアメリカン・ロックを象徴してしまったことへの疑問や、パンクに対抗しないといけなくなったキャリア組としての立場などが、キンクスをどんどん〝不適合者〟にしていった時代が見えてくるのだ。英国ではパンク旋風が吹き荒れていたが、アメリカではまだ一部でのことだったし、いずれにしても60年代のキンキー・サウンドを〝ガレージ・ロック〟として再評価するような風潮はまったくなかった。そういう意味では、博多のサンハウス〜シーナ&ザ・ロケッツはトンガっていたが、そのセンスをパンクと結びつけて語る人間は、この当時はほとんどいなかったと記憶している。

当時ロックはとても宙ぶらりんな状態で、世界的に売れるのは産業化されたものばかり。英国のアルバム・アーティストたちの〝着膨れ感〟が日に日にイヤになっていった私は、パンクを気にしながら、英国のモダン・ポップやパブ・ロックと、アメリカのカサカサしたシンガー・ソングライターばかりを聴いていた。しかし、そういうレコードがいちばん揃っていたのは青山のパイド・パイパー・ハウスなのだ。いま語られるパイドは当時の印象よりずいぶん偏って見えるし（私は違和感を覚えている）、この時期のキンクスはロック・ファンにとっての救いだった。トランプのジョーカーのような〝53枚目の不適合者〟として、彼らはゲームに不可欠だったのだ。

（和久井）

Low Budget
ロウ・バジェット

Arista／SPART 1099
Release: 1979.9.7

[side A]
1. Attitude
2. Catch Me Now I'm Falling
3. Pressure
4. National Health
5. (Wish I Could Fly Like) Superman

[side B]
1. Low Budget
2. In A Space
3. Little Bit Of Emotion
4. A Gallon Of Gas
5. Misery
6. Moving Pictures

[US]
Arista／AB 4240
Release: 1979.7.10

アリスタから厳しい条件を突きつけられ、意地で〝低予算〟を守り、およそ1週間で録音された。ベースにアージェント〜再結成ゾンビーズのジム・ロッドフォードを据え、ゴードン・エドワーズが抜けた穴もレイがキーボードを弾くことで埋めている。さらに、いつものコンク・スタジオだけでなく、キンクス初のニューヨーク録音を敢行することで、新しい風をバンドに吹き込んだ結果が、全米11位。やるもんだ。

アルバムは「アティテュード」のソリッドでハードなギターのリフで幕を開ける。珍しく吐き出すようなレイのヴォーカルが加わると、パンクへの呼応にもヴァン・ヘイレンへの返答にも聴こえるけれど、そのままでは終わらない。途中で別の曲を繋ぎ合わせたように頻繁に曲調を変えていくが、それが気にならないほどにバンドの演奏は勢いに満ちているのだ。一筋縄ではいかないが一貫しているという、キンクスのアティテュード（＝姿勢・態度）を改めて表明した一曲と言えるだろう。

続く「救いの手」はピアノの調べに乗せたメロウな立ち上がりから一転、ローリング・ストーンズの「ジャンピン・ジャック・フラッシュ」から借用したようなリフを随所に配しながら、これまたコロコロと曲調を変えていく。しかしこれも違和感はない。弾きまくるギター・ソロにサックスが絡む間奏も、唐突ながらうまく収められている。

「プレッシャー」は60年代にもあまり見られなかったスピード感溢れるロックンロール。このアルバムの中で最もパンキッシュな仕上がりになっているのは、ジムの硬質で手数の多いベースのおかげだろう。

「ナショナル・ヘルス」はとらえどころのない曲ではあるが、素っ頓狂なパーカッションやシンセに時折細かなギターのリフが加わることで、ニュー・ウェイヴに片足を突っ込んでいるようにも聴こえてくる。

アナログA面の最後はシングルにもなったディスコ的「スーパーマン」。キンクスまで日和ったか、という見方もできるが、何ということはない、ローリング・ストーンズは1年早く「ミス・ユー」でディスコを料理していたのだから、『女たち』を聴きながらレイが「ストーンズがコレでヒットを飛ばしたのなら、オレたちもディスコでやってみるか」と思ったとしても不思議ではない。貪欲に新しいものを取り入れながらモンスター・バンドへの道を歩んでいったストーンズを横目に見つつ、キンクスもまた『ロウ・バジェット』で時代に向き合ったのだ。その結果、『女たち』への回答になったような曲もあるが、よく聴けばキンキー濃度のかなりの高さが感じられるはずである。

B面に移ると、タイトル曲「ロウ・バジェット」がルーズなリズムにハードなリフ、転がるピアノと、まったくもってストーンズ的な仕上がり。これは巨大産業化しつつあったかつての仲間への当てつけだと解釈しておく。

「僕の宇宙」も同じようなアプローチだが、脱力気味のヴォーカルとシンセがキンクス流。「ひとかけらの情熱」でようやくアコースティック・ギターが使われ、「ガソリン・ブルース」は極上のエレクトリック・ブルースに。「ミザリー」にはギクシャクしたキンクスらしさが残ったものの、自信に満ちたポップなナンバーだ。最後の「ムービング・ピクチャーズ」はニュー・ウェイヴか人力ファンクかという立ち上がりのまま最後まで引っぱった挙句、フェイド・アウトしてしまう。この軽みもまたキンクス。

（森）

One For The Road
ワン・フォー・ザ・ロード

Arista／DARTY 6
Release: 1980.8.1

[**side A**]
1. Opening
2. Hardway
3. Catch Me Now I'm Falling
4. Where Have All The Good Times Gone
5. Introduction To Lola
6. Lola
7. Pressure

[**side B**]
1. All Day And All Of The Night
2. 20th Century Man
3. Misfits
4. Prince Of The Punks
5. Stop Your Sobbing

[**side C**]
1. Low Budget
2. Attitude
3. (Wish I Could Fly Like) Superman
4. National Health

[**side D**]
1. Till The End Of The Day
2. Celluloid Heroes
3. You Really Got Me
4. Victoria
5. David Watts

[US]
Arista／A2L 8401
Release: 1980.6.4

『ロウ・バジェット』発売後のツアーからセレクトされたライヴ・アルバム。79年から80年にかけて、アメリカの6会場に加えてスイスのチューリッヒでも録音されている。3曲で新加入のイアン・ギボンズによるキーボードのオーヴァー・ダビングが施されているが、キンクスがライヴ・バンドとして再び最前線に躍り出た様子を生々しくドキュメントしたものとなった。

アルバムは「ユー・リアリー・ガット・ミー」をモチーフにしたインストゥルメンタルから始まる。リフ一発で会場はヒートアップ。短いセッションを終えるとすかさず「ハードウェイ」になだれ込む。ニュー・ウェイヴなキーボードをあしらった、『不良少年のメロディ』よりもパンキッシュな仕上がりだ。

このアルバムを最も象徴する曲が「プレッシャー」だ。

『ロウ・バジェット』のヴァージョンよりもさらにテンポが速くなっているが、切迫感は薄い。キーボードはパンクな音なのに運動会みたいなハード・ロックになっているのは、ヴァン・ヘイレン版「ユー・リアリー・ガット・ミー」の影響もあっただろう。さらにライヴで演奏していくうちに「なんだ、アホみたいに速くしたほうがウケるじゃないか（とくにアメリカでは）」と、どんどんエスカレートしていった結果に違いない。イントロのアコギだけで大歓声になる「ローラ」にしても、最後にはお客に歌わせてさんざん盛り上げないと終わらないという、エンタテインメントに徹しているのである。それでいて何百回も演奏してきたであろう「オール・デイ・アンド・オール・オブ・ザ・ナイト」では、ギクシャクしたフィルを織り交ぜて新しさを模索したあとに、短いコール・アンド・レスポンスでオーディエンスの心をむんずと鷲摑みにする。『ライヴ・アット・ケルヴィン・ホール』から一貫する節操のないファン・サービスが実にキンクスらしく思えてくるのだ。

　この時期ならではの選曲はシングル「ファーザー・クリスマス」のB面「プリンス・オブ・ザ・パンクス」や、79年にザ・プリテンダーズがカヴァーした「ストップ・ユア・ソビング」。とくに後者はブレイクやキーボードで味付けされて、プリテンダーズのヴァージョンよりもさらに80年代的にアップデイトされている。

　『ロウ・バジェット』からは「プレッシャー」を含めて6曲が収録されているが、キンクスがディスコに接近した「スーパーマン」はこの頃にはバンドとして消化しきっているし、ギター・ソロだけとってみればロックそのものなのである。そう、このアルバムの大きな魅力のひとつはデイヴのスケールが大きくなったギターにあるのだ。

　過去の代表曲にも新たに磨きがかけられている。「20世紀の人」はオリジナルのアコースティックな肌触りが、エレクトリック・ギターがど真ん中にあるバンド・サウンドに置き換えられているし、軽みと深みが交差する「セルロイド・ヒーローズ」に溢れるロマンティシズムには、抗い難い磁力を感じずにはいられない。初期の「ティル・ジ・エンド・オブ・ザ・デイ」はスカっぽいキーボードに肩すかしを喰らわされるし、「ユー・リアリー・ガット・ミー」に至ってはヴァン・ヘイレンよりもハードに変貌を遂げているのだから、その節操のなさにひれ伏すだけだ。

　本盤は問答無用の「ヴィクトリア」「デイヴィッド・ワッツ」でバナナ・ボートに終わる。何でも飲み込む屈強なライヴ・バンド、これが当時のキンクスの姿である。（森）

Give The People What They Want
ギヴ・ザ・ピープル・ホワット・ゼイ・ウォント

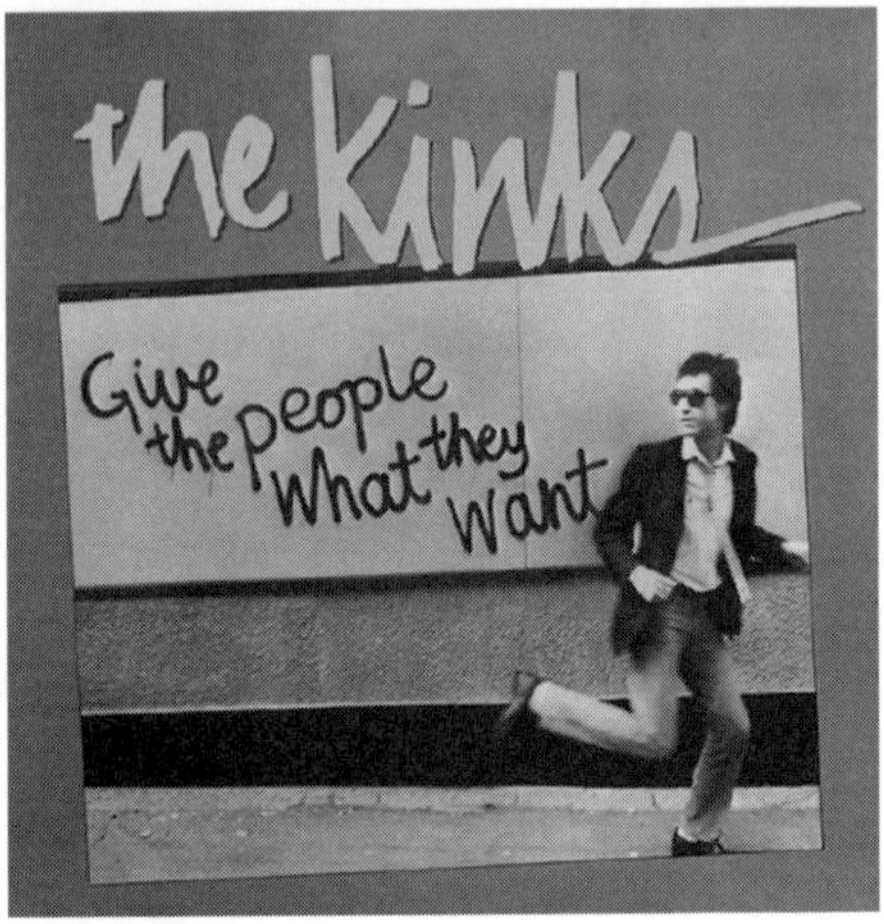

Arista／SPART 1171
Release: 1982.1.15

[side A]
1. Around The Dial
2. Give The People What They Want
3. Killer's Eyes
4. Predictable
5. Add It Up

[side B]
1. Destroyer
2. Yo-Yo
3. Back To Front
4. Art Lover
5. A Little Bit Of Abuse
6. Better Things

[US]
Arista／AL 9567
Release: 1981.8.26

〝鉄の女〟マーガレット・サッチャーは、79年の総選挙で経済の規制緩和や国有企業の民営化による「英国病」からの立て直しを公約に掲げ、保守党を大勝に導いた。同年5月、初の女性首相に任命された彼女は、労働組合対策で疲弊した電気・通信や鉄道、航空などの民営化や金融システム改革を断行し、所得税や法人税の大幅な引き下げを実施する。その一方で消費税が引き上げられ、失業率は世界恐慌以降最悪の数字を記録した。

「サッチャリズム」と呼ばれる経済政策によって、もっとも打撃を受けた地域のひとつが、南ロンドンにあるブリクストン地区だ。不満が燻ぶるアフリカ系やカリブ系の住民が警察との衝突を起こしたため、警視庁は犯罪撲滅を目的とした「スワンプ81」作戦を開始する。81年4月上旬に私服警官が派遣され、５日間で１０００人が職務質問を受け、

１００人が逮捕された。10日には警官から逃げようとした黒人のマイケル・ベイリーと警察官の間でもみ合いになったことをきっかけに、地域住民が集まり始める。群衆の一部が警察隊に瓶やレンガを投げつけ、暴走した住民が店舗を襲撃するなど、騒動は3日間続き、１００台以上の車に火がつけられ、多くの建物が損害を受けたという。

　同じ頃、キンクスは再びコンク・スタジオに腰を据えて本作のレコーディングを行っている。当時のサッチャー政権への反発などを身近に感じながらつくり上げられたことは、タイトルからもよく伝わってくる。ジャケットもまた、暴動が起こるような社会からも過去の自分からも脱却して、新しい世界を目指して走り去ろうとする意思の表れなのである。

　それがよくわかるのがシングルとしても発売された「ベター・シングス」。明日はいいことあるよ、と書くと安っぽくなってしまうが、そう願わずにはいられないほど閉塞した空気をレイは敏感に察知していたのだろう。曲もポップだし、楽器もナチュラルなトーンに終始しているこの曲でアルバムが締めくくられているのだから、さすがのレイもひねくれてばかりはいられなかったのではないか。

　アルバムはラジオをチューニングする音から始まる「アラウンド・ザ・ダイアル」で幕を開ける。どこか不安定さを醸し出す空気を切り裂くように、確信に満ちたハード・ロッキーな演奏が始まるが、それはすぐにパンキッシュに変貌を遂げる。『ロウ・バジェット』『ワン・フォー・ザ・ロード』とマッチョな方向に振れていたバンドが、商業的な成功もあって自信に満ちたからこそ、タイトに転じたのだろう。続くタイトル曲も激しめ。レイの吐き出すような荒っぽいヴォーカルが印象的だが、デイヴの短いギター・ソロも一発で決めたような潔さがある。

　アナログのB面に移ると、ドラムのフィルに導かれて「オール・デイ・アンド・オール・オブ・ザ・ナイト」のリフが聴こえてくる。「ローラ」という名の女の子も歌詞に登場する「デストロイヤー」だ。過去のキンクス・ナンバーを素材にしながら、この時代ならではのギターやキーボードの音色が塗された、みごとな再構築だ。初めてレコーディングに参加した、イアン・ギボンズのロックンロールなピアノも効いている。

　そして切実さを孕んだサビの「リトル・ビット・オヴ・アビューズ」、明日を希求する「ベター・シングス」でアルバムは幕を閉じる。プライヴェートも含めたレイの心の揺らぎが感じられる充実の一枚だ。

（森）

State Of Confusion
夜なき街角

Arista／205 275
Release: 1983.6.10

［side A］
1. State Of Confusion
2. Definite Maybe
3. Labour Of Love
4. Come Dancing
5. Property

［side B］
1. Don't Forget To Dance
2. Young Conservatives
3. Heart Of Gold
4. Clichés Of The World (B Movie)
5. Bernadette

［US］
Arista／AL8-8018
Release: 1983.5.24

邦題は『夜なき街角』。待望の初来日の余波もあったが、日本でいちばん売れた作品となったのは「カム・ダンシング」のヒットで新しいファンを摑んだからだろう。

先行シングルとして82年11月に英国で発売された「カム・ダンシング」だが、当初はまったく売れなかった。しかしアメリカではじわじわとチャートを上がり、結局ビルボード4位となる。その成功を受けてアリスタはプロモーション・ヴィデオを制作。英国で再プッシュすると、全英チャートでも10位まで上がった（アルバムは全米12位に達したが、英国ではチャート・インせず）。

レイ個人としても、83年2月にプリテンダーズのクリッシー・ハインドとの間に娘ナタリー・レイが生まれ、公私ともに充実した中でのアルバム制作であり、キンクス再ブレイクの兆しが見えた時代だった。ところが、「デイヴが独立し、後任にはクリス・スペディングが加入する」という噂が持ち上がる。すったもんだのあげくデイヴはキンクスに留まることになるのだが、日頃から彼と折り合いが悪かったミック・エイヴォリーを、デイヴはクビにしてしまうのだ。そして元アージェントのボブ・ヘンリットが加入。この辺りからキンクスは〝デイヴィス兄弟のバンド〟にシフト・チェンジしていくのである。

83年9月にシングル・カットされた「ドント・フォーゲット・トゥ・ダンス」も全英58位／全米29位のヒットとなり、〝「セルロイド・ヒーローズ」の80年代版〟という声も上がったが、アルバムの評判は芳しくなかった。

〝ステイト・オブ・コンフュージョン（混乱の国家）〟とは如何にも象徴的なタイトルだが、当時の英国社会をうまく表現していたとも言えるだろう。かつての〝大英帝国〟の崩壊を自ら認めるような雰囲気が色濃く現われ、恥も外聞もなくアメリカ型の資本主義経済を受け入れていった時代だからである。アルバムが「星条旗よ永遠なれ」で始まるのはレイが仕掛けた最大の皮肉だし、結婚生活の破綻を歌った「プロパティ」や、当世若者気質の軟弱さを嘆いた「ヤング・コンサーヴァティヴス」は、〝混乱の国家〟というテーマに角度をつけるために書かれた曲だ。そういうところがレイの〝コンセプト〟の真骨頂。本人のお気に入りは、パパラッチを怒鳴りつけたアン王女の事件からヒントを得た「ハート・オブ・ゴールド」だという。

このアルバムと前後して、レイは長年の夢であった映像作品に取りかかる。監督・脚本・音楽を担当した『リターン・トゥ・ウォータールー』だ。ひとりの英国紳士の幻想に、サッチャー政権がもたらした混乱や、社会に蔓延していた倦怠感を混ぜていったのも、〝混乱の国家〟の映像化を目論んだからだろう。このドラマには制作費として40万ポンドが投入され、84年11月にチャンネル4で放送された。デイリー・メイル紙では「目を瞠るオリジナルティ」、ウォール・ストリート・ジャーナルでも「未来のミュージカル映画の先駆け」と絶賛されたが、あとから観た者からすると、それほどでもないように思える。

2枚のヒット・シングルを生み出したにも関わらず、英国では本作の評価が最後まで上がらなかった。『ギヴ・ザ・ピープル・ホワット・ゼイ・ウォント』のジャケットとロケ地が同じだったこともあって、メディアから「二番煎じ」と叩かれたのと、バンドマンごときに国家や社会を語ってほしくないと反発した有識者が少なくなかったのも仇になったようだ。

（真下部）

Words Of Mouth
ワード・オブ・マウス

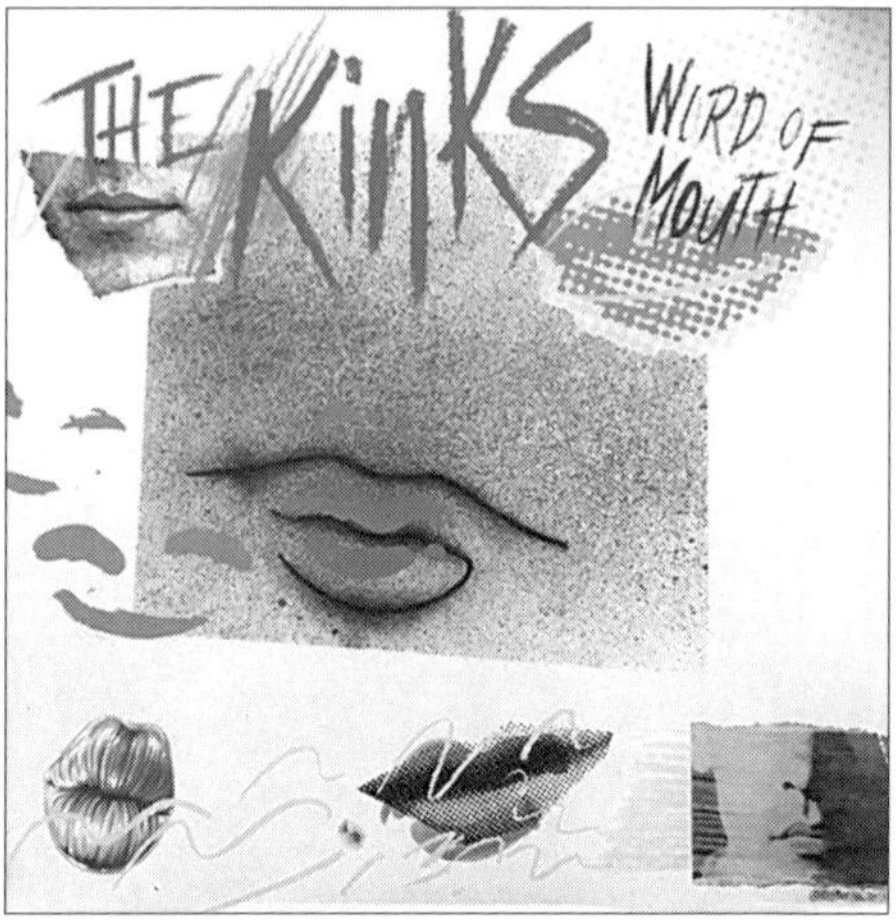

Arista／206 685
Release: 1984.11.19

[**side A**]
1. Do It Again
2. Word Of Mouth
3. Good Day
4. Living On A Thin Line
5. Sold Me Out

[**side B**]
1. Massive Reductions
2. Guilty
3. Too Hot
4. Missing Persons
5. Summer's Gone
6. Going Solo

[US]
Arista／AL8-8264
Release: 1984.11.19

娘までもうけたクリッシー・ハインドと別れ、デイヴとの関係までこじらせてしまったレイは、なんと、一度は裁判で闘ったかつての出版管理人ラリー・ペイジに、再びビジネスの総括を依頼する。

レイがペイジにかけた電話がふるっていた。

「牛乳を一本持ってきてくれるかな、牛乳がないんだ」

ペイジはマネージャー就任を快諾し、全米ツアーの立役者だったエリオット・コイボットとの7年間の関係に終止符が打たれる。徹底的にアメリカ重視だった活動を、英国に戻そうという動きが始まった。84年11月に発表されたアリスタ・レコーズでの最後のアルバムは、そういう流れの発火点に位置するわけだ。

オープニング・ナンバー「ドゥ・イット・アゲイン」はシングル・カットされ、全米41位を記録した。プロモーション・ヴィデオではレイがストリート・ミュージシャンに扮し、ラスト・シーンでは既に脱退していたミック・エイヴォリーと共演している。〝振り出しに戻る／もう一度／はじめから／さあもう一度だ〟と歌ったレイは、当時のインタヴューで以下のように語っている。

「僕たちもそろそろスタートに戻って、やり直すときが来たと思うんだ。つねに繰り返しの連続だからね。時にはちょっとあと戻りして、ファンが求めていることを見つめ直した方がいい」

ミック・エイヴォリーが最後に参加した「ソールド・ミー・アウト」「ミッシング・パーソンズ」「ゴーイング・ソロ」は、もともと『リターン・トゥ・ウォータールー』のサントラ用につくられた曲であり、デイヴは参加していない。レイに反旗を翻し、自身のソロ・アルバム『チョーズン・ピープル』に気持ちを向けていたからである。ところがワーナー・ブラザースの反対を押し切ってリリースしたそれが不発に終わり、デイヴは意気消沈してしまう。おとなしくキンクスに戻ったデイヴは、本作に2曲を提供。「リヴィング・オン・ア・シン・ライン」と「ギルティ」である。レイがヴォーカルをとるはずだった「リヴィング・オン・ア・シン・ライン」は、デモの段階でデイヴのヴォーカルに変更になった。

「もともとレイの声に合わせて書いた曲だったから、僕にはキーが低すぎた。だから低い音域を使って唄う練習をずいぶんやったよ。出来は悪くない。あの曲はすごく気に入ってるんだ」とはデイヴの弁である。

84年11月にはデビュー20周年を記念した伝記本〝The Kink: The Official Biography〟が出版されたが、使用された（叔父フランクの）写真に問題があるとしてキンクス側からクレームが入り、回収騒ぎに発展する。出版社は写真の使用承諾書のレイにサインがあると主張したが、レイは「問題の写真はデイヴが提供したもので、僕が交わした契約には含まれない」と反論。そんな行き違いからキンクス側が宣伝協力を拒否したため、せっかくの出版が台なしになってしまったのだ。

その直後にアメリカNBCの「サタデー・ナイト・ライヴ」に出演したキンクスは、「ドウ・イット・アゲイン」と「ワード・オブ・マウス」を演奏し、大いにアルバムを宣伝した。しかし本作はビルボード57位までしか上がらず、全英チャートには入らなかった。その後、全米ツアーに突入したグループは、12月21日、マジソン・スクエア・ガーデンで84年の幕を閉じたのだった。

（真下部）

The Kinks London Years–

レコード業界の再編に背を向けながら死に場所を探したロンドン・レーベル以降

和久井光司

「カム・ダンシング」のヒットは親戚の叔父さんがノーベル賞を獲ったぐらい誇らしかったが、クリッシー・ハインドへの恨み節が並ぶ『ワード・オブ・マウス』には気持ちが乗らなかった。〝ロックの立場〟が好ましくない方へ追い込まれていった時期でもあるから、レイ・デイヴィスの自棄もわからないではなかったが……。

バンド・エイドやライヴ・エイドの志は悪くなかった。けれど〝ロック〟があそこまでまっとうだと、「ついにエンタテインメント界に取り込まれてしまったか」と思わずにはいられなかったのだ。ライヴ・エイドが85年7月13日に行われた〝空前の国際チャリティ・コンサート〟で大団円となったとき、個々の素晴らしいパフォーマンスに反するように私はシラけた気分になっていた。

ビートルズの世界制覇（64年）から10年の〝英vs米〟という構図や、その後の10年で顕わになっていった〝産業ロックvsパンク〟という図式を鵜呑みにしていたわけではないが、〝対比〟を語れるからこそ〝ロック〟は面白かったのだ。

レコード業界でレーベル統合が相次ぐのはライヴ・エイドのころからで、キンクスがアリスタにいられなくなったのも、クライヴ・デイヴィスがBMGグループの統合に一役買うことになったのに由来する人員整理という側面もなきにしもあらずだった。

けれども、ワールド・ワイドな〝レコード業界地図の再編〟からいち早く逃げ出し、個としての立場の追求を〝シンク・ヴィジュアル〟と表明して見せたのは実にキンキーなセンスだった。「ロンドンに戻ってきた」のが〝都落ち〟に見えなかったのは、相変わらずライヴ・バンドとしては世界的だったからで、それを伝える『ザ・ロード』には（内容はともかく）大きな意味があった。『UKジャイヴ』では〝ロンドンのバンド〟を茶化して、ブリティッシュ・ビート好きのファンに苦い薬をプレゼントしたのだから、レイは本当に人が悪い。デイヴの2曲をアナログ盤に入れなかったのも、コンセプトにこだわる兄貴らしいが、「そういうことをすれば弟はどんな気持ちになるか、わかる？」とファンにもツッコミを入れられる始末だった。

3枚でロンドン／MCAを離れたキンクスが、まさかのソニーから、しかもワン・ショット契約で『フォビア』をリリースしたのは、〝神経症〟のレイが「こんなのできちゃったんだけど」とクライヴ・デイヴィスのドアを叩いたからに違いない（じゃあ俺の古巣に口を利いてやるよ、ということだったのだろう）。

いよいよ立ち行かなくなったのか、はたまた兄弟でバンドを看取ろうとしたのか、『トゥ・ザ・ボーン』で〝骨に還って〟アンコールも終了。アナウンスはなかったものの、事実上の解散は疑いようがなくなっていく。2018年にレイは再結成を匂わせたりしたが、3年経って何も起こらないのはコロナによるロック・ダウンのせいではなく、キンクスを動かそうとするとやっぱり気持ちがダウンしちゃうんだと思う。

いまだから言うけれど、マーベル・コミックの「ハワード・ザ・ダック」がジョージ・ルーカス総指揮の実写映画『ハワード・ザ・ダック／暗黒魔王の陰謀』として映画化されたときに、その日本公開（86年12月6日〜）に合わせてハワードの扮装をしたシンガーを中心とするバンドが結成され、「ムーン・ダック・ラプソディ」という曲のシングルがリリースされた。これ、実はキンクスの「アルコール」で、ハワードの中身は伊藤ヨタロウ、バックはメトロファルスなのだ。スペシャル・サンクスでクレジットされている Jesse は私、♪Oh, Demon Encore〜というサビのコーラスをやっている。ハワード（＝ヨッちゃん）が『オレたちひょうきん族』に出たとき、アヒルをかぶった彼はビートたけしや明石家さんまにいいようにをいじられていた。「やれやれ」と思ったけれど、この世はすべてショー・ビジネス。ロック・ミュージシャンもまた〝芸人〟なのである。

Howard The Duck & Squawking Heads
'Moon Duck Rhapsody - Alchol' [7inch]
87年2月25日にキティ・レコードから発売。しかし正体不明のこれ、何枚売れたんだろう？

Think Visual
シンク・ヴィジュアル

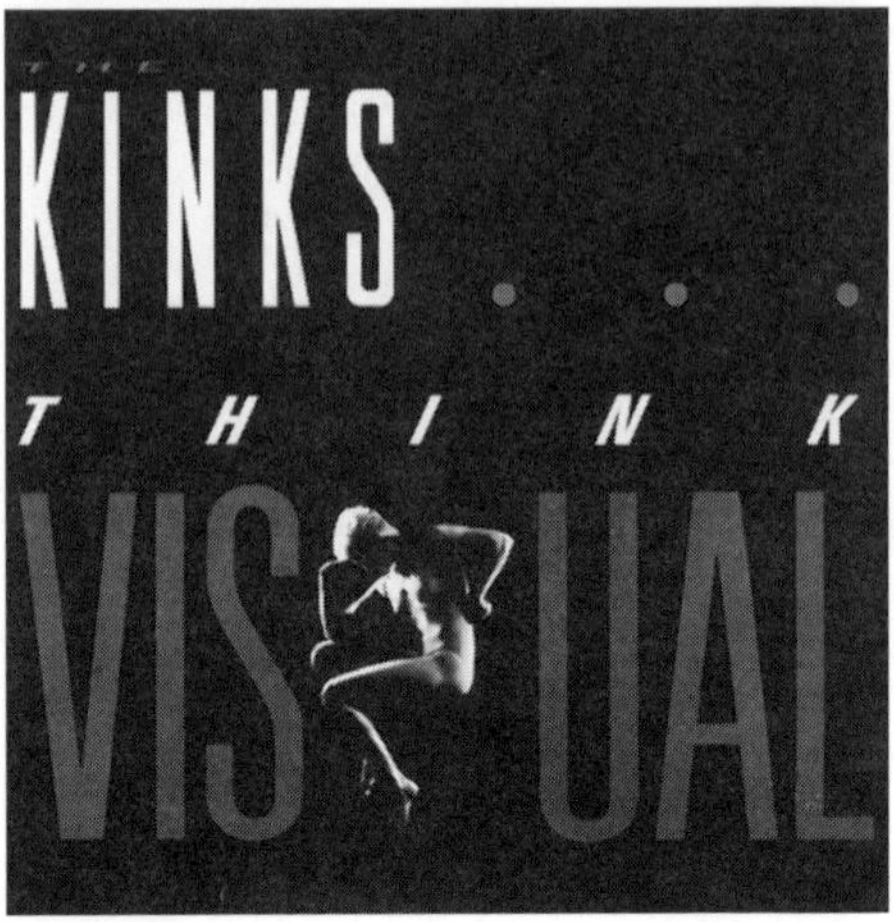

London／LONLP 27
Release: 1986.11.17

[**side A**]
1. Working At The Factory
2. Lost And Found
3. Repetition
4. Welcome To Sleazy Town
5. The Video Shop

[**side B**]
1. Rock 'N' Roll Cities
2. How Are You
3. Think Visual
4. Natural Gift
5. Killing Time
6. When You Were A Child

[US]
MCA／MCA-5822
Release: 1986.11.24

日本盤の帯の惹句を借りれば、「英国がローリング・ストーンズと並び世界に誇る名門ロック・グループ、ザ・キンクスのロンドン・レコード移籍第一弾。」である。新ドラマーのボブ・ヘンリットが本格的に参加した最初のアルバムであり、アメリカではMCAから発売された。前作『ワード・オブ・マウス』からその傾向が見られたようにハード路線からは脱却し、デジタルな音を交えながらもナチュラルなバンド・サウンドに回帰している。またレイ・デイヴィスの描く世界が社会と密接に絡み合い、派手さはないが、どの曲も映画のワンシーンのように聴こえてくるのだ。

1曲目の「ワーキング・アット・ザ・ファクトリー」はアコースティック・ギターで始まるフォーク・ロック。突き抜けたような清々しさも感じるが、歌詞は〝音楽を始めて工場の労働から解放されたのに、大企業のおかげでミュージシャンも工場で働いているのと同じになってしまった〟という内容。レイがここで改めて労働者階級の視点を提示したことが興味深い。この曲がアリスタを去り、英国のレーベルであるロンドン・レコードと契約したことの意味をよく表していると思う。

続く「ロスト・アンド・ファウンド」はデジタルな音色のキーボードが目立つが、現在の耳で聴いてもさほど違和感はない。ギターもナチュラルなトーンでシンプルなフレーズを奏でるミディアム・ナンバーだ。ニューヨークが舞台の一篇の映画を観ているような歌詞と、壮大なアレンジが似合いそうなメロディだが、ほどよくまとまっているのはやはり英国での展開を意識したからだろうか。こうした地に足のついた雰囲気はアルバム全体を貫いている。

「レペティション」はコーラスの効いたポップなアレンジ。「スリージー・タウンへようこそ」はジャジーだ。〝不動産屋のおかげでいかがわしい街が閉ざされてしまった〟という歌詞には過去への想いとともに、バブルな時代への反発が窺える。レゲエを取り入れた「ザ・ヴィデオ・ショップ」も、グローバル企業のおかげで職を失った兄弟の話だ。

アナログのB面1曲目は、デイヴの作・プロデュースによる「ロックンロール・シティ」。ギターを弾きまくるイントロで始まるダイナミックなナンバーだ。地名を織り込んだ歌詞はよくあるパターンだが、デイヴの好みがよくわかる。ちなみにこの曲のみ、オリジナル・メンバーのミック・エイヴォリーがドラムを叩いている。

「ハウ・アー・ユー」はレイがクリッシー・ハインドのことを歌ったとされているが、歌詞は恋人のことを歌っているようにも、友人のことを歌ってようにもとらえることができる巧妙さだ。

タイトル曲「シンク・ヴィジュアル」は、ラップも取り入れたスピーディな曲。マーケティングの時代への当てつけのような歌詞になっている。相変わらずレイのヴォーカル・スタイルは多彩と言うべきか、シアトリカルと言うべきか、定まらないと言うべきか。「ナチュラル・ギフト」はルー・リードみたいな歌い方で始まるし、「キリング・タイム」のヴィブラートにはアイリッシュ的な匂いを嗅ぎとってしまうのだ。

最後の「ホエン・ユー・ワー・ア・チャイルド」は再びデイヴ作の軽快なロック・ナンバー。レイとの歌詞の落差はともかくとして、「ロックンロール・シティ」とともにライヴ映えしそうな曲ではある。

（森）

The Road
ザ・ロード

London／LONLP 49
Release: 1988.5.23

[**side A**]
1. The Road
2. Destroyer
3. Apeman
4. Come Dancing
5. Art Lover
6. Clichés Of The World (B Movie)

[**side B**]
1. Think Visual
2. Living On A Thin Line
3. Lost And Found
4. It (I Want It)
5. Around The Dial
6. Give The People What They Want

[US]
MCA／MCA-42107
Release: 1988.5.23

ロンドン・レコード第2弾は、97年夏のツアーを収録したライヴ・アルバム。アリスタ時代のライヴ盤『ワン・フォー・ザ・ロード』以降に発表された曲を中心とした構成で、パイやRCA期の曲は「エイプマン」しか収録されていない。この頃のライヴでも「ユー・リアリー・ガット・ミー」はもちろんのこと、初期のヒット曲や代表曲も演奏されていたが、これらは全て外されている。

録音が行われたメリーランドとフィラデルフィアの会場はいずれも1万人を大幅に超えるキャパシティだ。しかし音を聴くかぎりではタイトにまとまっていて、大規模なエンタテイメント・ショウといった雰囲気ではない。

1曲目の「ザ・ロード」だけはシングルとして発売されたスタジオ録音で、「ライフ・イズ・ア・ロード」と歌詞にもあるように、ツアーの模様を歌った新曲。アコースティック・ギターで始まり、ローリング・ストーンズというバンドを観たと言ってみたり、ジミ・ヘンドリクス、ザ・フー、レッド・ツェッペリン、フリーといったバンドの名前を出したりと、コンサート向きのフレーズが織り込まれている。こうした懐古的な部分と、『シンク・ヴィジュアル』に続いて大企業に毒づいてみせたりする現在進行形の部分が混じり合った歌詞に、レイの心情が読みとれるようだ。

　大きな歓声に包まれながら「ザ・ロード」が終わると、「ユー・リアリー・ガット・ミー」「オール・デイ・アンド・オール・オブ・ザ・ナイト」のリフが高らかに鳴らされ、「デストロイヤー」へと雪崩れ込む。レイがフィラデルフィアの観客を煽り、デイヴの激しいギターが前のめりに切り込んでくる。イアン・ギボンズのピアノも効果は抜群で、完全にライヴ仕様に磨き上げられたパフォーマンスだ。

「デストロイヤー」の歌詞に登場する「ローラ」のイントロから「バナナ・ボート」へ飛んでから、2曲目は「エイプマン」。どっしりとしたリズムに軽やかなピアノで盛り上げる。「カム・ダンシング」はうねるベースとタイトなドラムがヒット曲を手垢に塗れさせることを許してくれない。後半に入ると「見張り塔からずっと」や「おまえを離さない」のフレーズを織り込みながら、この曲のリズムの面白さを強調していく。「アート・ラヴァー」も音の隙間をうまく使ったシンプルさが際立っている。

「語り尽くせなくて」はデイヴの水を得た魚のようなリフが牽引する。緩急をつけた演奏と、デイヴィッド・ボウイかと思わせるレイの低音が魅力的だ。

「シンク・ヴィジュアル」はアルバム・ヴァージョンよりもフィジカルな感触で、あっという間に終わる。「リヴィング・オン・ア・シン・ライン」はデイヴのヴォーカルがやや揺れてはいるが、メロディの良さが引き立つ仕上がり。と思ったら「ロスト・アンド・ファウンド」のレイも不安定といえばそうなのだが、こちらはややテンポを速めてライヴ感を増している。

　新曲の「イット」は頻繁に曲調が変わり、インスト部分も多いプログレな演奏で、ヴォーカルはシアトリカル。ネット上にアップされている89年の映像では、パフォーマーによる演技やダンスを織り交ぜたステージになっているのでさもありなん、といったところ。

「アラウンド・ザ・ダイアル」はタイトな演奏ながら拡がりが感じられ、最後に「ピーターガンのテーマ」らしきフレーズも。バンドの勢いはラストの「ギヴ・ザ・ピープル・ホワット・ゼイ・ウォント」まで止まらない。（森）

UK Jive
UKジャイヴ

London／828 165.1
Release: 1989.10.2

[side A]
1. Aggravation
2. How Do I Get Close
3. UK Jive
4. Now And Then
5. What Are We Doing

[side B]
1. Entertainment
2. War Is Over
3. Down All The Days (Till 1992)
4. Loony Balloon
5. Dear Margaret

[US]
MCA／MCA-6337
Release: 1989.10.31

　ロンドン・レコード3作目にして最終作。『UKジャイヴ』というアルバム・タイトルと、ユニオン・ジャックのポケットチーフをあしらった中身のない紳士のジャケットが表しているように、レイの鋭い視線は母国であるイングランドに向けられている。ただし、ユニオン・ジャックは裏ジャケットでは炎に包まれているが、そのすぐそばでキンクスのメンバーも透明人間として描かれていて、必ずしも攻撃や批判、憎しみに満ちているばかりではないのだ。ちなみに本盤ではキーボードのイアン・ギボンズの名前がクレジットされていない。

　静かな立ち上がりの「アグラベイション」は途中でラップとシャウトが交じり合い、〝戦争に負けたというのにまだ何と戦っているのか〟と、坂道を転がり落ちていく国の様子を描いていく。メルセデスと並んで三菱とトヨタが槍玉に挙げられているのは笑えるが、「ザ・ロード」にも見られた、何の衒いもなく固有名詞を散りばめるようになったレイの作風の変化が興味深い。

「ハウ・ドゥ・アイ・ゲット・クロース」はギターが主役とも言えるミディアム・ナンバー。ドラムがデジタルな音になっているので薄められてはいるが、メロディといい演奏といい、ニール・ヤング・ウィズ・クレイジー・ホースに呼応しているような曲だ。

タイトル曲「UKジャイヴ」はタイトル通りスウィングしそうなアレンジだが、「ジャイヴ」に含まれている「騙す」「いい加減なことを言う」といったニュアンスも感じとれる。能天気なほど軽快で、サビのダジャレな「U.K.O.K.」の繰り返しには腰が砕けそうになるが、アウトロでザ・フーの「マイ・ジェネレイション」をとりあげたと思ったら、とどめは「ユー・リアリー・ガット・ミー」だもの。歌詞だけではないこの節操のないサンプリング感覚がロンドン時代のキンクスの特徴だと思えてならない。

「ナウ・アンド・ゼン」は軽く歌っているのがぴったりなメロディのシンプルな曲。歌詞には諦観が漂っている。続く「ホワット・アー・ウイ・ドゥイング」は大風呂敷なシンセサイザーが時代を感じさせるが、こちらは直接的に苛立ちが伝わってくるようだ。

「エンターテイメント」はアリスタ時代を思わせる豪快なロックンロールで、殺伐とした歌詞が巧妙にカモフラージュされている。「ウォー・イズ・オーバー」はポップなアレンジの中で〝戦争が終わった、すべての兵士が家に帰る時間だ〟と歌う。深い。

「ダウン・オール・ザ・デイズ」は、ヴァン・ヘイレンへの何度目かの返答。しつこいのもキンクスの芸風である。このような引用の増加は別にレイが楽をしようとしているわけではなく、「シンク・ヴィジュアル」でも歌われた、思考停止の世の中に対するシニカルな態度の表れではないだろうか。ほら、わかりやすいほうがいいんだろ?、と。

「ルーニー・バルーン」はおかしくなってしまった地球を風船に見立てた、このままアルバムを締めくくってもおかしくない、ドラマチックな曲だ。しかし、アナログのB面はデイヴの作・プロデュースによる「ディア・マーガレット」で終わる。サッチャー首相を揶揄した歌詞に、デイヴの変化が見てとれる。

なおCDでは「ディア〜」のあとにデイヴ作の「ブライト・ライツ」「パーフェクト・ストレンジャー」の2曲が収録されている。なんだこの扱いは。

（森）

Phobia
フォビア

Columbia／472489 2
Release: 1993.3.29

1. Opening
2. Wall Of Fire
3. Drift Away
4. Still Searching
5. Phobia
6. Only A Dream
7. Don't
8. Babies
9. Over The Edge
10. Surviving
11. It's Alright (Don't Think About It)
12. The Informer
13. Hatred (A Duet)
14. Somebody Stole My Car
15. Close To The Wire
16. Scattered

[US]
Columbia／CK 48724
Release: 1993.11.15

キンクスは新たにコロンビアと契約して、91年に5曲入りのEP『ディドゥ・ヤ』を発売する。少し間を空けた93年にリリースされたフル・アルバムが『フォビア』だ。現時点（21年1月）での最新スタジオ盤である。16曲入り72分弱というヴォリュームで、恐怖症（＝フォビア）がテーマになっているが、RCA期のようなロック・オペラではない。ロンドン・レコード時代と同じように、共通のコンセプトがありながらそれぞれの曲は独立している、短編映画のオムニバスのようなつくりになっている。

ギターとドラムによる短い「オープニング」からアルバムは始まる。続く「ウォール・オブ・ファイヤー」はレイのガナりたてるようなヴォーカルに終始するが、全編を貫いているギターのリフや、手数の少ない中で少しずつ味わいを変えていくドラムとベースのおかげか、緊張感を保ったまま終わる。逆に「ドリフト・アウェイ」では曲調をコロコロと入れ替えながら、世界が壊れていく様子を巧みに描いていく。「スティル・サーチング」はレイが自分のことを歌っているようにも聴こえる曲だ。

タイトル曲「フォビア」では再び緊張感が漂っているが、これはイメージを喚起する言葉の羅列のせいか。まるでプログレな演奏にレイの力み過ぎな歌が乗っている。「オンリー・ア・ドリーム」はルー・リードの如く語るようなヴォーカルが印象的だ。「ドント」もまたレイのメロディづくりが光る曲。きれいな前半にフックの効いたサビという組み合わせだ。

「ベイビーズ」を聴くとムーンライダーズの「ヴィデオ・ボーイ」が思い浮ぶが、これはおそらく気のせい。タイトルから受けるイメージに反して歌の内容は恐ろしい。「オーヴァー・ジ・エッジ」はキーボードが効いているポップな曲。やはり歌詞はだんだん怖くなるが。「サーヴァイビング」はレイとキンクスのある種の宣言に聴こえてくる。

デイヴ作の「イッツ・オールライト」では、バンドが案の定ハードになるが、歌詞の世界も含めてロンドン時代よりもレイ作品との溝が埋められているように感じられる。それは曲順を見ても明らかだろう。

「ジ・インフォーマー」はニール・ヤングが書いたようなアコースティック・ナンバー。一転して「ヘイトレッド」は性急なテンポの、レイとデイヴのデュエット。ふたりが憎しみ合っているということを繰り返しているが、これは本音でもあり、かつパブリック・イメージを逆手にとったジョークでもあるのだろう。わざわざ（ア・デュエット）と副題をつけているように、つくづくひねくれた連中だ。「サムバディ・ストール・マイ・カー」は軽快に車が盗まれたと歌い、ビートルズの「ドライヴ・マイ・カー」で終わる。「クローズ・トゥ・ザ・ワイアー」はデイヴのソングライターとヴォーカリストとしての成熟ぶりがよくわかる佳曲。本作を締めくくるのはポップな「スカッタード」だが、最後に救いがあるようなバンドではないわな、やっぱり。

リリース当時は16曲入りのＣＤのほか、「ディドゥ・ヤ」をボーナス・トラックにした17曲入りＣＤに加えて、カセットテープ、ＭＤとさまざまなフォーマットが各国で発売されたが、アナログ・レコードのリリースはスペインのみ。しかも13曲入りの1枚もので、ジャケットもオリジナルとは異なるレイアウトだった。オリジナルの曲順とジャケットに準じたアナログのリリースは、18年のレコード・ストア・デイでようやく実現した。ああ、ややこしい。（森）

To The Bone
トゥ・ザ・ボーン

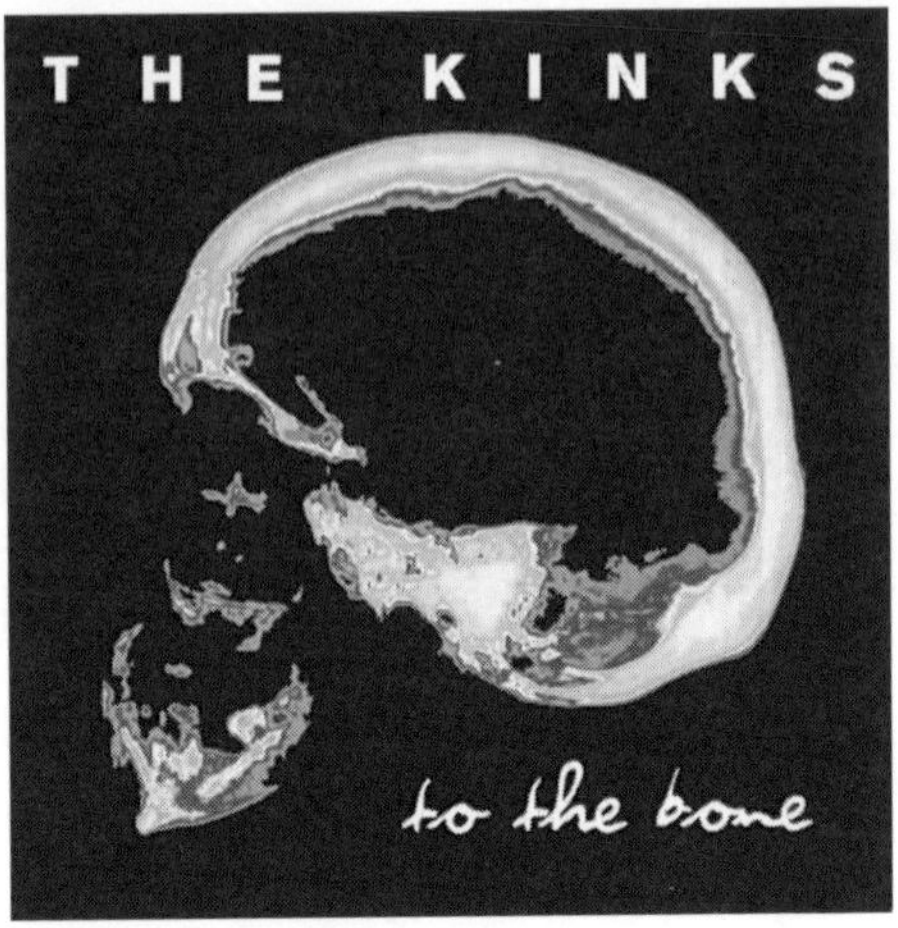

Konk/Grapevine/KNKCD 1
Release: 1994.10.15

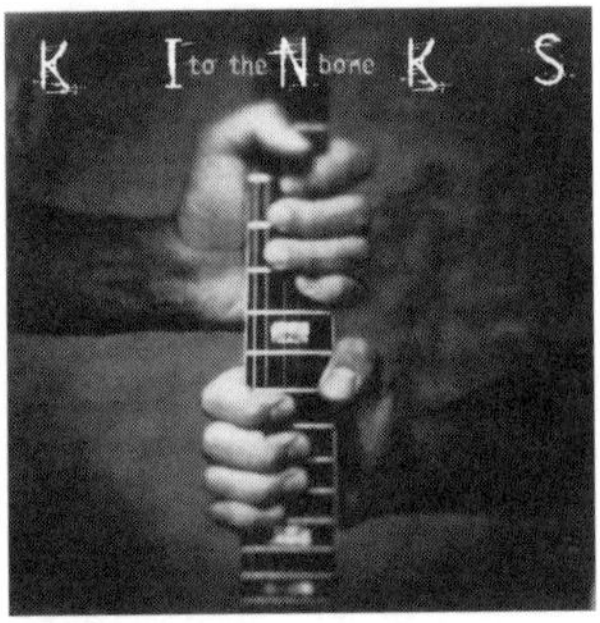

[US]
Konk/Guardian/7243 8 37303 2 1
Release: 1996.10.1

[**2CD version: Disc1**] 1. All Day And All Of The Night / 2. Apeman / 3. Tired Of Waiting For You / 4. See My Friends / 5. Death Of A Clown / 6. Muswell Hillbillies / 7. Better Things / 8. Don't Forget To Dance / 9. Sunny Afternoon / 10. Dedicated Follower Of Fashion / 11. Do It Again (acoustic) / 12. Do It Again

[**2CD version: Disc2**] 1. Celluloid Heroes / 2. Picture Book / 3. Village Green Preservation Society / 4. Do You Remember Walter / 5. Set Me Free / 6. Lola / 7. Come Dancing / 8. I'm Not Like Everybody Else / 9. Till The End Of The Day / 10. Give The People What They Want / 11. State Of Confusion / 12. Dead End Street / 13. A Gallon Of Gas / 14. Days / 15. You Really Got Me / 16. Animal / 17. To The Bone

このアルバムは94年10月に1枚ものとしてリリースされたが、96年に内容を拡大した2枚組として、ジャケットも変えて出し直された。日本盤は今はなき東芝EMIから。2枚組ヴァージョンでは「ウォータールー・サンセット」と「オータム・アルマック」が外されたが、なんと18曲が追加され、全29曲というヴォリュームになった。その際にスタジオ録音の新曲「アニマル」と「トゥ・ザ・ボーン」が加えられたこともあって、単なるライヴ・アルバムではなくなったのがポイントである。

ライヴ音源のうちわけは、パイ時代17曲、RCA時代3曲、アリスタ時代7曲となっていて、キンクスの歴史が俯瞰できるような構成だ。入門編としてはなかなかの内容だと思う。なお、新曲のミックスを担当したエンジニアは、ローリング・ストーンズ、デイヴィッド・ボウイ、ロキシー・ミュージックなどの作品で名を馳せたボブ・クリアマウンテンだった。

　ということで、2枚組ヴァージョンをレヴューする。ディスク1は、オープニングからトップ・ギアという感じの「オール・オブ・ザ・ナイト」から。このヴァージョンはレイの雄叫びが凄まじい。「エイプマン」はアコーディオンを入れることでより牧歌的な雰囲気に。「タイアード・オブ・ウェイティング」が2分足らずで終了したあと、「シー・マイ・フレンズ」へ。オリジナル・ヴァージョンのシタールをギターに置き換えているため、メロディ・ラインの良さがわかりやすくなっている。デイヴの代表曲「デス・オブ・ア・クラウン」は女性コーラスがないため物足りないが、これは別の味としておこう。その後は「マスウェル・ヒリビリーズ」「ベター・シングス」と続き、レイのヴォーカルがなんとも切ない「ドント・フォーゲット・トゥ・ダンス」へ。最後はアコースティックからエレクトリックへの流れが素晴らしい「ドウ・イット・アゲイン」だ。このアルバムのハイライトとも言ってもいい。

　ディスク2のトップは珠玉の名曲「セルロイド・ヒーローズ」。アンプラグドに近いセットゆえ、メロディの美しさが際立っている。ユーモラスでキュートな「ピクチャー・ブック」もいいが、盛り上がるのはやっぱりライヴの定番「ローラ」からだ。観客を巻き込んでの♪ラ、ラ、ラ、ラ、ローラ〜の大合唱はお約束。そしてなだれ込むように「カム・ダンシング」へ。会場の熱狂が手に取るように伝わってくる。オリジナルではデイヴがリード・ヴォーカルを取っていた「アイム・ノット・ライク・エヴリワン・エルス」はレイのヴォーカルで。MCでレイが「シングルのB面だったけど、好きな曲なんだ」と説明している。「ティル・ジ・エンド・オブ・ザ・デイ」で会場は沸点に達する。続けて楽しいロックンロール・ナンバー「ギブ・ザ・ピープル・ホワット・ゼイ・ウォント」から「ステイト・オブ・コンフュージョン」へ。最後はもちろん「ユー・リアリー・ガット・ミー」だ。キンクスをスターにしたこの曲で〝ライヴ（生）〟が終わるのだから、なんとも言えない気持ちになる（発売当時はこれが四半世紀も〝最新作〟であり続けるとは、誰も予想していなかったはずだ）。

　スタジオ録音の新曲を最後につけたのは、どういう気持ちだったんだろう？　円熟味漂うヴォーカルがいい「アニマル」と、トム・ペティが唄っているかのような「トゥ・ザ・ボーン」で幕。キンクスは骨に還ったのか。それとも復活を遂げるのか。まだ判らない。

（真下部）

Chapter 3

SINGLES, EPS & ON STAGE

犬伏 功（EPs）／中村俊夫／山田順一（Singles）

Long Tall Sally / Took My Baby Home

Pye／7N 15611
Release: 1964.2.7

You Still Want Me / You Do Something To Me

Pye／7N 15639
Release: 1964.4.17

You Really Got Me / It's All Right

Pye／7N 15673
Release: 1964.8.4

キンクスの記念すべきデビュー・シングルは、リトル・リチャード「ロング・トール・サリー」のカヴァー。のちに『キンクス』に収められることになるB面と共に64年1月17日にロンドンにあったパイ第1スタジオで録音された。初回盤はレヴェル・オーヴァーで音飛びしたため、当然ながらすぐに修正されている。

2枚目の「ユー・スティル・ウォント・ミー／ユー・ドゥ・サムシング・トゥ・ミー」も1月17日のパイ・スタジオでのセッションでレコーディングされている。このセカンド・シングルは両面ともオリジナル・アルバムには未収録だった。

ここまではチャートとは無縁だった彼らだが、「ユー・リアリー・ガット・ミー」は64年8月19日に34位で初のチャート入りを果たし、9月16日にはみごと全英ナンバー・ワンに輝いた。今ではロック・アンセムとして世界中に広まっているのはご承知の通り。この曲はシェル・タルミー主導で収録されたものをバンドが気に入らず、64年の7月にIBCスタジオで録り直されたテイクが世に出た。メンバー以外にハリー・フライヤー（ギター）、ボビー・グレアム（ドラムス）、ペリー・フォード（ピアノ）が参加している。64年6月にパイ第2スタジオでレコーディングされたB面はオリジナル・アルバム未収録曲である。

All Day And All Of The Night / I Gotta Move

Pye／7N 15714
Release: 1964.10.23

「ユー・リアリー・ガット・ミー」のヒットの勢いそのままに全英チャート2位へと送り込んだのが「オール・デイ・アンド・オール・オブ・ザ・ナイト」。A面は64年9月24日、B面は8月17日、18日、24日、25日にパイ第2スタジオでレコーディングされた。ともにアルバムには収録されなかったが、「ユー・リアリー〜」の両面と共に65年1月15日にリリースされたEP「キンクサイズ・ヒッツ」に収められた。

Tired Of Waiting For You / Come On Now

Pye／7N 15759
Release: 1965.1.15

2曲目の全英1位に輝いた「ウェイティング・フォー・ユー」は『カインダ・キンクス』用のセッションからのもので、A面は64年8月17日、18日、24日、25日にパイ第2スタジオで録音されたあと、12月29日にIBCスタジオでオーヴァーダビングが施された。ドラムはボビー・グレアムが叩いている。B面は64年12月22日もしくは23日にパイ第2スタジオで収録されている。

Everybody Is Gonna Be Happy / Who'll Be The Next In Line

Pye／7N 15813
Release: 1965.3.19

アール・ヴァン・ダイク・トリオにインスパイアされた「陽気にやろうぜ」は、65年4月28日付で全英17位をマーク。録音は64年12月22日にパイ第2スタジオで行なわれた。レイ・デイヴィスによれば、実験的に書かれた曲で、ほぼデモのようなものだったという。その翌日に同所で録られたB面は68年にフランソワーズ・アルディが英語曲のカヴァー集『青春時代（エン・アングレ）』の中で取り上げている。両曲ともアルバム未収録。

Set Me Free / I Need You

Pye／7N 15854
Release: 1965.5.21

See My Friends / Never Met A Girl Like You Before

Pye／7N 15919
Release: 1965.7.30

Till The End Of The Day / Where Have All The Good Times Gone

Pye／7N 15981
Release: 1965.11.19

レイ・デイヴィスの当時の妻だったラサがバッキング・ヴォーカルで参加したのが「セット・ミー・フリー」で全英9位を記録。内省的なA面とハードなB面の対比が面白いシングルだ。両曲とも65年4月14日にパイ第1スタジオでレコーディングされた。オリジナル・アルバムには未収録。

キンクス版ラーガ・ロックとなる「シー・マイ・フレンド」もシングルのみでリリースされた曲。65年5月3日にパイ第1スタジオで録音された。全英チャートでは10位まで上がっている。2009年にはレイ・デイヴィスがクラウチ・エンド・フェスティヴァル・コーラスとコラボレーションした『ザ・キンクス・コーラル・コレクション』でセルフ・カヴァーしたほか、10年の『シー・マイ・フレンズ』ではスプーンとのデュエットも聴かせてくれた。B面は65年4月14日にパイ第2スタジオで録音。

続く「エンド・オブ・ザ・デイ」は『キンク・コントラヴァーシー』からの先行シングル。AB面とも65年10月25日～30日にパイ第2スタジオでレコーディングされ、全英8位という成績を残した。ラサもコーラスで参加した初期キンクスらしいA面はビッグ・スター、少年ナイフ、エース・フレイリーらがカヴァー。B面はデイヴィッド・ボウイやヴァン・ヘイレンのヴァージョンでも知られている。

Dedicated Follower Of Fashion / Sittin' On My Sofa

Pye／7N 17064
Release: 1966.2.25

Sunny Afternoon /I'm Not Like Everybody Else

Pye／7N 17125
Release: 1966.6.3

Dead End Street / Big Black Smoke

Pye／7N 17222
Release: 1966.11.18

全英4位まで上昇したオリジナル・アルバム未収録曲が「キザな奴」。英国のミュージック・ホールの伝統を受け継いだA面は66年2月7日にパイ第2スタジオでレコーディングされ、B面は65年12月29日、30日に同所で録られた。両方にニッキー・ホプキンスがピアノで参加している。

レイ・デイヴィス／キンクスの曲づくりにおける特徴でもある社会風刺のスタイルが表われはじめた『フェイス・トゥ・フェイス』からの先行シングルとしてリリースされたのが「サニー・アフタヌーン」だった。英国の特権階級について歌ったこの曲はひさびさの全英1位を獲得。彼らの代表曲のひとつとして数多のカヴァーも生んでいる。レコーディングは66年5月13日にパイ第2スタジオで行なわれた。アルバム未収録曲のB面はその前日の12日に同所で録音。

「サニー・アフタヌーン」とは対照的に英国の労働者階級について書かれたのが「危険な街角」で、全英チャートでは5位を記録。B面と共に一旦、66年5月にパイ第2スタジオで録音されたが、10月にやり直し、あらためてシングルとして発表した。このときピート・クウェイフが自動車事故で休養していたため、ベースはジョン・ダルトンが弾いている。B面の「黒い霧を消せ！」ともどもオリジナル・アルバムには未収録。

Waterloo Sunset / Two Sisters

Pye／7N 17321
Release: 1967.5.5

「ウォータールー・サンセット」もキンクスの歴史にさんぜんと輝く曲だ。67年4月にパイ第2スタジオで録音され、3月にレコーディングされていたアルバム未収録曲「アクト・ナイス・アンド・ジェントル」とのカップリングでシングルとして発売。そのあと『サムシング・エルス』に収められた。シェル・タルミーではなく、レイ・デイヴィス自身がプロデュースした初めてのシングルであり、2週連続で全英2位をマークしている。

Autumn Almanac / Mister Preasant

Pye／7N 17400
Release: 1967.10.13

『サムシング・エルス』と『ヴィレッジ・グリーン・プリザヴェイション・ソサエティ』の間に発表されたアルバム未収録シングルの「オータム・アルマナック」は全英3位を記録。67年9月にパイ第2スタジオで録られており、B面には67年2月〜3月にパイ第2スタジオでレコーディングされたアルバム未収録曲「ミスター・プリザント」をカップリングしている。

Wonderboy / Polly

Pye／7N 17468
Release: 1968.4.5

「ワンダーボーイ」と「ポリー」は共に68年3月にパイ第2スタジオでレコーディングされたアルバム未収録曲。プロデュースはレイ・デイヴィスが務めている。この曲は5週間に渡ってチャート・イン。全英36位という成績に留まったが、のちにレイ・デイヴィスは著書『エックス・レイ』のなかで、「ワンダーボーイ」はジョン・レノンお気に入りのナンバーだったことを明らかにしている。

Days / She's Got Everything

Pye／7N 17573
Release: 1968.6.28

『ヴィレッジ・グリーン・プリザヴェイション・ソサエティ』に収めるべく68年5月3日、27日にパイ第2スタジオで録音した「デイズ」と、『フェイス・トゥ・フェイス』のセッションでレコーディングされながらもお蔵入りとなっていた「シーズ・ガット・エヴリシング」をカップリングしたアルバム未収録シングル（「デイズ」はヨーロッパやニュージーランドでは『ヴィレッジ・グリーン～』に収録）。全英12位まで上がっている。

Plastic Man / King Kong

Pye／7N 17724
Release: 1969.3.28

「プラスティック・マン」（69年3月にパイ第1スタジオで録音）をA面、同時期にパイ第2スタジオで録音した「キング・コング」をB面にして緊急リリースされたシングルは全英チャート31位。この直後にピート・クウェイフが脱退するので、オリジナル・ラインナップとしては最後のレコーディング・セッションとなった。

Drivin' / Mindless Child Of Motherhood

Pye／7N 17776
Release: 1969.6.20

『アーサー、もしくは大英帝国の衰退ならびに滅亡』の発表に先駆けてリリースされたのが「ドライヴィン」。デイヴ・デイヴィスのソロ・アルバム用に書かれながらも発売が見送られたため、このシングルに使われたB面（オリジナル・アルバムには未収録）と共に69年5月にパイ第2スタジオで録音された。ベースはクウェイフの後任となったジョン・ダルトンが務めている。商業的にはまさかの失敗。残念ながらチャート入りさえ逃している。

Shangri-La / This Man He Weeps Tonight

Pye／7N 17812
Release: 1969.9.12

Victoria / Mr. Churchill Says

Pye／7N 17865
Release: 1969.12.12

Lola / Mindless Child Of Motherhood

Pye／7N 17961
Release: 1970.6.12

彼らの最高傑作のひとつとも言われる「シャングリ・ラ」もリアル・タイムでは商業的な結果を残せず、チャート・インさえしていない。レコーディングは69年5月〜6月にパイ第2スタジオで行なわれた。オリジナル・アルバム未収録のB面はデイヴ・デイヴィスのソロ・アルバム用に書かれた曲で、69年3月にパイ第2スタジオでレコーディングされた。

『アーサー〜』からの第3弾シングルはアルバムのオープニングを飾った「ヴィクトリア」。レイ・デイヴィスの風刺の効いた歌詞とハードな曲調がマッチしたこの曲は全英33位を記録し、直近2枚のシングルのセールス不振を何とか挽回した。録音は両面とも69年5月〜6月のパイ第2スタジオ・セッションにて。ただし、B面のみ7月にリミックスが施された。

「オータム・アルマナック」以来、久々のトップ3ヒットとなる全英2位を記録したのが「ローラ」だ。70年5月9日にモーガン・スタジオで録音され、『ローラ対パワーマン、マネーゴーラウンド組第一回戦』からの先行シングルとしてカットされている。歌詞に出てくる「コカ・コーラ」がBBCの商標表示規定に抵触して放送禁止となり、「チェリー・コーラ」へと差し替えに。アメリカでもそのヴァージョンで発売された。アルバム未収録のB面は68年春のセッションで収録された曲である。

Apeman / Rats

Pye／7N 45016
Release: 1970.11.20

「エイプマン」も「ローラ」と同様、歌詞に問題があり（フォギンがファッキンに聴こえた）、オーヴァーダビングで修正せざるを得なくなった。英国ではそんな喧ぎをよそに、『ローラ対パワーマン〜』からの2枚目のシングルとしてリリースされて5位のヒットになった。ピアノはジョン・ゴスリングで、70年10月27日にモーガン・スタジオで録音された。B面「ラッツ」のセッションは、モーガン・スタジオで8月20日に行なわれた。

Supersonic Rocket Ship / You Don't Know My Name

RCA Victor／RCA 2211
Release: 1972.5.5

デビュー以来在籍していたパイ・レコードを離れ、RCA移籍第1弾シングルとなったのが、「スーパーソニック・ロケット・シップ」。ここからステレオ・ミックスのシングルが切られるようになっている。両面とも『この世はすべてショー・ビジネス』からの曲で、録音は72年5月にモーガン・スタジオで行なわれた。この曲は全英16位のスマッシュ・ヒットに。

Celluloid Heroes / Hot Potatoes

RCA Victor／RCA 2299
Release: 1972.11.24

『この世はすべてショー・ビジネス』からのセカンド・シングルとしてリリースされたのが「セルロイドの英雄」。銀幕のスターたちの名前が次々と登場する名曲は、カヴァー・ヴァージョンの多さでも知られているが、チャート入りはしなかったのだから意外。B面の「ホット・ポテト」ともども72年5月〜6月にモーガン・スタジオで行なわれたセッションでレコーディングされている。

Sitting In The Midday Sun / One Of The Survivers

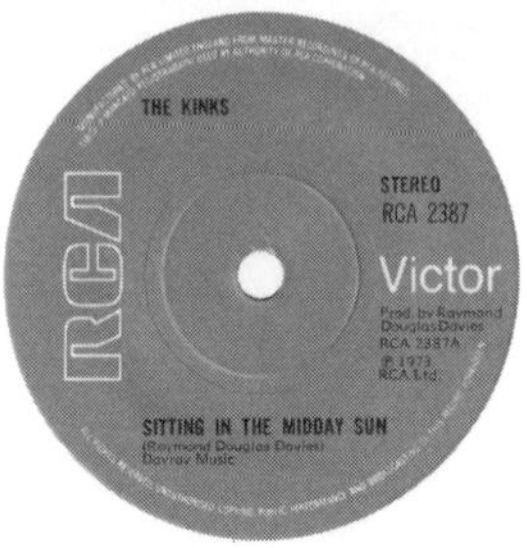

RCA Victor／RCA 2299
Release: 1973.6.29

設立したばかりのコンク・スタジオを使って73年5月にレコーディングしたのが「日なたぼっこが俺の趣味」である。『プリザヴェイション第一幕』からのリード・シングルとしてリリースされたが、チャートを賑わすことはできなかった。B面は『ヴィレッジ・グリーン～』に登場したキャラクターのジョニー・サンダーが再び登場する曲で同アルバムから。73年3月にモーガン・スタジオで録音されたこの曲、

Sweet Lady Genevieve / Sitting In My Hotel

RCA Victor／RCA 2418
Release: 1973.9.21

アルバムとは別ミックスのうえエディットされている。

「美しきジェネヴィーヴ」は『プリザヴェイション第一幕』からの2枚目のシングル。デイヴ・デイヴィスが流れ者トランプのキャラクターで歌っている。73年7月にコンク・スタジオで録音された。B面は『この世はすべてショー・ビジネス』収録曲で、72年5月～6月のモーガン・スタジオ・セッションから。このシングルもチャート・

Mirror Of Love / He's Evil

RCA Victor／LPBO 5042
Release: 1974.7.26

インしていない。

『プリザヴェイション第二幕』からの第1弾シングルとなったのが「恋の鏡」。ただし、74年6月17日、18日にレコーディングされた再録ヴァージョンが使われており、英・米でミックスが異なるという曲者だ。B面は74年1月～3月にコンク・スタジオで行なわれたセッションで仕上がった曲。残念ながらこのシングルもチャートとは無縁だった。

Holiday Romance / Shepherds Of The Nation

RCA Victor／RCA 2478
Release: 1974.10.11

70年代に入ってからもコンセプト重視の充実した作品を残していくキンクス。商業的な成功からは遠ざかっていったが、シングルはコンスタントにリリースされている。「ホリデイ・ロマンス」は『ソープ・オペラ』からのカットで、74年9月、コンク・スタジオでの録音。B面は『プリザヴェイション第二幕』収録曲で、74年1月～3月にコンク・スタジオで行われたセッションから。

Ducks On The Wall / Rush Hour Blues

RCA Victor／RCA 2546
Release: 1975.4.18

「アヒルの壁掛け」と「ラッシュアワー・ブルース」は『ソープ・オペラ』からの2枚目のシングルとして発売された。両面ともに74年8月にコンク・スタジオでレコーディングされ、10月にオーヴァーダビングを施して完成している。このころのレイ・デイヴィスのソングライターとしての充実ぶりは無敵とも言えるがヒットせず。

続いて『ソープ・オペラ』から、エンディングを飾る「ロックよ永遠なれ」がシングル・カットされた。B面も同アルバム収録曲で74年8月にコンク・スタジオで録音、10月にオーヴァーダビングというレコーディング・データが残っている。英国では3枚もシングルを切ったアルバムだが、アメリカでは「きみもスターだ（スターメイカー）」がカットされたのみでチャート入りもなし。レイ・デイヴィス渾身の〝トラジコメディ〟は、世間には理解されにくかった。

You Can't Stop The Music / Have Another Drink

RCA Victor／RCA 2567
Release: 1975.5.23

No More Looking Back / Jack The Idiot Dunce / The Hard Way

RCA Victor／RCM 1
Release: 1976.1.23

Sleepwalker / Full Moon

Arista／ARISTA 97
Release: 1977.3.18

Juke Box Music / Sleepless Night

Arista／ARISTA 114
Release: 1977.6.3

「振り返ったりはしないのだ」はRCAでのラスト・アルバムとなった『不良少年のメロディ～愛の鞭への傾向と対策』からのマキシ・シングル。アルバムのストーリーのハイライトに位置する曲である。レコーディングは75年9月16日にコンク・スタジオで行なわれた。B面に収められた「愚かなジャック」、「ハードに生きろ」も『不良少年のメロディ～』収録曲で、それぞれ75年9月2日、22日にコンク・スタジオでレコーディングされた。ロック・オペラの制作に終始したRCA時代はこれで幕を降ろした。

新たにアリスタと契約した彼らが、第1弾として発表した『スリープウォーカー』からカットした表題曲は、ロンドンから眠らない街、ニューヨークへと渡ったレイ・デイヴィスの心境を綴った曲か（?）。76年9月22日から30日にコンク・スタジオでレコーディングされているが、このときコンクの機材を一新したこともあって、それまでとサウンドが変わっていることがわかる。B面も『スリープウォーカー』からで、こちらは9月15日～17日にコンクで録られた。

「ジューク・ボックス・ミュージック／スリープレス・ナイト」は『スリープウォーカー』からのセカンド・シングル。A面は76年10月1日と2日、B面は9月22日～30日にコンク・スタジオでレコーディングされた。

Father Christmas / Prince Of The Punks

Arista／ARISTA 153
Release: 1977.11.25

A Rock 'N' Roll Fantasy / Artificial Light

Arista／ARIST 189
Release: 1978.5.19

Live Life / In A Foreign Land

Arista／ARIST 199
Release: 1978.7.14

「ファーザー・クリスマス」はアルバム未収録。キンクス版クリスマス・ソングだが、そこは彼らしく、サンタクロースが子どもたちから〝金をよこせ、親父に職をよこせ〟と脅されるというストーリーになっている。そんなシニカルな視点はミュージシャンのあいだで評判になった。76年12月にコンク・スタジオで録っていたものを77年10月に完成させたのは、クリスマスに間に合わなかったからか。B面はレイがプロデュースしたカフェ・ソサエティのメンバーだったトム・ロビンソンのことを歌ったもので、76年7月12日〜16日に録音。77年10月にオーヴァーダビングを施して仕上げている。

「ロックン・ロール・ファンタジー」は『ミスフィッツ』からのファースト・シングル。78年1月にコンク・スタジオで収録。英国では奮わなかったが、アメリカではビルボード30位のヒットとなった。アルバム未収録のB面は76年7月9日にコンクでレコーディングされたナンバーだ。

『ミスフィッツ』からのセカンド・シングルとして発表されたのが「リヴ・ライフ」（シングル・エディット）。この時期は不安定なメンバーでレコーディングしていて、この曲ではロン・ローレンスがベース、クレム・カッティーニがドラムを担当している。録音は78年1月だ。B面は77年7月12日〜16日にコンクで録音。

Black Messirh / Misfits

Arista／ARIST 210
Release: 1978.9.29

(Wish I Could Fly Like) Superman / Low Budget

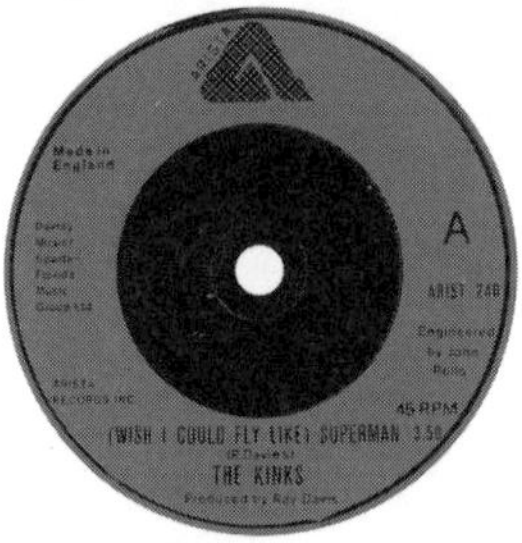

Arista／ARIST 240
Release: 1979.1.26

Moving Pictures / In A Space

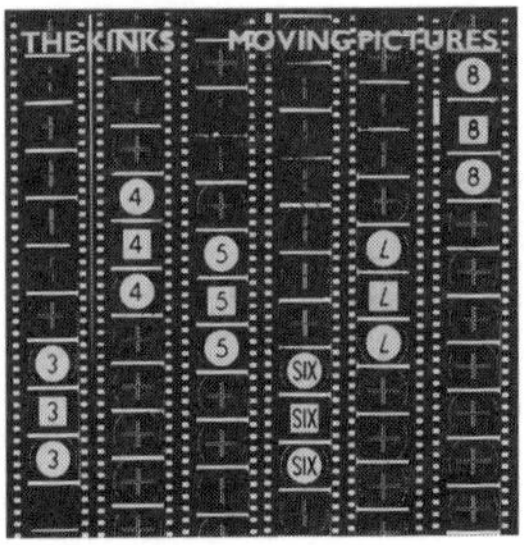

Arista／ARIST 300
Release: 1979.9.28

「ブラック・メサイア」は『ミスフィッツ』からのサード・シングルだが、アルバムとは異なるミックスなので要注意。77年9月28日にコンク・スタジオでレコーディングされている。B面「ミスフィッツ」は77年10月24日から28日のコンク・スタジオにおけるセッションから。

新ベーシストに元アージェント〜新生ゾンビーズのジム・ロッドフォードが加わった『ロウ・バジェット』から

の先行シングル「スーパーマン」は、レイ・デイヴィスが映画『スーパーマン』にインスパイアされて書いた曲。アルバムには79年2月にコンク・スタジオでシンセサイザーをオーヴァーダビングしたミックスが使われているが、シングルは1月にコンクで録られたオリジナル・ミックスをエディットして使用している。アルバムのタイトル・トラックであるB面も1月のセッションからで、アルバムよりも長いテイク

となっている。

「ムーヴィング・ピクチャーズ／僕の宇宙」は『ロウ・バジェット』からの第2弾シングル。ともにニューヨークでレコーディングされた。バック・トラックは5月20日〜30日のパワー・ステーション・スタジオ、ヴォーカルダビングは6月はじめのブルー・ロック・スタジオでの作業だった。A面はアルバムのヴァージョンよりも短くエディットされていた。

Pressure / National Health

Arista／ARIST 321
Release: 1979.11.30

Better Things / Massive Reduction

Arista／ARIST 415
Release: 1981.6.19

Lola (Live) / David Watts (Live)

Arista／KINKS 1
Release: 1981.6.19

『ロウ・バジェット』からの3枚目のシングルとなったのが「プレッシャー」。79年1月にコンク・スタジオで録音されている。B面も『ロウ・バジェット』からで、こちらは79年5月20日〜30日にパワー・ステーション・スタジオでバック・トラックが録られ、6月はじめにブルー・ロック・スタジオで歌入れしている。

レイ・デイヴィスの2番目の妻、イヴォンヌとの破局について歌った「ベター・シングス」は『ロウ・バジェット』のセッション中に書かれた曲だ。録音は81年4月にコンク・スタジオで行なわれ、『ギヴ・ザ・ピープル・ホワット・ゼイ・ウォント』からの最初のシングルとしてリリース。アルバムよりも長いエディットが使われた。シングルは9年ぶりに全英チャート入りを果たし、46位をマーク。『ロウ・バジェット』のニューヨーク・セッションで録音されていたB面は、のちに『ワード・オブ・マウス』に収められるが、ここでは短くエディットされていて、現在のところ未CD化。

「ローラ／セルロイドの英雄」は「ベター・シングス」EPのボーナス7インチとして発売。『ワン・フォー・ザ・ロード』からの音源で、A面は79年9月23日にロードアイランドのプロヴィデンス・シヴィック・センター、B面は79年11月11日にチューリッヒのヴォルクスハウスでのライヴ録音。

Predictable / Back To Front

Arista／ARIST 426
Release: 1981.10.30

Come Dancing / Noise

Arista／ARIST 502
Release: 1982.11.19

Don't Forget To Dance / Bernadette

Arista／ARIST 524
Release: 1983.9.30

「プレディクタブル」は『ギヴ・ザ・ピープル・ホワット・ゼイ・ウォント』からのセカンド・シングル。レイ・デイヴィスが興したレーベル、コンクを使ってリリースされた（配給はアリスタだが）。81年4月にコンク・スタジオでレコーディングされたA面はショート・エディット。B面は同所で5月〜6月に録られていた。

「カム・ダンシング」はリリース当初の出足が鈍かったが、後発のアメリカ盤がビルボード6位のヒットとなると英国でも火が点き、最終的に12位まで上昇。彼らの復活を印象づけることになった。82年2月の初来日時にカシオのキーボードを手に入れたレイ・デイヴィスが、滞在先のホテルでつくったデモが元になっている。正式なレコーディングは82年10月にコンク・スタジオで行われた。『ステイト・オブ・コンフュージョン』のヴァージョンとは異なるエディットで収録された。シングル・ミックスとなったB面は81年5月〜6月にコンクで録音。アルバム・ヴァージョンはカセットのみに収録。

「思い出のダンス」も『ステイト・オブ・コンフュージョン』からで、エディット・ヴァージョン。全英58位。82年9月にニュージャージーのグランド・スラム・スタジオで録音され、翌月コンクでオーヴァーダビングが施された。ロング・ヴァージョンのB面は81年5月〜6月にコンクで録音。

State Of Confusion / Heart Of Gold / Lola (Live) / 20th Century Man (Live)

Arista／ARIST 560
Release: 1984.3.23

『ステイト・オブ・コンフュージョン』のタイトル・トラック「夜なき街角」は、まず、アルバム収録曲の「ハート・オブ・ゴールド」とのカップリングでプロモーション・シングルが配布され、その「ハート・オブ・ゴールド」と『ワン・フォー・ザ・ロード』からの「ローラ」「20世紀の人」との4曲入りEPと12インチで発売された。ライヴ音源の2曲はEP用に短くエディットされている。

Good Day / Too Hot

Arista／ARIST 577
Release: 1984.8.10

「グッド・デイ／トゥー・ホット」は『ワード・オブ・マウス』からの第1弾シングル。両曲とも84年6月にコンク・スタジオで録られているが、アルバム制作中に加わったボブ・ヘンリットがドラムを叩くB面はアルバムよりも長いロング・ヴァージョン。余談ながらこの時期、レイ・デイヴィスは交際していたプリテンダーズのクリッシー・ハインドと破局している。

Do It Again / Guilty

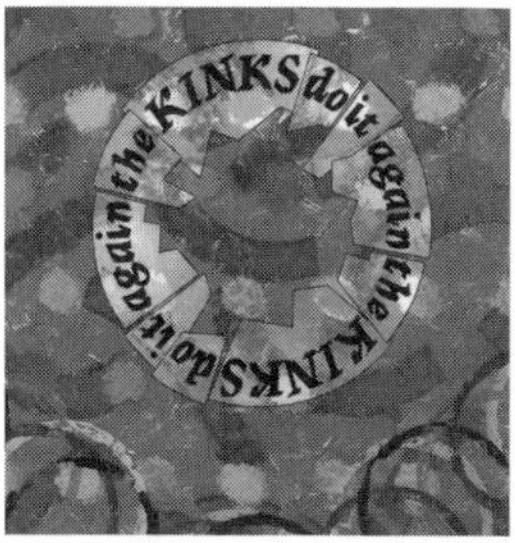

Arista／ARIST 617
Release: 1985.4.19

続く「ドゥ・イット・アゲイン」も『ワード・オブ・マウス』からのカット。B面と共に84年8月～9月のコンク・スタジオでのセッションで収録されており、A面はアルバム・ヴァージョンよりも短いショート・エディットでのリリースだった。これを以て彼らはアリスタからのシングル・リリースを終了。ベスト盤『カム・ダンシング～ベスト・オブ・ザ・キンクス1977―1986』を置き土産にロンドン・レコーズへと移籍する。

How Are You / Killing Time

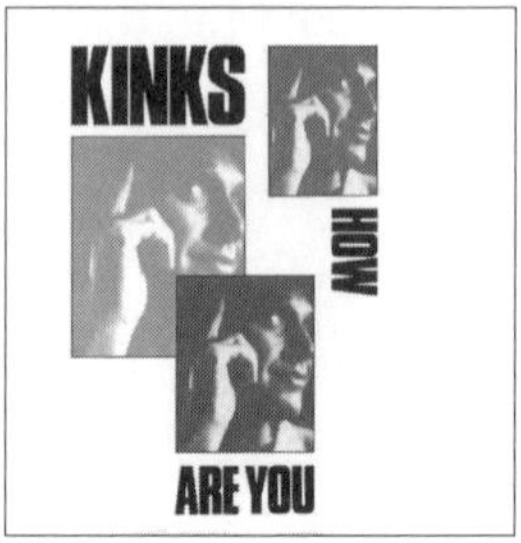

Arista／ARIST 617
Release: 1985.4.19

ロンドン・レコードに移籍して最初のアルバムとなった『シンク・ヴィジュアル』からのファースト・シングルが「ハウ・アー・ユー」。86年1月にコンク・スタジオでレコーディングされている。B面の「キリング・タイム」もアルバム収録曲で、そちらはコンクで6月〜7月に録音。全英86位をマークしたが、新曲のチャート・インは現在のところこれが最後である。

Lost And Found / Killing Time

London／LON 132
Release: 1987.4.3

「ロスト・アンド・ファウンド」は『シンク・ヴィジュアル』からの第2弾シングル。B面には「ハウ・アー・ユー」と同じ「キリング・タイム」が収録された。86年6月〜7月にコンクで行なわれたセッションから。ショート・エディットでのリリースだった。チャートを賑わすことはなかったが、アメリカのラジオ局で話題となったこともあって、91年に発表されたロンドン／MCA期のコンピレーションのタイトルになった。

The Road / Art Lover (Live) / Come Dancing (Live)

London／LON 165
Release: 1988.5.16

ライヴ・アルバム『ザ・ロード』に収録した新曲をシングルとしてカットしたのが「ザ・ロード／アート・ラヴァー」だ。「ザ・ロード」は89年9月にコンク・スタジオでレコーディングされた曲で、シングル・エディットになっている。B面は87年7月1日にフィラデルフィアのマン・ミュージック・センターでのステージを収録されたライヴ音源で、アルバム・ヴァージョンと同一のものだ。

Down All The Days (Till 1992) / You Really Got Me (Live)

London／LON 239
Release: 1989.9.25

How Do I Get Close / Down All The Days (Till 1992)

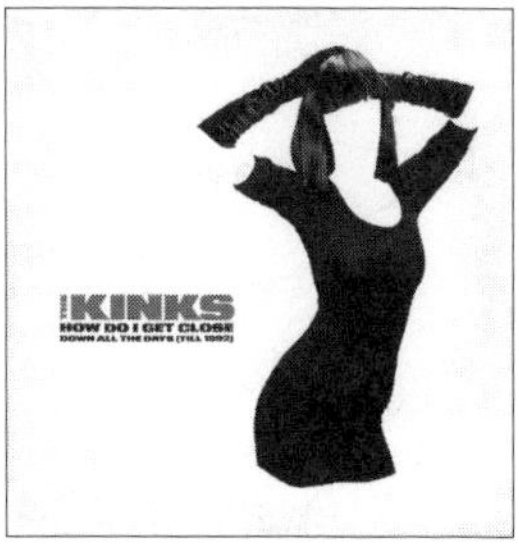

London／LON 250
Release: 1990.2.19

Scattered / Hatred (A Duet) / Days

Columbia／658992 2
Release: 1993.7.12

「ダウン・オール・ザ・デイズ」は前作から3年ぶり、ロンドン移籍第2弾となった『UKジャイヴ』の発表に先立ってリリースされたシングル。レコーディングは89年1月〜3月にコンク・スタジオで行なわれた。B面の「ユー・リアリー・ガット・ミー」は『ザ・ロード』からのナンバーで、87年7月1日にフィラデルフィアのマン・ミュージック・センターで行なわれた公演からのライヴ音源。これがキンクス初のCDである。

『UKジャイヴ』からの2枚目のシングルとなったのが「ハウ・ドゥ・アイ・ゲット・クロース」で、89年1月〜4月のコンクでのセッションから。B面には「ダウン・オール・ザ・デイズ」が収録された。12インチ、CDシングルも同時発売。

　コロンビア／ソニーに移籍しての『フォビア』からカットされた「スカッタード」は、完全にCDフォーマットに特化したシングルだった。ともに癌でこの世を去ったレイ・デイヴィスの母と友人に捧げられている。録音は90年にコンク・スタジオで行なわれた。カップリング2曲のうちアルバムにも収録された「ヘイトレッド」は91年にコンク・スタジオでレコーディング。もう1曲の「デイズ」は68年のシングル曲をリ・レコーディングしたものだ。91年の3月〜6月にコンクで新録されたというのがポイント。

Only A Dream / Somebody Stole My Car

Columbia／659922 7
Release: 1993.11.15

Waterloo Sunset '94 EP

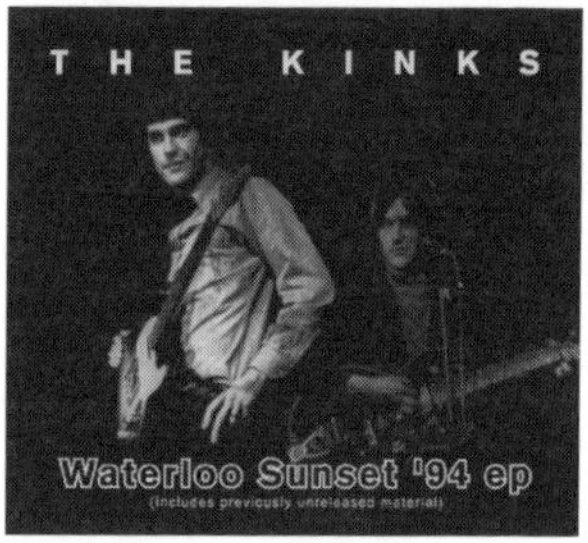

Konk／KNKD 2
Release: 1994.10.17
Waterloo Sunset / You Really Got Me / Elevator Man (Demo 1976) / On The Outside (Demo 1976)

　渡米していたレイ・デイヴィスが英国へ戻る飛行機の中で書いたという「オンリー・ア・ドリーム」は、同曲のレディオ・エディットと「サムバディ・ストール・マイ・カー」、「ベイビーズ」を収録した3曲入りCDシングルとしてリリース。ヨーロッパでは「サムバディ〜」とのカップリングによる7インチも出ている。すべて『フォビア』収録曲で、それぞれ92年2月、90年、91年にコンク・スタジオでレコーディングされたナンバーだ。

　コンク・レコーズからリリースされたライヴ・アルバム『トゥ・ザ・ボーン』と、ツアーのプロモーション目的でカットされたマキシ・シングルCDが「ウォータールー・サンセット'94」である。タイトル・トラックは94年4月にコンク・スタジオに少人数の観客を入れて録られたもの。「ユー・リアリー・ガット・ミー」は93年8月12日にフィラデルフィアのマン・ミュージック・センターで収録されたライヴ音源。これらはアルバムからだが、目玉は残りの2曲で、76年の『ミスフィッツ』制作時の未発表デモの「エレヴェイター・マン」と「オン・ジ・アウトサイド」が収録されている。前者は76年5月〜6月にコンク・スタジオで録音、後者は9月15日〜17日に同所でレコーディングしたものを94年にリミックスしている。ここでしか聴けない貴重な音源だ。

The Kinks US Singles

Long Tall Sally / Took My Baby Home
Cameo / C 308 / 1964.3.27

You Really Got Me / It's All Right
Reprise / 0306 / 1964.8.26

All Day And All Of The Night / I Gotta Move
Reprise / 0334 / 1964.12.9

Tired Of Waiting For You / Come On Now
Reprise / 0347 / 1965.2.17

Set Me Free / I Need You
Reprise / 0379 / 1965.5.26

Who'll Be The Next In Line / Everybody's Gonna Be Happy
Reprise / 0366 / 1965.7.21

See My Friends / Never Met A Girl Like You Before
Reprise / 0409 / 1965.9.29

A Well Respected Man / Such A Shame
Reprise / 0420 / 1965.10.27

Till The End Of The Day / Where Have All The Good Times Gone
Reprise / 0454 / 1966.3.2

Dedicated Follower Of Fashion / Sittin' On My Sofa
Reprise / 0471 / 1966.4.27

Sunny Afternoon / I'm Not Like Everybody Else
Reprise / 0497 / 1966.7.20

Deadend Street / Big Black Smoke
Reprise / 0540 / 1966.11.30

Mr. Pleasant / Harry Rag
Reprise / 0587 / 1967.5.24

Waterloo Sunset / Two Sisters
Reprise / 0612 / 1967.7.26

Autumn Almanac / David Watts
Reprise / 0647 / 1967.11.29

Wonderboy / Polly
Reprise / 0691 / 1968.5.15

Days / She's Got Everything
Reprise / 0762 / 1968.7.24

Starstruck / Picture Book
Reprise / 0806 / 1969.1.8

The Village Green Preservation Society / Do You Remember Walter?
Reprise / 0847 / 1969.7.30

Victoria / Brainwashed
Reprise / 0863 / 1969.10.15

Lola / Mindless Child Of Motherhood
Reprise / 0930 / 1970.7.28

Apeman / Rats
Reprise / 0979 / 1970.12.16

God's Children / The Way Love Used To Be
Reprise / 1017 / 1971.7.7

20th Century Man / Skin And Bone
RCA Victor / 74-0620 / 1970.12

Supersonic Rocket Ship / You Don't Know My Name
RCA Victor / 74-0807 / 1972.9

Celluloid Heroes / Hot Potatoes
RCA Victor / 74-0852 / 1972.11

One Of The Survivors / Scrapheap City
RCA Victor / 74-0940 / 1973.4.20

Sitting In The Midday Sun / Sweet Lady Genevieve
RCA Victor / LPB0-5001 / 1973.8

Money Talks / Here Comes Flash
RCA Victor / APB0-0275 / 1974.4

Mirror Of Love / He's Evil
RCA Victor / PB-10019 / 1974.7

Preservation / Salvation Road
RCA Victor / PB-10121 / 1974.11

Starmaker / Ordinary People
RCA Victor / PB-10251 / 1975.4

I'm In Disgrace / The Hard Way
RCA Victor / PB-10551 / 1976.1

Sleepwalker / Full Moon
Arista / AS 0240 / 1977.3.9

Juke Box Music / Life Goes On
Arista / AS 0247 / 1977.5.18

Father Christmas / Prince Of The Punks
Arista / AS 0296 / 1977.12.8

A Rock 'N' Roll Fantasy / Live Life
Arista / AS 0342 / 1978.6.21

Live Life / Black Messiah
Arista / AS 0372 / 1978.11.11

(Wish I Could Fly Like) Superman / Low Budget
Arista / AS 0409 / 1979.3.12

A Gallon Of Gas / Low Budget
Arista / AS 0448 / 1979.8.7

Catch Me Now I'm Falling / Low Budget
Arista / AS 0458 / 1979.9.5

Celluloid Heroes (Live) / Lola (Live)
Arista / AS 0541 / 1980.7.23

You Really Got Me (Live) / Attitude (Live)
Arista / AS 0577 / 1980.10.29

Destroyer / Back To Front
Arista / AS 0619 / 1981.9.28

Better Things / Yo-Yo
Arista / AS 0649 / 1981.11.2

Come Dancing / Noise
Arista / AS 1054 / 1983.4.21

Don't Forget To Dance / Young Conservatives
Arista / AS 1-9075 / 1983.8.1

Do It Again / Guilty
Arista / AS 1-9309 / 1984.12.4

Summer's Gone / Going Solo
Arista / AS 1-9334 / 1985.3.18

Rock 'N' Roll Cities / Welcome To Sleazy Town
MCA / MCA-52960 / 1986.11.17

Lost And Found / Killing Time
MCA / MCA-53015 / 1987.2.9

How Are You / Working At The Factory
MCA / MCA-53093 / 1987.6.1

How Do I Get Close / War Is Over
MCA / MCA-53699 / 1990.2.19

Down All the Days (Till 1992)
MCA / MCAC-53840 / 1990.5.6

The Kinks EPs

Kinksize Session

[**A**] 1. Louie Louie / 2. I Gotta Go Now
[**B**] 1. I've Got That Feeling / 2. Things Are Getting Better
Pye／NEP 24200
Release: 1964.11.27

60年代中頃までの英国では、3曲あるいはそれ以上の曲が収録された〝EP〟(Extended Play)と呼ばれる7インチ・レコードが重要な役割を果たしており、当時はLPやシングルと同様に〝EPチャート〟なるものも存在していた。キンクスもパイ時代に6枚のEPをリリースしたが、〝Kinksize Session〟は彼らにとって初のEPとなるもので4枚目のシングル「オール・オブ・ザ・ナイト」に続き64年11月27日にリリースされている。収められているのはすべて新曲で、レイ・デイヴィスが曲作りの参考にしたというキングスメンの「ルイ・ルイ」を除く3曲はいずれもレイのペンによるもの。「アイ・ガッタ・ゴー・ナウ」は先の「オール・オブ〜」と同日の10月24日に録音された曲で、「アイヴ・ガット・ザット・フィーリング」は2月11日にデモ録音された後に当時シェル・タルミーが手がけていたガールズ・グループ、オーキッズにより一足先にリリースされている。キンクス・ヴァージョンは「ルイ・ルイ」とともに10月18日に録音されている。11月16日に収録された本EP中唯一のアップ・テンポなナンバー「シングス・ゴー・ゲッティング・ベター」でピアノを弾いているのはニッキー・ホプキンスだ。些か地味な内容ながら、英EPチャートでは見事に1位を獲得している。

65年1月15日発売のセカンドEP、"Kinksize Hits"はそれまでのヒット・シングル「ユー・リアリー・ガット・ミー」と「オール・オブ〜」の再プッシュを目的に両者をカップリングしたもので、5枚目のシングル「ウェイティング・フォー・ユー」と同時発売されたが「ウェイティング〜」が1位の大ヒットを記録した影に隠れた感があり、最初のEPほどは売れなかったようだ。

"Kwyet Kinks"は当初"Kinky-Folky"のタイトルで65年5月にリリースが予定されながら、6月の米国ツアー後にレイが新たに書き下ろした曲を中心に仕切り直されたもので、新しいタイトルとともに9月17日にリリース、レイが市井の人々の日常を風刺的に描いた「リスペクテッド・マン」が収められた重要作となった。冒頭を飾る「ウェイト・ティル・ザ・サマー・カムズ・アロング」はデイヴのペンによる本EPの当初のコンセプトに忠実なナンバ

Kinksize Hits

[A] 1. You Really Got Me / 2. It's All Right
[B] 1. All Day And All Of The Night / 2. I Gotta Move
Pye／NEP 24203
Release: 1965.1.15

Kwyet Kinks

[A] 1. Wait Till The Summer Comes Along / 2. Such A Shame [B] 1. A Well Respected Man / 2. Don't You Fret
Pye／NEP 24211
Release: 1965.9.17

Dedicated Kinks

[A] 1. Dedicated Follower Of Fashion / 2. Till The End Of The Day [B] 1. See My Friends / 2. Set Me Free
Pye／NEP 24258
Release: 1966.7.15

Mister Pleasant

[A] 1. Two Sisters / 2. Mister Pleasant
[B] 1. Village Green / 2. And I Will Love You / 3. This Is Where I Belong
BMG／BMG16001V
Release: 2016.4.16

ーで、この曲のみ「シー・マイ・フレンド」のセッションが行われた5月3日に収録、他の3曲はいずれも8月5日に録音されている。危うく刑事事件となるところだった65年5月のカーディフ事件（ミック・エイヴォリーがステージ上でデイヴをシンバルで殴打した後に逃亡した事件）にはじまりラリー・ペイジとの裁判、米国への出入り禁止とトラブルが続いたことが影響したのか、悲しいムードが漂った作品となったが英国では1位を獲得、本作のリード・トラックとなった「リスペクテッド・マン」は米国でシングル・リリースされ13位のヒットを記録している。

“Dedicated Kinks”はシングル「サニー・アフタヌーン」の発売を追う形で過去のヒット曲を収め66年7月15日にリリースされたもの。4曲のシングルA面が並んだミニ・ベスト的作品で、『キンク・コントラヴァーシー』のスリーヴ写真を用いたアートワークの格好良さから現在も人気が高いEPだが、セールスは芳しくなく今や結構なレア盤となっている。

16年にリリースの“Mister Pleasant”は67年4月14日に発売が予定されていた未発表EPを再現復刻したもので珍しく5曲が収められているが、タイトルやスリーヴ・デザインに関する記録は残されていないものの（チャリティ目的のリリースだったといわれている)、オリジナルのテスト・プレスは現存しており発売直前まで制作は進められていたようだ。英国未発売だったシングル「ミスター・プレザント」の両面が収められており英国ではEP曲として発売予定だったことが窺えるが、『サムシング・エルス』収録曲となる「トゥー・シスターズ」や「ヴィレッジ・グリーン」がいち早く収められていることに注目。いずれも66年11月25日に録音されており、両曲とも本EPの発売中止を経て後述の仏盤EPにて英国より先にリリースされることになる。「アンド・アイ・ウィル・ラヴ・ユー」は08年発売のボックス“Picture Book”にて発掘されるまで未発表だったものだ。

68年8月19日発売の“The Kinks”はアルバム『サムシング・エルス』より4曲をチョイスしたもの。内容にそれ以上の特徴はないが、アルバムのミニチュア的スリーヴ・デザインの人気が高いうえに、当時まったく売れていないことから現在は驚くほどのプレミア盤となってしまっている。

パイ時代の最後を飾るのが映画『パーシー』のサウンドトラック盤から4曲が選ばれた“From The Soundtrack Of The Film ‘Percy’”で、アルバム発売の翌月、71年4月2日にリリースされている。パイ時代唯一となる33回転(英国ではシングル、EPともに45回転が通常のフォーマットだった)のス

The Kinks

[A] 1. David Watts / 2. Two Sisters
[B] 1. Lazy Old Sun / 2. Situation Vacant
Pye/NEP 24296
Release: 1968.8.19

From The Soundtrack Of The Film ‘Percy’

[A] 1. God's Children / 2. The Way Love Used To Be [B] 1. Moments / 2. Dreams
Pye/7NX 8001
Release: 1971.8.2

The Kinks Misfit Record

[A] 1. A Rock 'N' Roll Fantasy / 2. Black Messiah [B] 1. Misfits / 2. Permanent Waves
Arista (US)/SP-22.
Release: 1978.6

テレオ盤EPで、アルバムからヴォーカル入りの6曲のうち4曲が選ばれた便利な1枚となったが、アルバムとともにセールスは芳しくなかった。

70年代になるとEPで新作が発表されることはほとんどなく、アルバムのダイジェストやプロモーション盤のフォーマットとして用いられるようになるが、その例としてアリスタ時代の2枚を挙げておきたい。“The Kinks Misfits Record”は78年6月に米でプロモーション盤として配布されたもので、丸いスリーヴから四角いレコードがはみ出すユニークな仕掛けはアルバム『歪んだ映像』のコンセプトをある意味非常に上手く表現している。80年7月11日発売の“The Kinks Live EP”はライヴ・アルバム『ワン・フォー・ザ・ロード』から4曲を抜き出したダイジェスト盤でアルバム購入を促す役割を担ったものだ。

続く2枚は再発フォーマットとしてのEPの例を示したもので、83年9月30日発売の“You Really Got Me”は10月発売のベスト・アルバムから先行カットされたもの。7インチ、12インチ、7インチのピクチャー盤の3種がリリースされており、12インチ版のB面には「ユー・リアリー〜」と「オール・オブ〜」の2曲を繋ぎ合わせた奇妙なトラックとともに英国初リリースとなる「ミスティ・ウォーター」が収録されている。16年11月25日に発売された

The Kinks Live EP

[A] 1. David Watts / 2. Where Have All The Good Times Gone [B] 1. Attitude / 2. Victoria
Arista／ARIST 360
Release: 1980.7.11

You Really Got Me

[A] 1. You Really Got Me / 2. All Day And All Of The Night [B] 1. You Really Got Me / All Day And All Of The Night / 2. Misty Water
PRT／KDL 1
Release: 1983.9.30

Till Death Us Do Part

[A] 1. Till Death Us Do Part / 2. People Take Pictures Of Each Other [B] 1. This Is Where I Belong / 2. Do You Remember Walter ?
Sanctuary／NEP 24303
Release: 2016.11.25

The Kinks EPs

“Till Death Us Do Part”は68年録音のレア曲をまとめたものだ。

一方で仏での状況は英国とは大きく異なっていた。仏では長らく7インチのレコードが一部プロモーション盤を除きすべて4曲入りのEPとしてリリースされており、2曲入りのシングルというフォーマットが一般化するのは60年代後半になってからのことだった。そのため仏で英国でのシングルをリリースするためには4曲を用意する必要があり、シングルやアルバム曲、そして時には本国で未発売のトラックも含む多数のユニークなレコードが残されたのである。ここで示したのはあくまで一例だが、65年1月にリリースされた“Got Love If You Want It”はファースト・アルバムからロックンロール色の強い4曲を選んだもので、4人がトランプをくわえた写真をあしらったアートワークが秀逸。66年11月発売の“Dandy”は英国未発売のタイトル曲を目玉に、アルバム『フェイス・トゥ・フェイス』から4曲を収めたもので、イラストと写真を組み合わせたユニークなスリーヴ・デザインが人気の1枚。67年7月発売の“Mister Pleasant”は前出の英国未発売5曲入りEPから「アンド・アイ・ウィル・ラヴ・ユー」を外したもので、「トゥー・シスターズ」と「ヴィレッジ・グリーン」を世界初収録した重要盤だ。

4曲入りEPは欧州各国でもおなじ

The Kinks

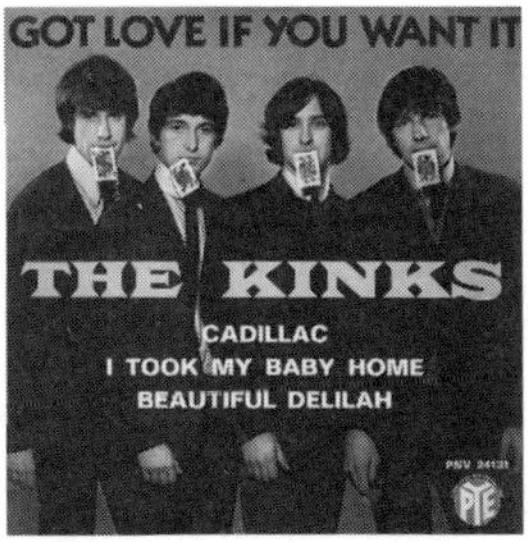

[A] 1. Got Love If You Want It / 2. I Took My Baby Home [B] 1. Cadillac / 2. Beautiful Delilah
Pye (France)／PNV. 24131
Release: 1965.1

Dandy

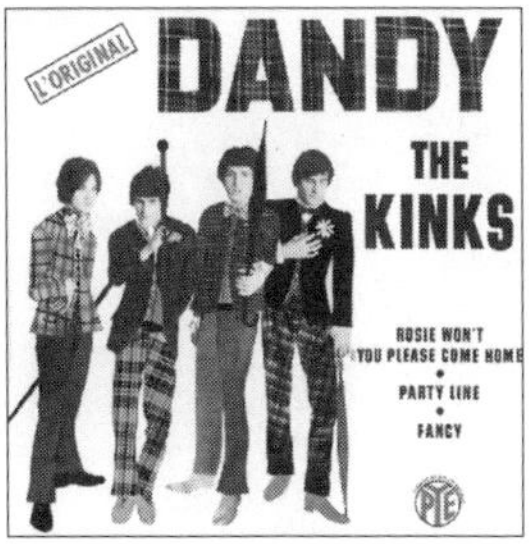

[A] 1. Dandy / 2. Rosie Won't You Please Come Home [B] 1. Party Line / 2. Fancy
Pye (France)／PNV. 24177
Release: 1966.11

Mister Pleasant

[A] 1. Mister Pleasant / 2. This Is Where I Belong [B] 1. Two Sisters / 2. Village Green
Pye (France)／PNV. 24184
Release: 1967.5

The Kinks At Drop In

[A] 1. Wonder Where My Baby Is Tonight / 2. I Need You
[B] 1. Set Me Free / 2. See My Friend
Pye (Sweden) / NEP 5046
Release: 1966

The Kinks

[A] 1. Waterloo Sunset / 2. Mister Pleasant
[B] 1. This Is Where I Belong / 2. Village Green
Pye (Spain) / HPY 337-38
Release: 1967.6

The Kinks

[A] 1. Waterloo Sunset / 2. Act Nice And Gentle [B] 1. Mr. Pleasant / 2. This Is Where I Belong
Pye (German) / EPD 15040
Release: 1967.9

みのフォーマットで、〝The Kinks At Drop In〟はスウェーデンの同名音楽番組出演に合わせ66年に同国でリリースされたもの。美しい写真があしらわれたこれも人気の1枚だ。67年6月にスペインでリリースされた〝The Kinks〟は前出の仏盤〝Mister Pleasant〟からタイトル曲を「ウォータールー・サンセット」に差し替えたもので、本EP発売時点でもまだ「トゥー・シスターズ」と「ヴィレッジ・グリーン」の2曲は英国で未発売だった。同年9月にドイツでリリースされた〝The Kinks〟は「ウォータールー〜」と英国未発売のシングル「ミスター・プレザント」（ただし英国でプレスされた輸出用のシングルは存在する）のそれぞれ両面を収めたもの。「ミスター〜」のB面曲「ディス・イズ・ホエア・アイ・ビロング」は84年リリースの編集盤LP〝The Kinks - Kollectables〟に収められるまで英国では未発売のままだった。

キンクスがリリースした最新の、そして最後のEPとなるのが91年10月24日にCDリリースされた〝Did Ya〟。キンクスのCBSソニー移籍に合わせ、アルバムが完成するまでの間に〝顔見せ〟的にリリースされたものだ。タイトル曲は89年の『UKジャイヴ』同様に英国の凋落がテーマになっており、「サニー・アフタヌーン」の一節に過去の英国を投影しながら変わり果てた状況が描かれていく。曲中で要改修と

Did Ya

1. Did Ya / 2. Gotta Move (Live) / 3. Days / 4. New World / 5. Look Through Any Doorway
Columbia (US)／44K 74050
Release: 1991.10.24

歌われる〝チェルシーのドラッグ・ストア〟はローリング・ストーンズの「無常の世界」で主人公が処方を受けた店のことだろう。続く「ガッタ・ムーヴ」は87年7月1日のフィラデルフィア公演で収録されたもので、未発売に終わった2枚組のライヴ・アルバム〝Double Life〟に収録予定だったもの。このアルバムは1枚ものに縮小され87年に『ザ・ロード』としてリリースされている。「デイズ」は91年7月に再録音されたもので、恐らくはカースティ・マッコールやエルヴィス・コステロ（91年の映画『夢の涯てまでも』のサウンド・トラック盤に収録）のカヴァー・ヴァージョンに触発されたものだろう。東西冷戦終結による難民の大移動をテーマにした「ニュー・ワールド」は打ち込みを多用した異色のナンバーで、93年の来日公演ではダンサーが踊る場面で用いられていたが、ここではダーティ・ワーズが登場するヴァースが丸ごとカットされている。最後を飾る「ルック・スルー・エニィ・ドアウェイ」はデイヴの作品だが、かつての「ベター・シングス」のように、辛辣なムードを希望へと誘う役割を果たしている。このEPは日本でも93年9月30日に〝来日記念盤〟としてリリースが実現、07年7月25日に『フォビア』が紙ジャケ化された際にはボーナス・ディスクとして再リリースが実現している。

The Kinks
In '60s Japan

GS時代のキンクス事情

中村俊夫

1964年2月に「抱きしめたい」で日本デビューを飾ったビートルズに続き、3月にローリング・ストーンズが「彼氏になりたい」で日本デビュー。4月はデイヴ・クラーク・ファイヴの本邦初ヒット曲「グラッド・オール・オーヴァー」、5月にはサーチャーズの「ピンと釘」とスウィンギング・ブルー・ジーンズの「ヒッピー・ヒッピー・シェイク」…といった具合に、英国産ビート・グループの日本盤シングルのリリースが相次ぎ、音楽業界は彼らを総称するジャンル用語として、ビートルズの出身地にあやかり「リヴァプール・サウンド」と命名。洋楽ポップスの新たなトレンドとして広く認知されていく。

　そんな中、サーチャーズ、ハニーカムズ等を擁する英パイ・レコードとライセンス契約していた日本コロムビアが、キンクス初の全英No.1ヒット「ユー・リアリー・ゴット・ミー」を、本国より3カ月遅れの64年11月にリリース。これがキンクスの本邦デビュー盤となった。

　ちなみに同じ月に東芝音楽工業（のちの東芝EMI）は、ビートルズ「マッチ・ボックス」とマンフレッド・マン「ドゥ・ワ・ディディ・ディディ」をリリース。翌12月にはキングから、ローリング・ストーンズのファースト・アルバムが『これがリヴァプール・サウンドの決定盤!!』の邦題でリリースされている。その出身地とは関係なく、英国渡来のバンドは十把一絡げで「リヴァプール・サウンド」と呼ばれていた証左である。

　以後コロムビアからは、翌65年の3月に「オール・オブ・ザ・ナイト」、4月に「ウェイティング・フォー・ユー」、6月「陽気にやろうぜ」、8月「セット・ミー・フリー」、10月「シー・マイ・フレ

キンクスの初ヒット・シングルで
日本デビュー盤となった「You Realy Got Me」。
英1位、米7位

ンド」、翌66年2月に「リスペクテッド・マン」、同年4月「エンド・オブ・ザ・デイ」、5月「キザな奴」、9月「サニー・アフタヌーン」、翌67年3月には「危険な街角」…とキンクスのシングルがリリースされていく。ここで検証したいのが、当時の日本の洋楽マーケットで、キンクスの作品はどれぐらい認識され、どれだけの人気があったのかということである。

日本で初めて音楽ソフト（当時はアナログ・レコード盤）の売上を集計・チャート化した『オリジナル・コンフィデンス』誌（通称オリコン）の創刊は68年。それまでは、音楽雑誌（月刊誌）が全国の主要なレコード店に問い合わせて集計した独自のチャートが一般的だった。

中でも『ミュージック・ライフ』誌が銀座・山野楽器や新宿・帝都無線など、都内20店舗の洋楽ポピュラー系シングルの売上を調査し、毎月1位～30位までにランキングしていたチャート『東京で1番売れているレコード』は、58年～66年まで連載された人気ページで、当時の洋楽ファンにはお馴染みのヒットチャートだった。

『ミュージック・ライフ』のバックナンバーで、64年10月号から調べてみたのだが、64～66年の同チャートにランクインされたキンクスのシングルは、「陽気にやろうぜ」（22位）と「セット・ミー・フリー」（28位）の2枚だけ。同誌の読者による人気投票の年間集計ランキング（30位まで）では、68年にヴォーカル・グループ部門の第24位が、60年代では唯一の記録である。

音楽誌によって調査結果も異なるのではと思い、他誌のチャート・データも探してみたら、かつてレコード店で商品を買うと、オマケとして貰えたブックレット『ミュージックマンスリー』（月刊ミュージック社）掲載のランキングを集計して、年間チャート（１００位まで）にまとめたサイトを発見。こちらではキンクスの作品でランキングされているのは「ユー・リアリー・ゴット・ミー」1曲だけだった（64年82位）。さらにオリコンの創刊号から現在までのデータも調べてみたのだが、シングルもアルバムも１００位以内にランキングされたキンクス作品は皆無だった。

今でこそ、英国ロック史に燦然と輝く彼らの足跡と、音楽シーンに与えた影響・功績を認識しているファンは日本にも数多く存在し、本書のよう

日本における2作目のシングル。
東京ビートルズ、アウト・キャスト、タックスマン、アイドルズ、フリーランサーズ等がステージ・レパートリーに取り上げている。
英2位、米7位

な研究本も出版されるほどなのだが、60年代の日本におけるキンクスの認知度や評価は、なんとも寂しいものだったのである。そんな事実を理解していただいた上で、いよいよ本題に入ろう。

GSが愛したキンキー・サウンド

　キンクスが日本デビューした64年秋から、「プラスティック・マン」や「シャングリ・ラ」等の日本盤シングルがリリースされた69年までの約5年間は、ビートルズに触発された和製ビート・グループの登場→爆発的なエレキ・ブーム→アマチュア・バンドの全国的な増殖→若いヴォーカル＆インストゥルメンタル・グループが続々デビュー→グループ・サウンズ（GS）ブーム到来→GS黄金時代の終焉という、日本のポピュラー音楽史における大きな変動期でもあった。

　その立役者であるGSとキンクスの関係性についての考察が、今回執筆依頼されたテーマなのだが、正直なところGSでキンクスと結び付くのはスパイダースぐらいしか思い浮かばない。これは当時ムッシュかまやつ氏が、メディアで大のキンクス・ファンであることを公言し、「ヘイ・ボーイ」（66年4月）のようなキンクスからの影響大なオリジナルを発表していたことが大きい。

　また、スパイダースは数多のGSの中で、キンクスのカヴァーを公式レコーディングした稀有な存在でもあった。カヴァー曲は「セット・ミー・フリー」。65年5月に「フリフリ」でレコード・デビューした彼らが、同年末にビクターよりリリースした2枚組ソノシート『モンキー・ア・ゴー・ゴー』に、「ヘルプ」「サティスファクション」「ミスター・タンブリン・マン」等と共に収録。全て当時のステージ・レパートリーだった。

　スパイダースと同じく、キンクス楽曲をレコーディングしていたグループがもう一組だけ存在する。64年4月に「抱きしめたい」のカヴァー盤でデビューした、和製ビートルズの先駆け東京ビートルズである。彼らが65年8月にビクターよりリリースした2枚組ソノシート『リヴァプール・サウンド特集』の中で、「オール・オブ・ザ・ナイト」をカヴァーしており、これが我が国初のキンクス・カヴァー盤でもあったのだ。

　以前、東京ビートルズのリーダー斉藤タカシさ

『モンキー・ア・ゴーゴー』ザ・スパイダース
収録曲：ヘルプ／サティスファクション／ミスター・タンブリン・マン／悲しき願い／越天楽ゴーゴー／セット・ミー・フリー／バンブル・ビー／トワイライト・ゾーン

んから伺った話だが、駐留米軍キャンプでの仕事が多かった彼らは、基地内のジュークボックスや売店で、海外の最新レコードをほぼリアルタイムで聴取・購入できたので、斉藤さんが好きだったキンクスも、新曲が日本発売される数ヶ月も前にステージで演奏することが可能だった。その早さには、ジャズ喫茶等で対バンとなったスパイダースのメンバーたちも舌を巻いていたそうだ。

東京ビートルズは、前出の「オール・オブ～」をはじめ、「ユー・リアリー・ゴット・ミー」「エンド・オブ・ザ・デイ」などをレパートリーにしていたらしいが、彼らやスパイダースの他に、キンクス作品をライヴ・レパートリーにしていたグループは存在していたのだろうか？

それを調査すべく、本稿執筆にあたって、筆者が親交のある元GSメンバー16名に、メールや電話で質問してみたのだが、この内14名がプロデビュー前も含めてキンクスの曲をステージで演奏した経験ありと回答。この中には、アウト・キャスト、スウィング・ウエスト、タックスマン、アイドルズ、フリーランサーズ、ゴールデン・カップス、タイガースの前身ファニーズなども含まれる。

彼らが好んでレパートリーにしたのは、ダントツで「ユー・リアリー・ゴット・ミー」。以下「オール・オブ・ザ・ナイト」「セット・ミー・フリー」「サニー・アフタヌーン」が人気曲で、珍しいところではスウィング・ウエストが「ローラ」を取り上げていたそうだ。

元アイドルズのメンバーの証言によると、「ギター・リフがカッコ良くて、コードや歌もコピーし易いので、ビートルズほど手強くないところが魅力だった。当時ジャズ喫茶に出ていたバンドの多くはキンクスをレパートリーにしていた」とのこと。キンクスは前述の一般的人気のデータとは異なり、同時代のGSたちの間では評価も高い玄人好みのバンドであったと言えるだろう。

ところで、サビ部分が「サニー・アフタヌーン」のオマージュになっている「赤毛のメリー」（作編曲・筒美京平）で、68年7月にデビューしたガリバーズと、イントロが「ウェイティング・フォー・ユー」風な「マイ・ラヴ・マイ・ラヴ」で、68年9月にデビューしたヤンガーズが、実際にライヴでキンクス作品を演奏したことがあるのかについては、現在鋭意調査中。結果はまたの機会に。

『リヴァプール・サウンド特集』東京ビートルズ
収録曲：涙の乗車券／悲しき願い／ラスト・タイム／エニウェイ・ユー・ウォント・イット／アイ・キャント・ストップ／二人の恋は／オール・オブ・ザ・ナイト／ミセス・ブラウンのお嬢さん

The Kinks
Japanese Singles & EPs

セット・ミー・フリー
アイ・ニード・ユー

（日本コロムビア／LL-788-Y）
1965年8月

ウェイティング・フォー・ユー
モンキー・ビジネス

（日本コロムビア／LL-733-Y）
1965年4月

ユー・リアリー・ガット・ミー
それでいいのさ

（日本コロムビア／LL-678-Y）
1964年11月

ザ・キンクス・ヒット！
［EP］

（コロムビア／LSS-332-Y）
1965年9月
ユー・リアリー・ゴット・ミー／ビューティフル・デリラ／トゥー・マッチ・モンキー・ビジネス／キャディラック

陽気にやろうぜ
お次は誰れ

（日本コロムビア／LL-756-Y）
1965年6月

オール・オブ・ザ・ナイト
アイ・ガッタ・ムーヴ

（日本コロムビア／LL-718-Y）
1965年3月

The Kinks Japanese Singles & EPs

ヴィレッジ・グリーン
アニマル・ファーム

（日本コロムビア／LL-2229-Y）
1969年3月

キザな奴
ソファーにすわって

（日本コロムビア／LL-905-Y）
1966年5月

シー・マイ・フレンド
ネヴァー・メット・ア・ガール

（日本コロムビア／LL-816-Y）
1965年10月

プラスティック・マン
キング・コング

（日本コロムビア／LL-2267-Y）
1969年7月

サニー・アフタヌーン
僕はウヌボレ屋

（日本コロムビア／LL-970-Y）
1966年9月

リスペクテッド・マン
サッチ・ア・シェイム

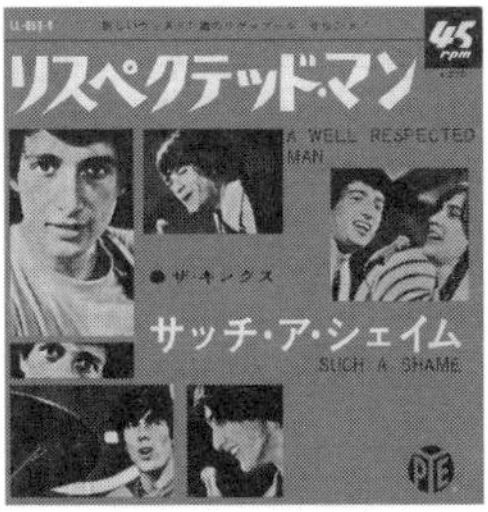

（日本コロムビア／LL-869-Y）
1966年2月

キンクス・ミニ・デラックス
［EP］

（コロムビア／YSS-134-Y）
1969年7月
ユー・リアリー・ゴット・ミー／ウィティング・フォー・ユー／サニー・アフターヌーン・オール・オブ・ザ・ナイト

危険な街角
黒い霧を消せ！

（日本コロムビア／LL-1029-Y）
1967年3月

エンド・オブ・ザ・ディ
それでも地球は回ってる

（日本コロムビア／LL-900-Y）
1966年4月

ガッズ・チルドレン
モーメンツ

（日本コロムビア／LL-2484-Y）
1971年10月

キンクス・ミニ・デラックス
［EP］

（コロムビア／YSS-147-Y）
1970年7月
ヴィクトリア／ドライヴィン／シャングリ・ラ／ヴィレッジ・グリーン

ドライヴィン
母の腕の中に

（日本コロムビア／LL-2291-Y）
1969年9月

20世紀の人
骨と皮

（ビクター／SS-2150）
1972年1月

ローラ
バークレイ・ミューズ

（日本コロムビア／LL-2388-Y）
1970年9月

シャングリ・ラ
ディス・マン

（日本コロムビア／LL-2313-Y）
1969年12月

マスウェル・ヒルビリーズ
オクラホマU.S.A.

（ビクター／SS-2182）
1972年4月

エイプマン
ラッツ

（日本コロムビア／LL-2424-Y）
1971年1月

ヴィクトリア
ミスター・チャーチル・セッズ

（日本コロムビア／LL-2328-Y）
1970年2月

The Kinks Japanese Singles & EPs

この世はすべて金しだい
恋の鐘

（ビクター／SS-2387）
1974年9月

ホリデイ・ロマンス
ブリザベーション総集篇

（ビクター／SS-2444）
1975年1月

アヒルの壁掛け
ラッシュ・アワー・ブルース

（ビクター／SS-2477）
1975年6月

サニー・アフタヌーン
ユー・リアリー・ガット・ミー

（テイチク／UP 389-Y）
1973年4月（リイシュー）

サバイバー
スクラッピープ・シティ

（ビクター／SS-2292）
1973年6月

日なたぼっこが俺の趣味
美しきジェネヴィーブ

（ビクター／SS-2346）
1973年10月

スーパーソニック・ロケット・シップ／ユー・ドント・ノウ・マイ・ネーム

（ビクター／SS-2196）
1972年7月

新しい日がやってくる
ホット・ポテト

（ビクター／SS-2225）
1972年11月

セルロイドの英雄
モーターウェイ

（ビクター／SS-2263）
1973年2月

ヘイトレッド
スカッタード

（ソニー／SKDS 9262）
1993年9月（3inch CD）

ディドゥ・ヤ［CDEP］

（ソニー／SRCS-6856）
1993年9月
ガッタ・ムーヴ／デイズ／ニュー・ワールド／ルック・スルーエニィ・ドアウェイ

カム・ダンシング
ノイズ

（フォノグラム／7RS-79）
1983年6月

思い出のダンス
ヤング・コンサーヴァティヴス

（フォノグラム／6RS-86）
1983年9月

ハウ・アー・ユー
ロックン・ロール・シティ

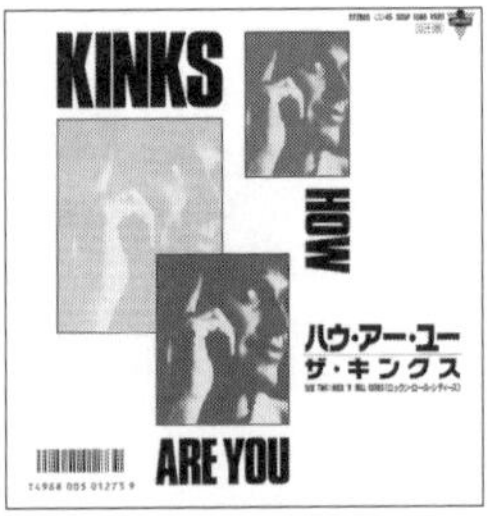

（ポリドール／S05P 1086）
1987年1月（7インチ）
（ポリドール／L13P 7121）
1987年1月（12インチ）

スリープウォーカー
フル・ムーン

（東芝EMI／IER-20198）
1977年5月

スーパーマン
ロウ・バジェット

（フォノグラム／6RS-18）
1979年3月

ガソリン・ブルース
ロウ・バジェット

（フォノグラム／6RS-34）
1979年9月

Ray Davies Provides The Songs

提供曲で振り返る〝職業作曲家〟レイ・デイヴィスの歩み

犬伏功

キンクスは「ユー・リアリー・ガット・ミー」のヒットにより世界的な人気を得たが、65年9月に「リスペクテッド・マン」がリリースされると、世間はレイ・デイヴィスの作曲家としての才能に注目するようになった。しかし、プロデューサーのシェル・タルミーやマネージャーのラリー・ペイジはもっと早くからレイに作曲家としての才能があると感じていた。特にタルミーはいつも沢山の曲を抱えてスタジオに現れるレイの努力をよく知っていた。彼は、録音できずに終わった曲の中にはヒットの可能性を持った曲がきっとあったはずだ、と今も考えているようだ。

キンクス以外で最初にレイ作品を取り上げたのが、タルミーが手がけていたコヴェントリー出身の少女3人組、オーキッズの‘I've Got That Feeling’だ。キンクスの「ロング・トール・サリー」が録音された直後の64年2月に収録されたものだが、タルミーはフィル・スペクターからの強い影響を受けており、ガールズものの傑作をいくつも残している。この曲もチャールズ・ブラックウェルのアレンジが冴えた素晴らしい仕上がりだ。

本題からは少し外れるが、時を同じくしてタルミーはデイヴ・デイヴィス作曲の‘One Fine Day’を取り上げ、自身が手がけていたシェル・ネイラーのセカンド・シングルとして録音、64年3月6日にリリースしている。キンクスがまだ「ロング～」しかリリースしていないことを思うとタルミーの仕事の早さには驚くばかりだ。

話を戻そう。ペイジとパブリッシャーのエディ・カスナーはレイを作曲家として大々的に売り出す計画を立てており、65年5月24日にはロンドンのリージェント・サウンド・スタジオでレイの曲のデモ録音を集中的に行なっている。それはカスナーにとってはビジネス・ライクな作業でしかなかったようだが、ペイジには確信があったのだろう。その読みはデイヴ・ベリーの‘This Strange Effect’で的中し、英国では37位に終わったものの、オランダとベルギーで1位を記録。オランダでは同名のアルバムもリリースされ、ベリーの代表曲となった。

カスナーの米国での強力な売り込みもあって、英国でアップルジャックスがリリースした‘I Go To Sleep’を米国ではヴェテラン・シンガーのペギー・リーが取り上げ、レイの作曲家としてのキャリアに箔をつけることに成功している。その後も「悲しき雨音」でお馴染みのカスケーズが‘I Bet You Won’t Say’、ボビー・ライデルが‘When I See That Girl Of Mine’を取り上げるなど大物によるレイ作品のリリースは続いていく。しかし、レイ本人が作曲家としての売り込みが進行しているのを快く思っていなかったうえに、ペイジとカスナーが米国ツアーのトラブルから訴訟相手となってしまったことから、英国でマジョリティによる‘A Little Bit Of Sunlight’、ハニーカムズの‘Emptiness’（アルバム“All Systems Go!”に収録。ハニーカムズはその前にも‘Something Better Beginning’を取り上げシングル発売していた）を最後に大々的な楽曲提供は頓挫する。しかしこのキャンペーンによってレイはキンクスのフロント・マンであるとともに〝作曲家〟としても認知され、楽曲提供のオファーが次々と舞い込むようになった。もちろん自身で楽曲提供を持ちかける機会も増え、66年3月にはリーピー・リーによる情熱的なラヴ・ソング‘King Of The Whole Wide World’がリリース。それはレイが自ら指揮を執ってキンクスがレコーディングでバックを務めるという万全の体制により録音されたことで、数ある提供曲の中でも出色の仕上がりとなった。

俳優で作家でもあり、BBCの人気番組“Whole Scene Going”の司会も務めていたバリー・ファントニはレイとアート・スクール時代からの親しい間柄で、65年5月にはレイが書き下ろした‘Little Man In A Little Box’をリリース、ヒットすればレイがよりフル・アルバムを制作する計画もあったという。これらは特にレイが力を入れた作品で、いずれも完成度が極めて高かったに

The Honeycombs / Emptiness from album “All Systems GO!”
UK／Pye／NPL 18132（UK）
Release: 1965.12.17

もかかわらずセールスは惨敗、関係者を落胆させる結果となった。

ペイジとの裁判が長く続く一方で、楽曲の出版権を主張するカスナーとの争いはより深刻で、キンクスは最新アルバム『フェイス・トゥ・フェイス』を発売できずにいたが、プリティ・シングスは『フェイス〜』収録曲だった‘A House In The Country’を先に取り上げ全英で50位を記録、アルバム中最もキャッチーな‘Dandy’はハーマンズ・ハーミッツ、レミー・キルミスターが在籍していたロッキング・ヴィッカーズ、ヴェテラン歌手のクリントン・フォードの競作となり、9月に米国でリリースされたハーマンズ・ハーミッツのヴァージョンは米5位のヒットとなった。このシングルは英国では発売されず、ロッキング・ヴィッカーズのシングルも米国で先にリリースされていたことから、両者の競作は米国市場をターゲットにしたものだったと思われる。

9月30日には英国でレイ作曲の3作品、タルミーのプラネット・レーベルに所属するリヴァプール出身のグループ、ソウツによる‘All Night Stand’（この曲は英米で異なるヴァージョンがリリースされている）、マンチェスター出身のヴォーカル・デュオ、モー&スティーヴの‘Oh What A Day It's Gonna Be’、スティーヴ・ギボンズが在籍していたバーミンガム出身のグループ、アグリーズの‘End Of The Season’が同時発売されたが、これらはいずれも不発に終わった。65年末にはエルヴィス・プレスリーの英国でのパブリッシャーから打診があり、次の映画用の楽曲検討のためデモを求められたレイは新たに書き下ろした曲‘Never Say Yes’を提出、翌年にはハリウッドでバック・トラックの録音が行われたようだが、残念ながらエルヴィス自身が歌うことはなかった。

その後暫くはキンクスの創作に集中し、レイによる楽曲の外部提供が行われなくなるが、69年になるとチャス・ミルズによる同名映画の主題歌‘Till Death Us Do Part’（レイ自身のヴォーカル・ヴァージョンが73年発売の米編集盤“Great Lost Kinks Album”で蔵出しされている）やジョン・シュローダー・オーケストラによる映画『ヴァージン・ソルジャーズ』のテーマ曲‘The Virgin Solder March’、72年にはコールド・ターキー名義の‘Nobody's Fool’をアダム・フェイス主演の

Chas Mills /
Till Death Us Do Part
from Original Soundtrack album
“Till Death Us Do Part”
Polydor／583-717（UK）
Release: 1969.2.14

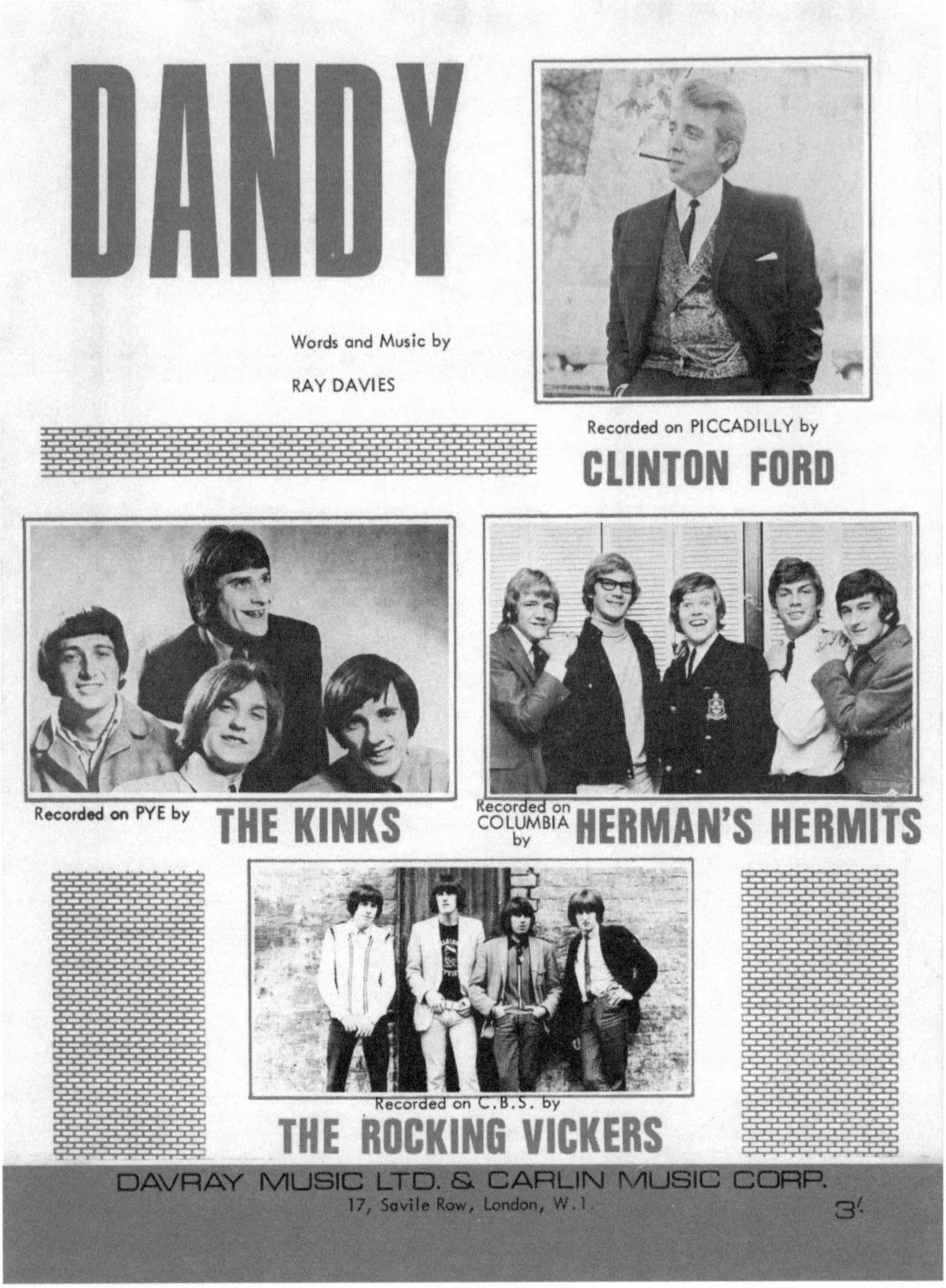

キンクスを含め４者の競作となった「ダンディ」のシート・ミュージック（楽譜）

TVドラマ『バッジー』の主題歌として書き下ろしている。コールド・ターキーはレイの声質や歌い方と微妙に似ているため彼の変名説もあったが、レイ自身のヴァージョンが13年発売の『マスウェル・ヒルビリーズ』の〈デラックス・エディション〉で発掘されている。67年以降はバンドやシンガーへの楽曲提供は行われていないが、キンクス名義の『パーシー』を含め映画やTVの仕事には積極的に関わっていた。これはあくまで想像だが、レイはもともとが映画好きなうえ、楽曲のチャート結果が問われない仕事ゆえの関わりやすさがあったのかもしれない。

長年レイの提供作品とされてきたものとして、タルミーが手がけたルートン出身のポップ・グループ、ワイルド・シルク（Wild Silk）による'Toymaker' と 'Monday, Tuesday, Wednesday' がある。特に前者は有名なキンクス研究家のダグ・ヒンマンも信じるほどレイ作品に近い雰囲気を持っていたが、いずれもメンバーのアラン・デイヴィスの作品であることが明らかになっている。余談だが、彼らの全作品を集めた17年発売の編集盤、"Visions In A Plaster Sky – The Complete Recording 1968–1969"（英RPM RETRO 995）にはタルミーが手がけた「ウェイティング・フォー・ユー」のカヴァーも2ヴァージョン収録されている。興味がある方は聴いてみてください。

レイが楽曲提供を行なった作品は以上がすべてだが、これらはレイの作曲家としての存在感を示した一方で、もしリーピー・リーやバリー・ファントニの曲がヒットしていれば早い段階でレイがソロ・アーティストになっていた可能性があったことも匂わせる。実際、67年にはレイのソロ・アルバムを制作する計画があったし、もし実現していればキンクスは短命で終わっていたかもしれない。リーやファントニの曲が売れなかったのはレイにはアンラッキーだったが、キンクスにとっては幸運だったに違いない。

最後に、ここで紹介したレイの提供作品の多くはレアで入手困難な状態が続いたが、現在は同時期の珍しいカヴァーとともに16年発売のコンピレーション"Kinked! Kinks Songs & Sessions 1964–1971"（英ACE CDHCD 1463）で聴くことができるので、入手しておきましょう。

"Kinked! Kinks Songs & Sessions 1964–1971"
（英ACE CDHCD 1463）

The Majority / A Little Bit Of Sunlight

Decca／F 12271 (UK)
Release: 1965.10.29

The Applejacks / I Go To Sleep

Decca／F 12216 (UK)
Release: 1965.8.27

The Orchids / I've Got That Feeling

Decca／F 11861 (UK)
Release: 1964.3.13

Leapy Lee / King Of The Whole Wide World

Decca／F 12369 (UK)
Release: 1966.3.18

The Cascades / I Bet You Won't Stay

Liberty／55822 (UK)
Release: 1965.9.17

Dave Berry / This Strange Effect

Decca／F 12188 (UK)
Release: 1965.7.2

Barry Fantoni / Little Man In A Little Box

Fontana／TF 707 (UK)
Release: 1966.5.20

Bobby Rydell / WhenI See That Girl Of Mine

Capitol／5513 (US)
Release: 1965.10

Peggy Lee / I Go To Sleep

Capitol／5488 (US)
Release: 1965.8

The Ugly's / End Of the Season

Pye/7N 17178 (UK)
Release: 1966.9.30

Clinton Ford / Dandy

Piccadilly/7N 35343 (UK)
Release: 1966.10.28

The Pretty Things / A House In The Country

Fontana/TF 722 (UK)
Release: 1966.7.1

The John Schroeder Orchestra / The Virgin Soldier March

Pye/7N 17862 (UK)
Release: 1969.12

The Thoughts / All Night Stand

Planet/PLF 118 (UK)
Release: 1966.9.30

Herman's Hermits / Dandy

MGM/K-13603 (US)
Release: 1966.9

Cold Turkey / Nobody's Fool

Pye/7N 45142 (UK)
Release: 1972.1

Mo & Steve / Oh What A Day It's Gonna Be

Pye/7N 17175 (UK)
Release: 1966.9.30

The Rockin' Vickers / Dandy

Columbia/4-43818 (US)
Release: 1966.9.16

The Kinks On Stage

“ライヴ・バンド”キンクスの30年を振り返る

犬伏 功

キンクスの歴史はライヴ・バンドとしての歴史でもある。優れたスタジオ作品を数多く残す一方で、バンドは常にステージに立ち続けてきた。レイ・デイヴィスは自身の作品に高い演劇性を盛り込んできたが、「ロックには演技力が必要」との発言からもわかるように、ステージで彼はロック・ミュージシャンを演じ続けていたのかもしれない。彼らが真に偉大なのは、常に最新のライヴが最高だったことだ。本稿ではそんなキンクスのライヴの歴史とその変遷を振り返ってみたい。

デビュー前の彼らを捉えた映像の断片はいくつか存在しており、64年2月21日のキャヴァーン・クラブでのショウを収録したグラナダ・テレビのフィルムも存在が確認されているが（「ロング・トール・サリー」の断片が95年放送の番組“My Generation”にて公開されている）、コンサートをフルに記録した最古のものとなるのが65年4月24日のパリ、パレ・ド・レ・ミュチュアリテ公演だ。これは当時仏のＴＶ番組“Discorama”で放送されたもので、初期キンクスのライヴの全貌を捉えた貴重な映像だ。先の「ロング～」のフィルムと比べると「ユー・リアリー・ガット・ミー」の世界的ヒットでの自信がバンド全体に漲っており、レイのフロント・マンとしての存在感は早くも際立っている。オープニングの「バイ・バイ・ジョニー」を歌うのは弟デイヴで、ロックンロール色の強いナンバーはやはり彼が一番お似合いだ。アンコール前のラスト・ナンバー「オール・オブ・ザ・ナイト」に続き演奏される「ユー・リアリー～」のイントロとともにステージの幕が閉じられるのは当時おなじみだった演出だろう。レイはこの時期に早くもパッケージ・ツアーのスタイルに疑問を呈しており、当時キンクスが契約していたブッキング・エージェントのアーサー・ハウズ

■1967.4.1 Kelvin Hall, Glasgow, Scotland

Till The End Of The Day
A Well Respected Man
You're Looking Fine
Sunny Afternoon
Dandy
I'm On An Island
Come On Now
You Really Got Me
Medley:
Milk Cow Blues / Batman Theme / Tired Of Waiting For You / Milk Cow Blues

---

Ray Davies: Vocal Guitar
Dave Davies: Vocal Guitar
Pete Quaife: Bass
Mick Avory: Drums

■1965.2.23 Olympia Theatre, Paris

Bye Bye Johnny
Louie Louie
You Really Got Me
Got Love If You Want It
Long Tall Shorty
All Day And All Of The Night
You Really Got Me (Outro)
Hide And Seek

Ray Davies: Vocal Guitar
Dave Davies: Vocal Guitar
Pete Quaife: Bass
Mick Avory: Drums

にバンド単独のライヴができないかと持ちかけている。レイは頭の中で曲間に寸劇を入れたコンセプチュアルなショウを思い描いていたというからその先見性に驚かされるが、もちろん時期尚早で実現はしなかった。

このライヴ以降もTV出演時の演奏は数多く残されているが、ショウの全体を捉えたものは皆無。そんな中で唯一の公式録音となるのが67年4月1日、グラスゴーのケルヴィン・ホールでの公演だ。この日は2回のショウを行っているので、双方が収録されたのか、どの曲がどちらの公演なのかは不明なままだが、一部オーヴァーダヴが行われていることも含め『ライヴ・アット・ケルヴィン・ホール』に編集や加工が施されたのは確かなようだ。長年〝音の悪いアルバム〟といわれ続けきたが、演奏自体はしっかりと捉えられており全体のムードは世間でいわれるほど悪

1965年、"Ready Steady Go!" でのリハーサル風景
左よりレイ・デイヴィス、ミック・エイヴォリー、ピート・クウェイフ、デイヴ・デイヴィス

くはない。メドレー形式で演奏される「ミルク・カウ・ブルース」がショウのハイライトだが、デイヴにとってはここが最高の見せ場だった。

　ピート・クウェイフの脱退を受け、正式にメンバーとなったジョン・ダルトンを含む4人でのライヴの期間は69年4月から70年2月までと短く、5月にはキーボーディストのジョン・ゴスリングが加わり5人編成となる。以降、メンバーの変遷はあるもののキーボードを含まない編成でのライヴは行われていない。この時期の代表的なセット・リストとして69年10月25日のボストン・ティー・パーティー公演を選んだが、ここではタメの効いた70年代的なアレンジへと変貌する直前の過渡期的なサウンドを聴くことができる。キンクスは60年代からセット・リストには柔軟で、公演によって曲目が変わることが多いが、昼夜公演となったこの

■1969.10.23-25 The Boston Tea Party, Boston, MA

1st set:
Till The End Of The Day / Lincoln County
You're Looking Fine
Waterloo Sunset
You Really Got Me / All Day And All Of The Night
Mr. Churchill Says
Fancy
Last Of The Steam Powered Trains

2nd Set:
Louie Louie
Mindless Child Of Motherhood
Victoria
Mr. Churchill Says
Well Respected Man / Death Of A Clown / Dandy
Love Me Till The Sun Shines
Sunny Afternoon
Don't You Fret
Milk Cow Blues / Rip It Up / See My Friend / Brainwashed
Village Green Preservation Society

Ray Davies: Vocal Guitar
Dave Davies: Vocal Guitar
Mick Avory: Drums
John Dalton: Bass

■1972.3.3 Carnegie Hall, New York, NY

Top Of The Pops
You're Looking Fine
Mr. Wonderful
Get Back In Line
Muswell Hillbilly
Apeman
Sunny Afternoon
20th Century Man
The Banana Boat Song
Brainwashed
Acute Schizophrenia Paranoia Blues
Holiday
Complicated Life
You Are My Sunshine
Skin And Bone
My Mammy
Alcohol
Have A Cuppa Tea
Baby Face
Lola
You Really Got Me
All Day And All Of The Night
Victoria

Ray Davies: Vocal Guitar
Dave Davies: Vocal Guitar
Mick Avory: Drums
John Dalton: Bass
John Gosling: Keyboard
Mike Cotton: Trumpet
John Beecham: Trombone
Alan Holms: Saxophone, Clarinet

日のショウもそれぞれ曲目が全く異なっている。「エンド・オフ・ザ・デイ」の冒頭でのスリー・コードのイントロは『ライヴ・アット・ケルヴィン・ホール』へのオマージュだろうが、この展開は93年の来日公演でも観ることができた。65年から続く「ミルク・カウ・ブルース」のメドレーはここでも健在だが、アルバム『アーサー、もしくは大英帝国の衰退ならびに滅亡』発売に際したツアーながらアルバム収録曲はあまり演奏されていない。

72年3月3日のニューヨーク、カーネギー・ホール公演は72年2月に始まったUSツアーのハイライトになるもので、このツアーからマイク・コットン・ホーン・セクションの3人が帯同するようになった。この日の録音は『この世はすべてショー・ビジネス』に用いられたためこのアルバムの印象が強いが、ツアー自体は『マスウェル・

ジョン・ゴスリング加入で5人編成に
左より：デイヴ・デイヴィス、ジョン・ゴスリング、ジョン・ダルトン、レイ・デイヴィス、ミック・エイヴォリー

ヒルビリーズ』発売に伴って行われた。現在は大半の曲が『この世は～』の〈レガシー・エディション〉にて聴くことができる。曲間に往年のスタンダードのカヴァーを挟み、場末のショウ・バンドのような佇まいとロック・バンドのノリが共存する面白さはこの時期ならではだろう。

アルバム『プリザヴェイション第一幕』『同・第二幕』でキンクスは一気にシアトリカルなバンドへと変容していったが、意外にも『この世は～』の頃よりもバンドはエッジが効いた演奏を聴かせている。74年7月14日にゴールダーズ・グリーンのヒッポドローム・シアターで行われたこのショウはBBCラジオ1の“In Concert”のために収録されたもので、現在は“The Kinks At The BBC”で全曲を聴くことができるようになった。バンドはホーン・セクション3人に加え、コーラスのパメ

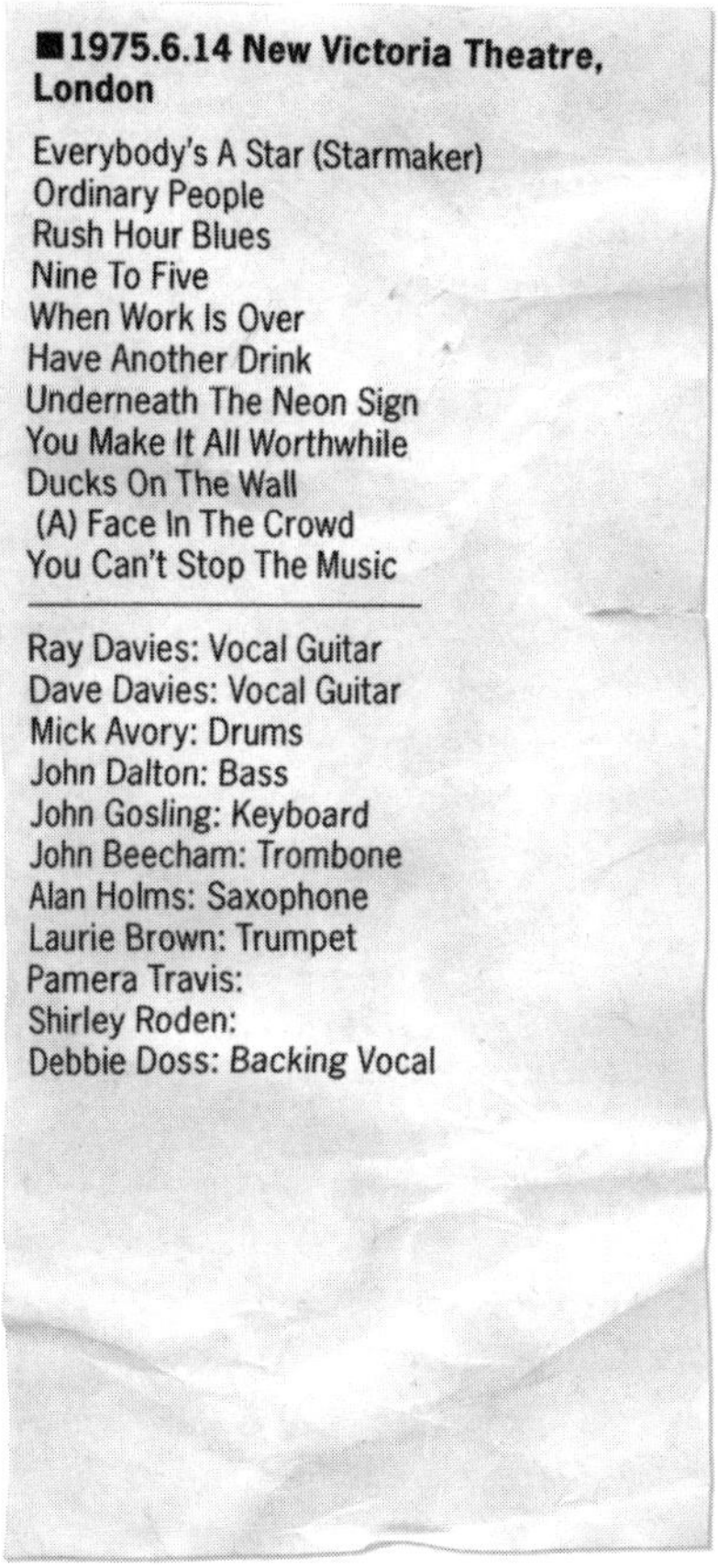

■1975.6.14 New Victoria Theatre, London

Everybody's A Star (Starmaker)
Ordinary People
Rush Hour Blues
Nine To Five
When Work Is Over
Have Another Drink
Underneath The Neon Sign
You Make It All Worthwhile
Ducks On The Wall
(A) Face In The Crowd
You Can't Stop The Music

Ray Davies: Vocal Guitar
Dave Davies: Vocal Guitar
Mick Avory: Drums
John Dalton: Bass
John Gosling: Keyboard
John Beecham: Trombone
Alan Holms: Saxophone
Laurie Brown: Trumpet
Pamera Travis:
Shirley Roden:
Debbie Doss: *Backing Vocal*

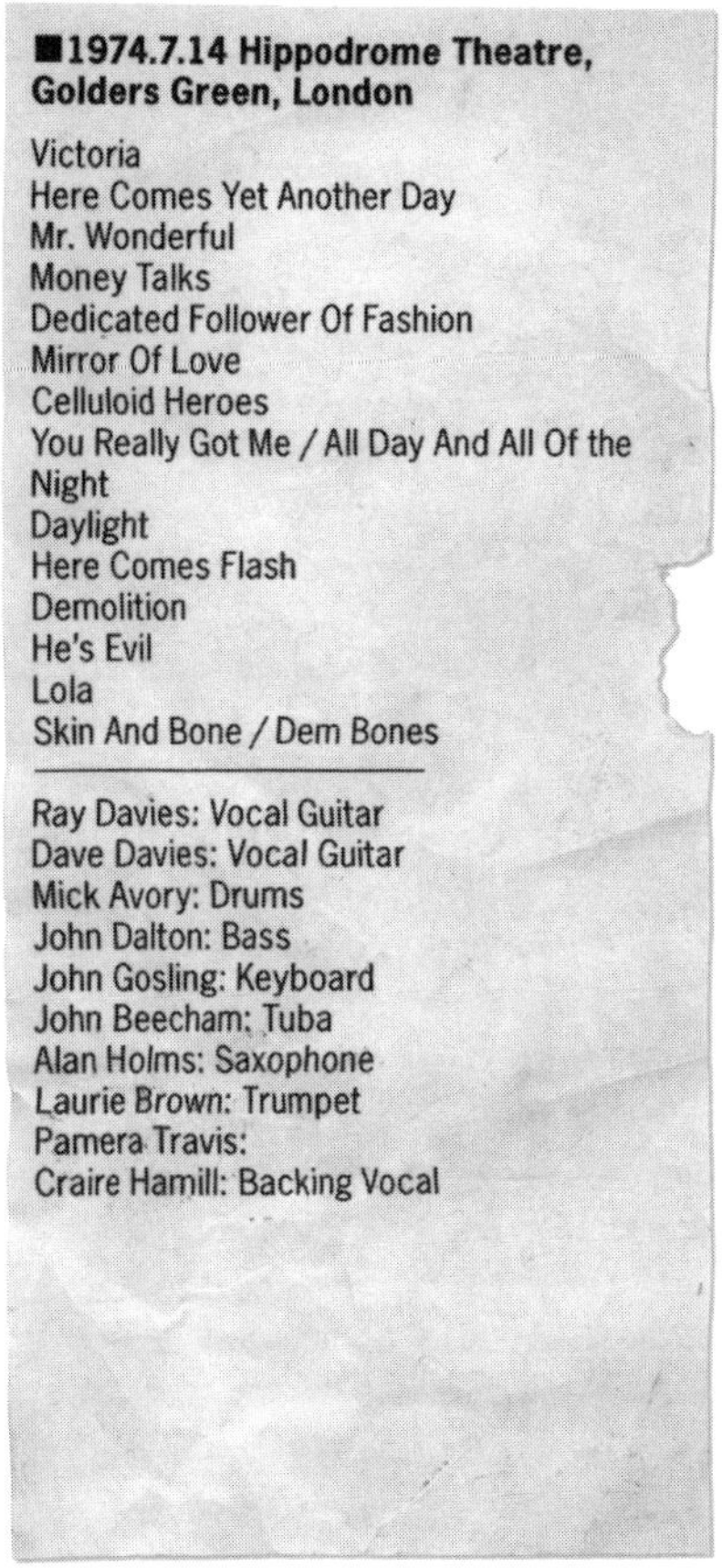

■1974.7.14 Hippodrome Theatre, Golders Green, London

Victoria
Here Comes Yet Another Day
Mr. Wonderful
Money Talks
Dedicated Follower Of Fashion
Mirror Of Love
Celluloid Heroes
You Really Got Me / All Day And All Of the Night
Daylight
Here Comes Flash
Demolition
He's Evil
Lola
Skin And Bone / Dem Bones

Ray Davies: Vocal Guitar
Dave Davies: Vocal Guitar
Mick Avory: Drums
John Dalton: Bass
John Gosling: Keyboard
John Beecham: Tuba
Alan Holms: Saxophone
Laurie Brown: Trumpet
Pamera Travis:
Craire Hamill: Backing Vocal

ラ・トラヴィスと（のちにコンクからソロ・アルバムをリリースする）クレア・ハミルが加わった10人編成となり、ショウ後半では台詞も交えたミニ・オペラが展開されるのだ。しかしバンドの演奏はタイトで勢いがあり、冗長さはまったくない。

レイは74年にグラナダ・テレビのドラマ『スターメイカー』の制作を手がけ自ら主役を演じたが、そこから派生したアルバム『ソープ・オペラ』のツアーでは『プリザヴェイション』以上のシアトリカルなステージを展開している。75年6月14日、ロンドンのヴィクトリア・シアターで行われたショウは公式に録音され4チャンネル版も制作されたが、アメリカのラジオ番組"British Bisquit"などで放送されただけでリリースはされなかった。このショウはグラナダ・テレビのそれと演出の方向性が極めて近く、ミュージカル

70年代後半、アリスタ在籍時のライヴより
左より：レイ・デイヴィス、デイヴ・デイヴィス

と呼ぶ方がふさわしい仕上がりだが、65年にレイがブッキング・エージェントのアーサー・ハウズに提案した「曲間に寸劇を挟むトータルなショウ」の、まさにこれが到達点と言えるだろう。

RCA時代最後のアルバム『不良少年のメロディ』はレイがロック・バンドへ回帰した作品だと語られることが多いが、このアルバムのUSツアー、セカンド・レグ中盤の76年2月20日、ニューオリンズのマクアリスター・オーディトリアム公演を聴くと、レイのシアトリカルな方向性が全く失われていないのがわかる。ショウの後半でこのアルバムの曲が披露されるが、『不良少年のメロディ』と『プリザヴェイション』との関わりを明らかにしつつ寸劇を挟んだオペラが展開、その演劇性は『プリザヴェイション』期のショウをはるかに凌いでいるのである。

アリスタ移籍後初のアルバム『スリ

■1977.12.24 Rainbow Theatre, London Juke Box Music

Sleepwalker
Life On The Road
A Well Respected Man
Dedicated Follower Of Fashion
Death Of A Clown
Sunny Afternoon
Waterloo Sunset
All Day And All Of The Night
Slum Kids
Celluloid Heroes
Get Back In Line
The Hard Way
Lola
Alcohol
Skin And Bone
Dem Bones
Father Christmas
You Really Got Me

Ray Davies: Vocal Guitar
Dave Davies: Vocal Guitar
Mick Avory: Drums
Andy Pyle: Bass
John Gosling: Keyboard
John Beecham: Trombone, Tuba
Alan Holms: Sax, Clarinet
Nick Newall: Saxophone
Mike Cotton: Trumpet
Ray Cooper: Percussion
Debbie Doss:
Kim Goody: Backing Vocal

■1976.2.20 McAlister Auditorium, Tulane University, New Orleans, LA

Everybody's a Star (Starmaker)
Rush Hour Blues
Lola
Waterloo Sunset
You Really Got Me
The Banana Boat Song
All Day And All Of The Night
Alcohol
Celluloid Heroes
Schoolboys In Disgrace
Schooldays
Jack The Idiot Dunce
Education
The First Time We Fall In Love
I'm In Disgrace
Headmaster / The First Time We Fall In Love (Reprise)
The Hard Way
The Last Assembly
No More Looking Back
Finale
Money Talks

Ray Davies: Vocal Guitar
Dave Davies: Vocal Guitar
Mick Avory: Drums
John Dalton: Bass
John Gosling: Keyboard
John Beecham: Trombone
Alan Holms: Saxophone
Nick Newall: Trumpet
Pamera Travis:
Shirley Roden:
Debbie Doss: Backing Vocal

ープウォーカー』は米21位と久々の好セールスを記録したが、レイはこの年の締めくくりとしてキンクスの歩みを総括したコンサートを計画する。77年12月24日のロンドン、レインボー・シアター公演は当時BBC－2TVとBBCラジオ1にてオンエアされたが（映像、音ともに“The Kinks At The BBC”に収録）、当時これがキンクス最後のコンサートになるという噂があり、レイがかつてのような引退宣言をするのではないかとファンはハラハラして観ていたという。『プリザヴェイション』関連の曲「スラム・キッズ」はこのツアーで初披露されたが、スタジオ・ヴァージョンは98年まで未発表だった。76年のツアー・メンバーにレイ・クーパー（パーカッション）が加わりバンドは歴代最多の総勢12名となったが、これは最新曲とRCA時代のナンバーを演奏するためにどうしても

1983年、アルバム『ステイト・オブ・コンフュージョン』用ポートレート
左より：イアン・ギボンズ、ミック・エイヴォリー、レイ・デイヴィス、デイヴ・デイヴィス、ジム・ロッドフォード

必要な人員だった。

ジョン・ゴスリングとアンディ・パイルがキンクスを去り、ジム・ロッドフォードとゴードン・エドワーズが加わった78年ツアーではサックスとトロンボーンがツアー・メンバーとして残ったが、6月25日のロス、ユニヴァーサル・アンフィシアター公演を聴くと、彼らは「アルコール」と「スラム・キッズ」をサポートするのが主な役割だったのがわかる。79年のアルバム『ロウ・バジェット』はキンクスがある意味開き直りを見せた極上のロック・アルバムとなったが、このツアー（キーボードがイアン・ギボンズに交代）を捉えた『ワン・フォー・ザ・ロード』で聴くことができたサックスも80年8月の北米ツアーでは外され、キンクスは正式メンバーのみのシンプルな編成となった。ここに挙げた80年12月31日のニューヨーク、ザ・パラディアム公

■1980.12.31 The Palladium, New York, NY

Sleepwalker
Where Have All The Good Times Gone
Life On The Road
Permanent Waves
A Well Respected Man / Death Of A Clown
Sunny Afternoon
Misfits / I'm On An Island
Lola
Low Budget
(Wish I Could Fly Like) Superman
Catch Me Now I'm Falling
You Really Got Me
A Gallon Of Gas
Alcohol
Celluloid Heroes
All Day And All Of The Night
Pressure
Twist And Shout
The Hard Way
Victoria
Live Life / Little Queenie

Ray Davies: Vocal Guitar
Dave Davies: Vocal Guitar
Mick Avory: Drums
Jim Rodford: Bass
Ian Gibbons: Keyboard

■1978.6.25 Universal Amphitheatre, Los Angeles, CA

You Really Got Me (Intro)
Life On The Road
Sleepwalker
Mr. Big Man
Waterloo Sunset
Misfits
Permanent Waves
Hay Fever
Lola
Celluloid Heroes
Well Respected Man / Death Of A Clown
Sunny Afternoon
Trust Your Heart
You Really Got Me
Slum Kids
Alcohol
Rock & Roll Fantasy
All Day And All Of The Night
Live Life
Juke Box Music

Ray Davies: Vocal Guitar
Dave Davies: Vocal Guitar
Mick Avory: Drums
Jim Rodford: Bass
Gordon Edwards: Keyboard
John Beecham: Trombone
Nick Newall: Saxophone

演は当時英米でラジオ放送されたものだが、82年2月にはキンクスの初来日公演が実現、即興で“Oh Oh Tokyo”を披露した27日の日本青年館公演も当時ラジオで放送されている。

ロンドン・レーベル移籍第一弾アルバム『シンク・ヴィジュアル』のツアーとなった87年3月8日のシカゴ、リヴィエラ・シアター公演はアメリカでラジオ放送されたが、「ユー・リアリー・ガット・ミー」を加工したSEから「ドゥ・イット・アゲイン」へ繋がるオープニングなどこのツアーの特徴がしっかり捉えられている。“Bells Intro”と呼ばれるこのSEを用いた演出は以降も変わらず続けられている。

89年4月にギボンズがバンドを離脱しマーク・ヘイリーに交代したが、ギボンズは93年7月の北米ツアーより復帰、同年10月の来日公演にはお馴染みの顔ぶれが揃った。このツアーではス

■1993.10.14 渋谷公会堂

Sweet Lady Genevieve (Acoustic)
A Well Respected Man (Acoustic)
Do It Again
Till The End Of The Day
David Watts
The Hard Way
Low Budget
Did Ya
Apeman
Phobia
Loony Balloon / Drift Away
Celluloid Heroes
It's Alright (Don't Think About It)
Over The Edge
Victoria
Dedicated Follower Of Fashion
Only A Dream
Come Dancing
Aggravation / New World
I Gotta Move
Welcome To Sleazy Town
All Day And All Of The Night
Lola
Hatred (A Duet)
Days
You Really Got Me

Ray Davies: Vocal Guitar
Dave Davies: Vocal Guitar
Bob Henrit: Drums
Jim Rodford: Bass
Ian Gibbons: Keyboard

■1987.3.8 Riviera Theatre, Chicago, IL

Do It Again
The Hard Way
Low Budget
Come Dancing
Working At The Factory
Lost And Found
Welcome To Sleazy Town
Think Visual
The Video Shop
Living On A Thin Line
Guilty
Misfits
Lola
State Of Confusion
A Gallon Of Gas
All Day And All Of The Night
I Gotta Move
Celluloid Heroes
20th Century Man
You Really Got Me
Till The End Of The Day

Ray Davies: Vocal Guitar
Dave Davies: Vocal Guitar
Bob Henrit: Drums
Jim Rodford: Bass
Ian Gibbons: Keyboard

テージにアコースティック・ギターを持ったレイがひとりで登場し数曲を披露したあと、“Bells Intro”とともにバンドが現れる演出から始まり、中盤では「ニュー・ワールド」とともにダンサー（レイの妻パトリシアとアニー・コックスのコンビ）も登場、「ロウ・バジェット」ではレイが頭にビール瓶を乗せるパフォーマンスを披露するなど仕掛けも充実、毎日変わるセット・リストもファンには大きな楽しみとなった。そんな中、質量ともにとくに素晴らしかったのが10月14日、渋谷公会堂のショウだった。

95年の『トゥ・ザ・ボーン』のツアーではアルバムのコンセプトに合わせ過去のナンバーが数多く演奏されたが、中でも5月15日の大阪国際交流センターではレイのアコースティック・セットに「アイ・ゴー・トゥ・スリープ」が登場、まるでクラッシュの「ロンド

■1995.5.15 大阪国際交流センター

Stop Your Sobbing (Acoustic)
Dedicated Follower Of Fashion (Acoustic)
I Go To Sleep (Acoustic)
Do It Again
The Hard Way
Till The End Of The Day
Low Budget
Apeman
Village Green Preservation Society
Too Much On My Mind
Sleepwalker
Days
20th Century Man
Dead End Street
I'm Not Like Everybody Else
Come Dancing
It's Alright (Don't Think About It)
Living On A Thin Line
Set Me Free
Lola
David Watts
All Day And All Of The Night
Death Of A Clown
Victoria
You Really Got Me

Ray Davies: Vocal Guitar
Dave Davies: Vocal Guitar
Bob Henrit: Drums
Jim Rodford: Bass
Ian Gibbons: Keyboard

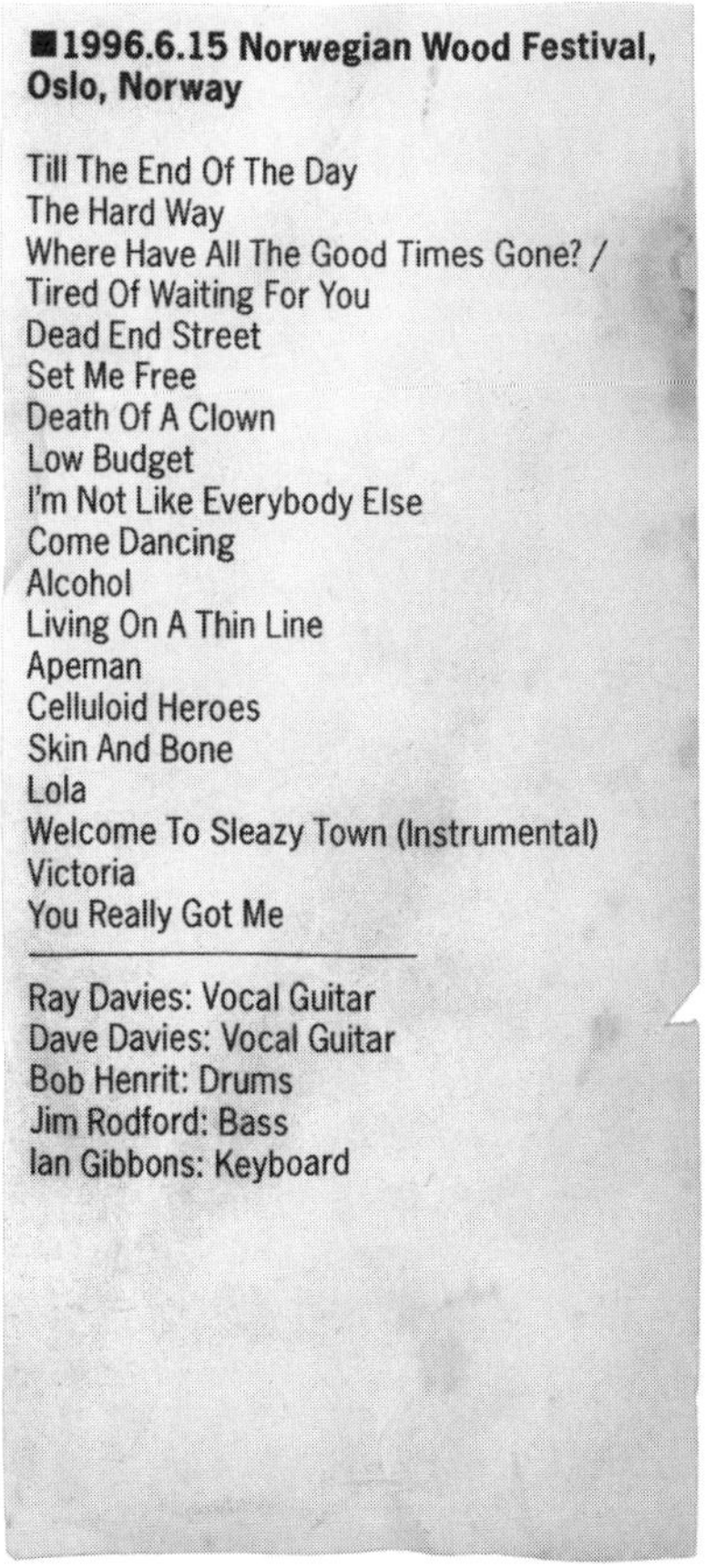

■1996.6.15 Norwegian Wood Festival, Oslo, Norway

Till The End Of The Day
The Hard Way
Where Have All The Good Times Gone? /
Tired Of Waiting For You
Dead End Street
Set Me Free
Death Of A Clown
Low Budget
I'm Not Like Everybody Else
Come Dancing
Alcohol
Living On A Thin Line
Apeman
Celluloid Heroes
Skin And Bone
Lola
Welcome To Sleazy Town (Instrumental)
Victoria
You Really Got Me

Ray Davies: Vocal Guitar
Dave Davies: Vocal Guitar
Bob Henrit: Drums
Jim Rodford: Bass
Ian Gibbons: Keyboard

ン・コーリング」のような「危険な街角」や、日本では93年の名古屋ダイヤモンドホール公演以来となる「ヴィレッジ・グリーン・プリザヴェイション・ソサエティ」が披露されるなど、選曲、曲数ともに最も充実した公演となった。

ライヴ・バンドとして絶好調であり続けたキンクスだったが、最後のステージとなったのが96年6月15日のオスロ公演だ。フェスティヴァルゆえ通常より短めのセットで「スリージィ・タウンへようこそ」が歌なしで演奏されるなど意外な場面はあったものの、これが最終公演とのアナウンスはなく、おそらく当時は数あるショウのひとつという位置づけだったはずである。しかし、これ以降キンクスがパブリックな場で演奏したことは一度もない。本当にこれがラスト・コンサートとなるか否か、あとはレイとデイヴ次第ということなのだろう。

デイヴ・デイヴィス初のソロ・シングル「道化師の死」のシート・ミュージック（楽譜）

Chapter 4

COMPILATIONS & REMASTERS

犬伏 功／山田順一

The Kinks Hits!

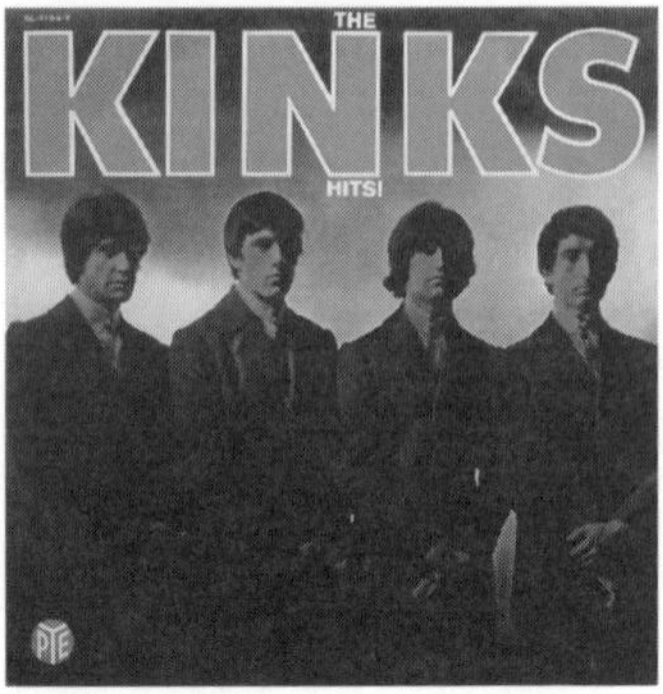

ザ・キンクス・ヒット!!
JAP/日本コロムビア/SL-1194-Y
Release: 1965.9
[A] 1. Everybody Is Gonna Be Happy / 2. Look For Me, Baby / 3. All Day And All Of The Night / 4. I Gotta Move / 5. I Need You / 6. You Really Got Me
[B] 1. Tired Of Waiting For You / 2. Too Much Monkey Business / 3. Set Me Free / 4. Long Tall Shorty / 5. Who'll Be The Next In Line / 6. It's All Right

The Kinks Greatest Hits!

US/Reprise/R 6217/RS 6217
Release: 1966.8.12
[A] 1. You Really Got Me / 2. Tired Of Waiting For You / 3. Set Me Free / 4. Something Better Beginning / 5. Who'll Be The Next In Line
[B] 1. Till The End Of The Day / 2. Dedicated Follower Of Fashion / 3. A Well Respected Man / 4. Everybody's Gonna Be Happy / 5. All Day And All Of The Night

『ザ・キンクス・ヒット!!』は65年9月発売の本邦デビュー盤で、ビートルズのそれが実質上のベスト・アルバムだったのと同様に、アートワークこそ英デビュー盤と同じながら「ユー・リアリー・ガット・ミー」から「セット・ミー・フリー」までの「カム・オン・ナウ」を除くシングルAB面すべてに英デビュー・アルバム『キンクス』、同セカンド『カインダ・キンクス』それぞれの曲を加えた、これがなかなかに良質な選曲の最初期ベスト作。英デビュー盤は本作発売の後、独自のアートワークにより『キンクス・サイズ』(米の同名アルバムとは無関係)のタイトルで発売されている。

“The Kinks Greatest Hits”は米で66年8月12日にリリースされた英米初のプロパーなベスト・アルバムで、8曲の米シングルA面に英A面曲「陽気にやろうぜ」(米では英B面曲「お次は誰れ」がA面として扱われた)とヒット曲がずらりと並んだ構成だが、『カインダ・キンクス』収録の名バラード「サムシング・ベター・ビギニング」が収められているところに編者の拘りが窺える。フロント・カヴァーには米4thアルバム『キンクダム』と同様に米TV“Shindig!”出演時の写真を使用。米では3年間の出入り禁止措置真っ只中の発売だったが、米でのヒット曲が詰め込まれているだけあり9位の好セールスを記録している。(犬伏)

英国ではヒット・シングルをEPにまとめることはあったものの、英パイは60年代を通じてキンクスのベスト・アルバムを1枚もリリースしていない。理由は簡単だ。パイの傘下のマーブル・アーチやホールマーク、ゴールデン・ギニアのようなバジェット・レーベルがベストやオムニバス盤の発売を担っていたのだ。

“Well Respected Kinks”はタイトルで分かる通り「リスペクテッド・マン」を目玉にしたマーブル・アーチによる66年9月2日発売の廉価ベスト・アルバムで、発売のタイミングは米の“The Kinks Greatest Hits”と同じだが、キンクスはこの頃エディ・カスナーと楽曲の出版権に関し裁判で争っておりニュー・アルバムの発売も凍結、パイ、リプリーズともにアレン・クレインを介在させ10月に契約がようやく更改されたが、その直前の混乱期に慌てて発売された印象は否めない。内容的にはシングルB面曲やEP曲も含む優良なベストで英6位を記録。一方の“Sunny Afternoon”は67年11月17日発売の廉価ベストで、当時の美味しいところが網羅された強力な選曲で英9位のセールスとなったが、これが直前に発売された最新アルバム『サムシング・エルス』の売れ行きを阻止することになってしまう。なお本作がキンクスにとって英国で最後のトップ10アルバムとなった。（犬伏）

Well Respected Kinks

Well Respected Kinks
UK／Marble Arch／MAL 612／MALS 612
Release: 1966.9.26
[A] 1. A Well Respected Man / 2. Where Have All The Good Times Gone / 3. Till The End Of The Day / 4. Set Me Free / 5. Tired Of Waiting For You
[B] 1. All Day And All Of The Night / 2. I Gotta Move / 3. Don't You Fret / 4. Wait Till The Summer Comes Along / 5. You Really Got Me

Sunny Afternoon

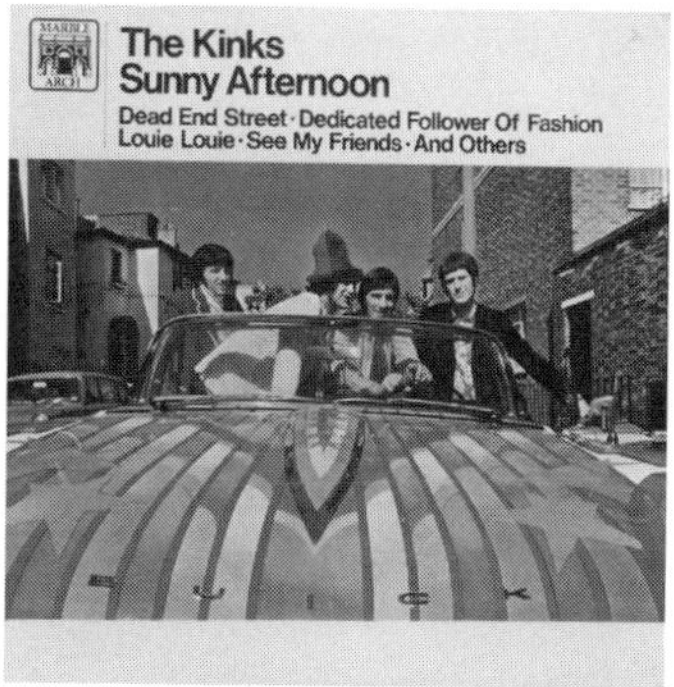

UK／Marble Arch／MAL 716／MALS 716
Release: 1967.11.17
[A] 1. Sunny Afternoon / 2. I Need You / 3. See My Friends / 4. Big Black Smoke / 5. Louie Louie
[B] 1. Dedicated Follower Of Fashion / 2. Sittin' On My Sofa / 3. Such A Shame / 4. I'm Not Like Everybody Else / 5. Dead End Street

Then Now And Inbetween

US／Reprise／PRO 328
Release: 1969.7

[A] 1. Look For Me Baby / 1a. Louie Louie / 1b. You Really Got Me / 1c. I Need You / 1d. Till The End Of The Day / 2. A Well Respected Man / 3. Dedicated Follower Of Fashion / 4. Dandy / 5. Sunny Afternoon
[B] 1. David Watts / 2. End Of The Season / 3. Sitting By The Riverside / 4. Death Of A Clown / 5. The Village Green Preservation Society / 6. Last Of The Steam-Powered Trains / 7. Big Sky / 8. Berkeley Mews / 9. Days / 10. Waterloo Sunset

The Kinks

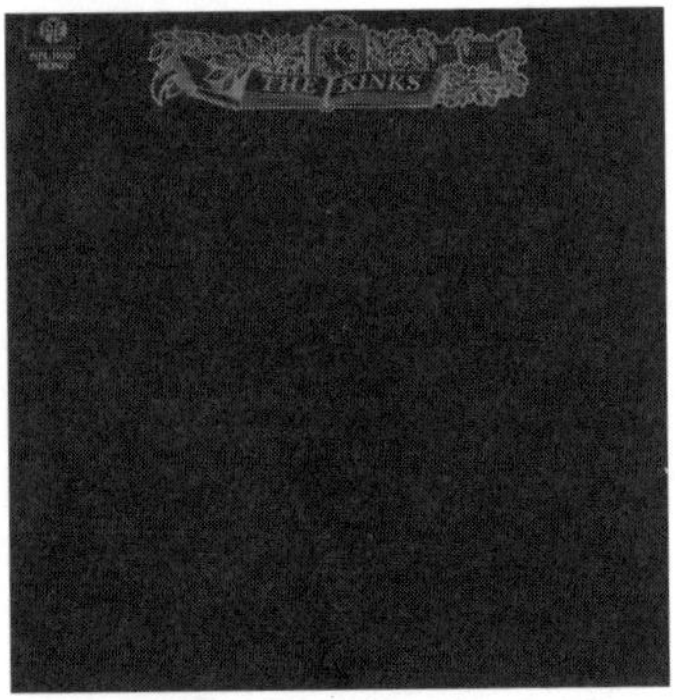

UK／Pye／NPL 18326
Release: 1970.2.27

[A] 1. You Really Got Me / 2. Long Tall Shorty / 3. All Day And All Of The Night / 4. Beautiful Delilah / 5. Tired Of Waiting For You / 6. I'm A Lover Not A Fighter [B] 1. A Well Respected Man / 2. Till The End Of The Day / 3. See My Friends / 4. Don't You Fret / 5. Dedicated Follower Of Fashion / 6. Sunny Afternoon [C] 1. Dead End Street / 2. Death Of A Clown / 3. Two Sisters / 4. Big Black Smoke / 5. Susannah's Still Alive / 6. Autumn Almanac [D] 1. Waterloo Sunset / 2. The Last Of The Steam Powered Trains / 3. Wonderboy / 4. Do You Remember Walter / 5. Dandy / 6. Animal Farm / 7. Days

65年6月のツアーではレイの粗野でプロにあるまじき振る舞いの数々が問題となり、キンクスは3年間の米国での活動を禁止されている。それは68年にようやく解けたが、米リプリーズがキンクスを大々的にプッシュするために制作したプロモーション盤が本作だ。これは単独で配布される一方で、本作をバンドのバイオ、アルバム『ヴィレッジ・グリーン・プリザヴェイション・ソサエティ』のパズルや芝、バッジなどのグッズとともに収めた“God Save The Kinks”なる豪華ボックスも作られている。中身は過去のヒット曲と最新アルバム『ヴィレッジ〜』収録曲をダイジェストも含め詰め込んだものだが、本作が初リリースとなる「バークレイ・ミューズ」は未発表アルバム“Four More Respected Gentlemen”からチョイスされたもの。後にシングル「ローラ」のB面に収められたが、ステレオ・ミックスは長らく本作でしか聴くことができなかった。

“The Kinks”はレイ自身が関わった英国における初の公式ベスト盤で70年2月27日に発売されたが、キンクスの歴史を振り返った公式本を合わせて発売する計画もあったようだ。選曲には偏りがあり意外な曲が含まれていたりするが、そこはレイ自身の思いが反映されているのだろう。当時日本盤も発売されたが、英国での発売期間はそれほど長くなかったようだ。

（犬伏）

The Kink Kronikles

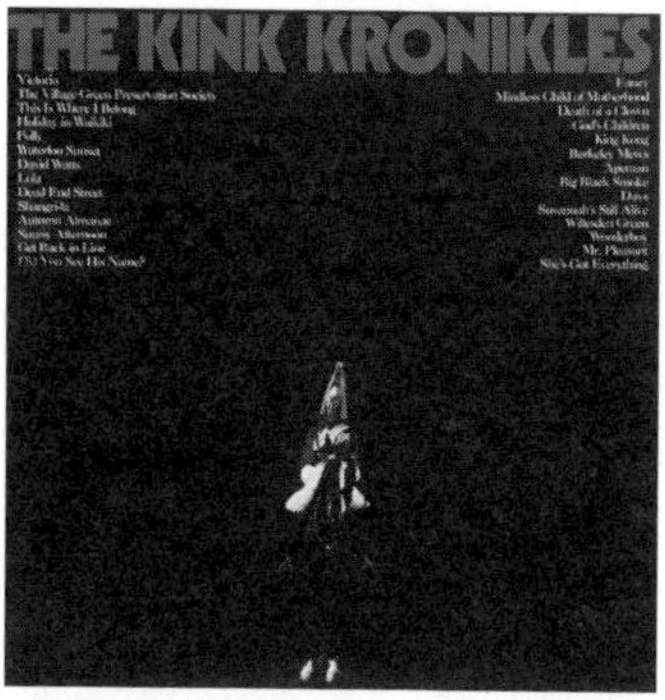

US／Reprise／2XS 6454
Release: 1972.3.25

[A] 1. Victoria / 2. The Village Green Preservation Society / 3. Berkeley Mews / 4. Holiday In Waikiki / 5. Willesden Green / 6. This Is Where I Belong / 7. Waterloo Sunset [B] 1. David Watts / 2. Dead-end Street / 3. Shangri-La / 4. Autumn Almanac / 6. Sunny Afternoon / 7. Get Back In Line / 6. Did You See His Name? [C] 1. Fancy / 2. Wonderboy / 3. Apeman / 4. King Kong / 5. Mr. Pleasant / 6. God's Children / 7. Death Of A Clown [D] 1. Lola / 2. Mindless Child Of Motherhood / 3. Polly / 4. Big Black Smoke / 5. Susannah's Still Alive / 6. She's Got Everything / 7. Days

The Great Lost Kinks Album

US／Reprise／MS 2127
Release: 1973.1.25

[A] 1. Til Death Do Us Part / 2. There Is No Life Without Love / 3. Lavender Hill / 4. Groovy Movies / 5. Rosemary Rose / 6. Misty Water / 7. Mr. Songbird
[B] 1. When I Turn Off The Living Room Light / 2. The Way Love Used To Be / 3. I'm Not Like Everybody Else / 4. Plastic Man / 5. This Man He Weeps Tonight / 6. Pictures In The Sand / 7. Where Did The Spring Go

“The Kink Kronikles”は米リプリーズ編集によるLP2枚組の編集盤で、キンクスがRCAに移籍した後の72年3月25日に発売されている。リプリーズは66年10月の契約更改でそれ以前のラリー・ペイジ／エディ・カスナーのデンマーク・プロダクションが出版権を持つ楽曲の配給権が切れており、本作は66年のアルバム『フェイス・トゥ・フェイス』以降の作品からチョイスされたものとなっている。選曲はかなりマニアックで68年の未発表曲「ディド・ユー・シー・ヒズ・ネーム」は本作が初出。「オータム・アルマナック」やレアなシングルB面曲「ポリー」、「シーズ・ガット・エヴリシング」のステレオ・ミックスも本作で初登場している。ジョン・メンデスソンによるライナー・ノーツも秀逸だ。

フロント・カヴァーにベルギーの画家ジャン＝ミシェル・フォロンによるドローイング「増殖」（68年）をあしらった“The Great Lost Kinks Album”は73年1月23日に発売された。米国における未発売、レア曲を集めた画期的な編集盤で、あくまで米国盤が〝基準〟になっているため「プラスティック・マン」のような有名シングル曲も混在しているが、レイが映画やTVのため書き下ろした曲や、デイヴ・デイヴィスの未発表ソロ・アルバムの収録曲など68〜69年の未発表曲が一気に蔵出しされている。

（犬伏）

The Kinks' Greatest - Celluloid Heroes

US／RCA Victor／APL1-1743
Release: 1976.5
[A] 1. Everybody's A Star (Starmaker) / 2. Sitting In My Hotel / 3. Here Comes Yet Another Day (Live) / 4. Holiday (Live) / 5. Muswell Hillbilly / 6. Celluloid Heroes
[B] 1. 20th Century Man / 2. Sitting In The Midday Sun / 3. One Of The Survivors / 4. Alcohol (Live) / 5. Skin And Bone (Live) / 6. (A) Face In The Crowd

本作は76年のRCAとの契約満了に合わせリリースされた作品で、当初はRCAが巷に出回るパイ時代のベスト・アルバムに対抗すべく“Greatest Hits”のタイトルを予定していたが、それにレイ・デイヴィスが難色を示し、“The Kinks Greatest - Celluloid Heroes”とタイトルを改めレイ自身による選曲と編集で76年5月にリリースされたもので、確かに作品の完成度や評価はともかくRCA時代に〝ヒット〟と呼べるものはなく、レイの主張自体は間違っていない（英国では約1ヶ月遅れの6月25日に発売）。75年の『不良少年のメロディ』以来、キンクスのニュー・アルバム制作が滞っていたこともあり、レイは本作に対し相当な力が入っていたようで〝単なるベスト盤ではない〟まるでトータル・アルバムのような作品に仕上がっている。『不良少年～』は最新作ゆえ敢えて外されたことが想像できるが、74年の『プリザヴェイション 第二幕』からもまったく選ばれていない。つまり、RCA期の71～73年の録音が集められたアルバムなのだが、レイにとって『プリザヴェイション』はひとつの作品という認識なのだろう。本作はリミックスや編集、オーヴァーダヴが行われており、いずれの曲もヴォーカルが際立っている。

中でも「スターメイカー」はリミックスと編集、ピッチ・アップによるスピード感がアルバムのオープニングにふさわしい仕上がり。「新しい日がやってくる」は75年6月14日、ロンドンのニュー・ヴィクトリア・シアターでの未発表ライヴ・ヴァージョンを発掘しており、「マスウェル・ヒルビリー」に至ってはヴォーカルを録り直す徹底ぶり。日本盤の帯にあった通り、この時代の〝極めつけ〟のアルバムである。

（犬伏）

Second Time Around

US／RCA Victor／AFL1-3520
Release: 1980.8.22
[A] 1. The Hard Way / 2. No More Looking Back / 3. Acute Schizophrenia Paranoia Blues (Live) / 4. Motorway / 5. Lola (Live)
[B] 1. Schooldays / 2. (A) Face In The Crowd / 3. Hot Potatoes / 4. Celluloid Heroes

More Kinks On Pie

JAP／SMS／SP20 5042
Release: 1983.8.20
[A] 1. You Do Something To Me / 2. It's All Right / 3. Louie Louie / 4. I Gotta Go Now / 5. I've Got That Feeling / 6. I Gotta Move / 7. Who'll Be The Next In Line / 8. Set Me Free / 9. See My Friend / 10. Never Met A Girl Like You Before [B] 1. Dedicated Follower Of Fashion / 2. Sitting On My Sofa / 3. Wait Till The Summer Comes Along / 4. Such A Shame / 5. Dead End Street / 6. Big Black Smoke / 7. Act Nice And Gentle / 8. Autumn Almanac / 9. Mr. Pleasant

“Second Time Around”は80年8月22日に発売されたRCAレーベルによる2枚目の編集盤で、前作“Celluloid Heroes”には未収録だった75年のアルバム『不良少年のメロディ』から3曲、72年の『この世はすべてショウビジネス』より5曲、75年の『ソープ・オラ』より1曲が選ばれているが、「セルロイドの英雄」と「群衆の中の顔」が“Celluloid～”と重複している。緻密なリミックス作業が行われた“Celluloid～”とは異なり、本作は既存の曲を集めただけの編集盤だが、アリスタ移籍後の人気も影響したのか米177位のセールスを記録している。

82年よりPRT原盤による英パイのビート・グループ作品の再発を始めたSMS（サウンズ・マーケティング・システム）はキンクスのカタログに相当な力を入れており独自の編集盤もリリースしていた。83年8月21日発売の『モア・キンクス・オン・パイ』はその中の1枚で、英国オリジナル・アルバムから漏れた曲の網羅を目的に山名昇氏監修によりリリースされている。同時期に出た英国原盤の編集アルバム“You Really Got Me”と次に紹介する『クワック・キンクス』の3枚で英パイよりリリースされたキンクスの曲ががすべて揃うようになっており、後述する英PRT編集による“The Kinks Are Well Respected Men”が登場するまで重宝されていた。

（犬伏）

Kwack Kinks

JAP／SMS／SP20 5043
Release: 1983.8.21
[A] 1. Susannah's Still Alive / 2. Polly / 3. Wonder Boy / 4. Lincoln County / 5. There Is No Life Without Love / 6. Days / 7. She's Got Everything / 8. This Is Where I Belong
[B] 1. Hold My Hand / 2. Creeping Jean / 3. Plastic Man / 4. King Kong / 5. Mindless Child Of Motherhood / 6. This Man He Weeps Tonight / 7. Berkeley Mews

The Kinks Greatest Hits - Dead End Street

UK／PRT／KINK 1
Release: 1983.10.14
[A] 1. You Really Got Me / 2. All Day And All Of The Night / 3. Everybody's Gonna Be Happy / 4. Till The End Of The Day / 5. Dead End Street / 6. Sunny Afternoon / 7. Dedicated Follower Of Fashion / 8. Victoria / 9. Set Me Free / 10. Apeman [B] 1. Tired Of Waiting For You / 2. See My Friends / 3. Death Of A Clown / 4. Days / 5. Lola / 6. Waterloo Sunset / 7. Wonderboy / 8. Plastic Man / 9. Autumn Almanac / 10. Susannah's Still Alive [C] 1. Misty Water / 2. Pictures In The Sand / 3. Spotty Grotty Ann [D] 1. Groovy Movies / 2. Time Will Tell / 3. Rosemary Rose

本作『クワック・キンクス』は前出の『モア・キンクス・オン・パイ』とともにキンクスのアルバム未収録曲を網羅することを目的とした編集盤で、『モア～』と同日の83年8月21日にリリースされている。ここでは主に67年以降の作品が収められているが、デイヴ・デイヴィスのソロ・シングルも収録の対象となっており、キンクスのシングルB面曲も含めると14曲のうち半分がデイヴ作品となっている。「ディス・イズ・ホエア・アイ・ビロング」はシングル「ミスター・プレザント」のB面に収められていた曲だが、英国では84年まで未発売（但し「ミスター～」の輸出用シングルが英国でプレスされている）のままで、これが本作最大の目玉となった。

“The Kinks Greatest Hits – Dead End Street”は83年10月14日に英国でリリースされた編集盤で、「ユー・リアリー・ガット・ミー」から「ローラ」までのデイヴ作品を含む20曲のシングルA面曲が収められたアルバム本体はありきたりの内容だが、付属する10インチ盤には6曲の未発表曲が収められていた。これらは一部が“The Great Lost Kinks Album”と重複するものの別ミックスとなっており、2曲は完全な未発表曲だったが、パイ／PRTの権利外の曲のため発売中止となり、4ヶ月後に10インチ盤の内容とアートワークが変更され再発売されている。

（犬伏）

Backtrackin' (The Definitive Double Album Collection)

UK／Starblend／TRACK 1
Release: 1985.12.6

[A] 1. You Really Got Me / 2. Sunny Afternoon / 3. Tired Of Waiting For You / 4. Dedicated Follower Of Fashion / 5. Set Me Free / 6. Everybody's Gonna Be Happy [B] 1. All Day And All Of The Night / 2. Lola / 3. Dead End Street / 4. Waterloo Sunset / 5. Autumn Almanac / 6. See My Friends [C] 1. Till The End Of The Day / 2. Apeman / 3. Supersonic Rocket Ship / 4. Celluloid Heroes / 5. Moving Pictures / 6. Better Things [D] 1. 20th Century Man / 2. Where Have All The Good Times Gone / 3. Don't Forget To Dance / 4. Come Dancing / 5. State Of Confusion / 6. Good Day

Come Dancing With The Kinks / The Best Of The Kinks 1977–1986

US／Arista／AL11-8428
Release: 1985.12.6

[A] 1. You Really Got Me (Live) / 2. Destroyer / 3. (Wish I Could Fly Like) Superman / 4. Juke Box Music / 5. A Rock 'N' Roll Fantasy [B] 1. Come Dancing / 2. Sleepwalker / 3. Catch Me Now I'm Falling / 4. Do It Again / 5. Better Things [C] 1. Intro: Lola (Live) / 2. Lola (Live) / 3. Low Budget / 4. Long Distance / 5. Heart Of Gold [D] 1. Don't Forget To Dance / 2. Misfits / 3. Living On A Thin Line / 4. Father Christmas

“Backtrackin”はパイからRCA、アリスタと渡り歩いたキンクスのキャリアを俯瞰した初めての編集盤で、85年12月6日に英国のスターブレンドというレーベルより発売されている。当時パイの権利を管理していたPRTとRCA／アリオラ、ラリー・ペイジ・プロダクションの名がクレジットされている通り正式なライセンスによるものだが、鉄道のレールに名前が刻まれたイラストを全面に配したアートワーク（内側にも同じものを使用）は今一つと言わざるを得ない。この手の他社からのライセンスもので起こりがちだが、本作もRCA期の「スーパーソニック・ロケットシップ」とアリスタ期の「ムーヴィング・ピクチャーズ」がラフな別ヴァージョンで収められており、これらは他で一切聴くことができない。“Come Dancing”は77〜86年のアリスタ期を総括したベスト・アルバムで、この時期の代表曲に加えパイ時代の「ユー・リアリー・ガット・ミー」とRCA時代の「セルロイド・ヒーローズ」をライヴ・アルバム『ワン・フォー・ザ・ロード』のヴァージョンで収録している。77年のシングル曲「ファーザー・クリスマス」と83年のアルバム『ステイト・オブ・コンフュージョン』のカセット・ヴァージョンにのみ収められていた「ロング・ディスタンス」は本作で初めてアルバム化が実現している。（犬伏）

The Kinks Are Well Respected Men

UK／PRT／PYL 7001
Release: 1987.9.28

[A] 1. Long Tall Sally / 2. You Still Want Me / 3. You Do Something To Me / 4. It's All Right / 5. All Day And All Of The Night / 6. I Gotta Move / 7. Louie Louie / 8. I've Got That Feeling / 9. I Gotta Go Now [B] 1. Things Are Getting Better / 2. Everybody's Gonna Be Happy / 3. Who'll Be The Next In Line / 4. Set Me Free / 5. I Need You / 6. See My Friends / 7. Never Met A Girl Like You / 8. A Well Respected Man / 9. Such A Shame / 10. Wait Till The Summer Comes Along [C] 1. Don't You Fret / 2. Dedicated Follower Of Fashion / 3. Sitting On My Sofa / 4. I'm Not Like Everybody Else / 5. Dead End Street / 6. Big Black Smoke / 7. Act Nice And Gentle / 8. Autumn Almanac / 9. Mr. Pleasant [D] 1. Wonder Boy / 2. Pretty Polly / 3. Days / 4. She's Got Everything / 5. Plastic Man / 6. King Kong / 7. Mindless Child Of Motherhood / 8. This Man He Weeps Tonight / 9. Berkeley Mews

Lost & Found (1986–89)

US／MCA／MCAD-10338
Release: 1991.8.27

1. The Road (Live) / 2. UK Jive / 3. Lost And Found / 4. Working At The Factory / 5. Think Visual / 6. Welcome To Sleazy Town / 7. How Do I Get Close / 8. The Video Shop / 9. Now And Then / 10. Apeman (Live) / 11. Living On A Thin Line (Live) / 12. Give The People What They Want (Live)

　これまでにもキンクスのアルバム未収録曲を集めた編集盤はいくつもあったが、その決定版となったのが英PRTにより87年9月28日にリリースされたLP2枚組の本作“The Kinks Are Well Respected Men”で、英国でのリリースに準拠しアルバムから漏れた全37曲が余計な意図を介在させずクロノロジカルに、全曲モノラルで統一され並んでいる。英国でリリースされなかった「ディス・イズ・ホエア・アイ・ビロング」（シングル「ミスター・プレザント」のB面曲）や米リプリーズ盤に収められていた曲が拾われていないが、これは権利外ということで致し方ないだろう。CD時代になりこれらの曲はアルバムの“ボーナス・トラック”として扱われるようになったが、本作はアナログ時代だからこそ求められた編集盤だろう。

　一方で91年8月27日にリリースされた“Lost And Found”はCD時代を代表する編集アルバムのひとつで、ロンドン／MCA時代の作品が12曲収められている。『シンク・ヴィジュアル』収録曲から取られたタイトルは駅の忘れ物預かり所の意味があり、アートワークはそれに引っ掛けたもの。何の説明もない素っ気ないパッケージながら選曲はよくまとまっているが、『UKジャイヴ』収録曲の「ナウ・アンド・ゼン」がアルバムとは別テイクで収められているので要注意だ。（犬伏）

The Singles Collection / The Songs Of Ray Davies Waterloo Sunset

UK／Essential／ESS CD 592
Release: 1997.9.29

[**1**] 1. Long Tall Sally / 2. You Still Want Me / 3. You Really Got Me / 4. All Day And All Of The Night / 5. Tired Of Waiting For You / 6. Everybody's Gonna Be Happy / 7. Set Me Free / 8. See My Friends / 9. Till The End Of The Day / 10. Where Have All The Good Times Gone / 11. Dedicated Follower Of Fashion / 12. Well Respected Man / 13. Sunny Afternoon / 14. Dead End Street / 15. Waterloo Sunset / 16. Death Of A Clown / 17. Autumn Almanac / 18. David Watts / 19. Susannah's Still Alive / 20. Wonderboy / 21. Days / 22. Plastic Man / 23. Victoria / 24. Lola / 25. Apeman

[**2**] 1. The Shirt (Unreleased Demo Recording) / 2. Rock And Roll Fantasy (Live) / 3. Mr. Pleasant / 4. Celluloid Heroes / 5. Voices In The Dark (Remix) / 6. Holiday Romance / 7. Art Lover (Remix) / 8. Still Searching / 9. Return To Waterloo (Unreleased Demo Recording / Remix) / 10. Afternoon Tea / 11. The Million-Pound-Semi-Detached (Unreleased Demo Recording) / 12. My Diary (Unreleased Demo Recording) / 13. Drivin' / 14. Waterloo Sunset (Stereo Mix) / 15. Scattered

“The Best Of The Kinks 1964–1970”は97年9月27日に英国発売されたCDフォーマットによるベスト・アルバムで「ドライヴィン」「シャングリラ」を除くパイ時代の英国盤シングルA面全曲に「ホエア・ハヴ・オール・ザ・グッド・タイムズ・ゴーン」と「リスペクテッド・マン」、「デイヴィッド・ワッツ」を加えた全25曲を収録。01年に同内容盤が日本でもリリースされたが、英国では“Waterloo Sunset – The Songs Of Ray Davies”と題されたディスクがセットになった2枚組のヴァージョンもリリースされている。これには同年出版されたレイ・デイヴィスによる短編集“Waterloo Sunset”と連動した15曲が収められており、3曲の未発表デモ録音：89年の『UKジャイヴ』制作時に書かれながらキンクスでの録音が見送られた「ザ・ミリオン・パウンド・セミ・デタッチト」と新曲「ザ・シャツ」「マイ・ダイアリー」が本作にて初リリース、他にもアリスタ時代のプロパーな録音が使えなかったことから「ロックン・ロール・ファンタジー」は未発表のライヴ・ヴァージョン、「アート・ラヴァー」は別テイク、85年のレイ監督によるTVドラマ用ソロ名義作品「リターン・トゥ・ウォータールー」「ヴォイシズ・イン・ザ・ダーク」はリミックス・ヴァージョンと、他では聴けないレアなヴァージョンでの収録となっている。（犬伏）

The Best Of The Kinks 1964–1970

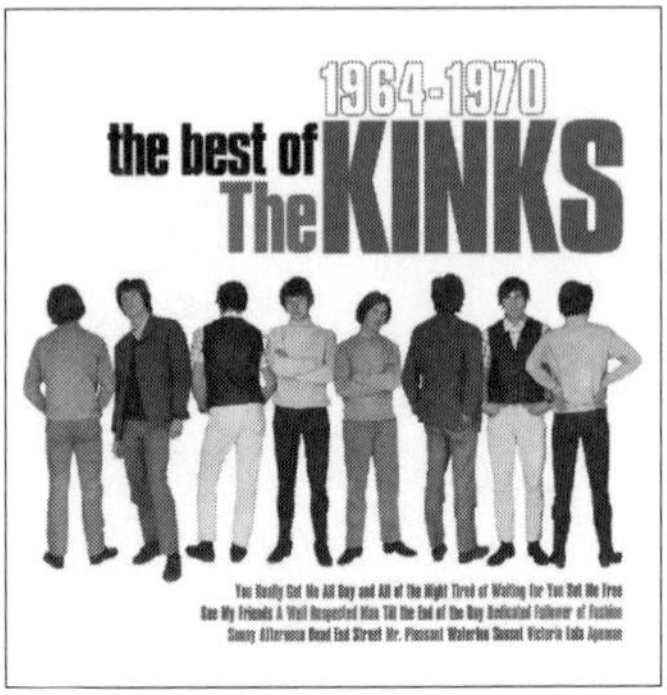

UK／BMG／BMG160023V
2016.6.24

[A]
1. You Really Got Me
2. All Day And All Of The Night
3. Tired Of Waiting For You
4. Set Me Free
5. See My Friends
6. A Well Respected Man
7. Till The End Of The Day
8. Dedicated Follower Of Fashion
9. Sunny Afternoon

[B]
1. Dead End Street
2. Mr. Pleasant
3. Waterloo Sunset
4. Victoria
5. Lola
6. Apeman

キンクスのパイ時代作品はCD時代になってからも幾度と復刻されており、98年には多数のボーナス・トラック入りヴァージョンが登場、04年には英サンクチュアリがユニヴァーサル・ミュージック傘下となったことでアンドリュー・サンドヴァル監修により〝デラックス・エディション〟化が実現、その後サンクチュアリ・レーベルの売却を経てBMG／アブコによるカタログ管理が行われるようになった。今では既発曲、未発表曲ともに充分なアップグレードが進んでおり再発売にはレイ・デイヴィスも積極的に関わるようになったが、本作はそれらの副産物として16年6月24日に英国にて発売されたベスト・アルバム。現在までアナログのみのリリースとなっておりCD、配信、サブスクリプション等デジタルでのリリースは一切行われていない。収録曲はすべて英米或いは欧州でシングルA面発売歴があるもので、アルバムのA面にはモノラル・ヴァージョンが9曲、B面にはステレオ・ヴァージョン6曲がそれぞれクロノロジカルに収められている。注目すべきはB面に収められたステレオ・ヴァージョンで、欧州でのシングルA面曲「ミスター・プレザント」はアルバム『サムシング・エルス』のデラックス・エディション発売時に作られた最新のステレオ・リミックスを初アナログ化したものだが、66年のシングルA面曲「危険な街角」は未デジタル化で本作以外のどこにも収録されていない初登場のステレオ・リミックス・ヴァージョンとなっている。本作には全曲とも14年のリマスターとクレジットされていることから、これは同年発売のボックスセット“The Anthology 1964–1971”のために作られながらもレイの承認が得らず、ここにこっそり収めたのではないかと思われる。（犬伏）

BBC Sessions 1964–1977

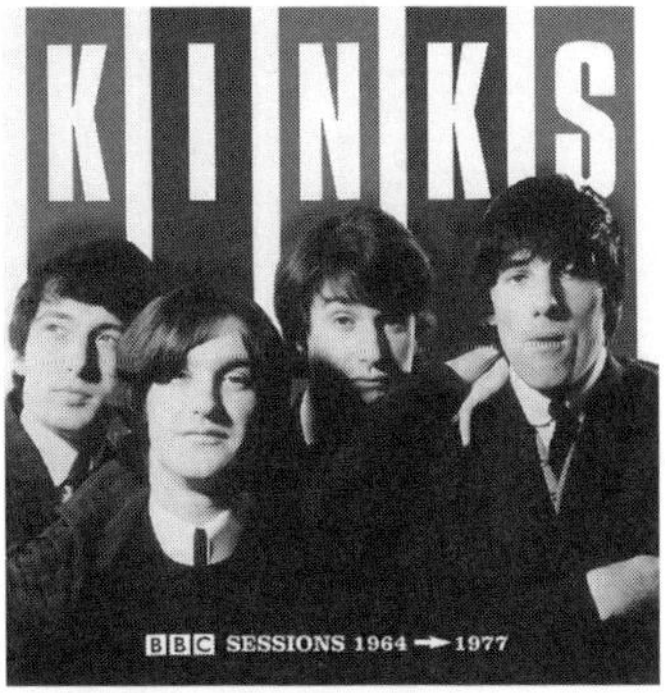

UK／Sanctuary／SANDD010
Release: 2001.3.12
[1] 1. Interview / 2. You Really Got Me / 3. Interview / 4. Cadillac / 5. All Day And All Of The Night / 6. Tired Of Waiting For You / 7. Everybody's Gonna Be Happy / 8. See My Friend / 9. This Strange Effect / 10. Milk Cow Blues / 11. Wonder Where My Baby Is Tonight / 12. Till The End Of The Day / 13. Where Have All The Good Times Gone / 14. Death Of A Clown / 15. Love Me Till The Sun Shines / 16. Harry Rag / 17. Good Luck Charm / 18. Waterloo Sunset / 19. Monica / 20. Days 21. The Village Green Preservation Society /
[2] 1. Mindless Child Of Motherhood / 2. Holiday / 3. Demolition / 4. Victoria / 5. Here Comes Yet Another Day / 6. Money Talks / 7. Mirror Of Love / 8. Celluloid Heroes / 9. Skin And Bone / Dry Bones / 10. Get Back In The Line / 11. Did You See His Name? / 12. When I Turn Off The Living Room Lights / 13. Skin And Bone / 14. Money Talks

英国では音楽家の演奏機会を守るためラジオ放送におけるレコードの使用が強く制限されており、歌手やバンドは出演ごとに演奏を収録しなければならなかったが、結果としてそれが数多くの貴重なパフォーマンスをBBCに残すことになった。それらは長年、熱心なマニアによって聴かれ、そして語り継がれてきたが、94年にビートルズの『ライヴ・アット・ザ・BBC』が空前のヒットを記録し“BBCセッション”ブームが到来、ビッグ・ネームによる同様のアルバムが続々とリリースされる中、キンクスもその例に漏れず01年3月12日にCD2枚組の本作がリリースされている。「ユー・リアリー・ガット・ミー」の大ヒットにより特例でオーディションが免除され出演した64年9月7日収録の“Saturday Club”から“Old Grey Whistle Test”で放送された77年3月28日収録の“クリスマス・コンサート”まで全35曲（当初はアルバム『フォビア』発売時のに出演した“The Johnny Walker Show”も収められる予定だったが発売直前にオミットされた）を収録、中でもデイヴ・ベリーに提供されたレイ・デイヴィス作品「ディス・ストレンジ・エフェクト」はキンクスによる正式なスタジオ録音が存在しておらず貴重なものだ。74年7月14日にロンドンのヒッポドローム・シアターで収録された“In Concert”からも6曲が選ばれているが、その一方で米リプリーズ／アブコが権利を持つ“The Great Lost Kinks Album”やその関連の録音が“BBC番組用の楽曲”であることを口実に収録されるという些かゲリラ的な一面もある。長らく重宝されたアルバムだったが、12年に現存するBBC録音とTV出演映像をすべて詰め込んだ“The Kinks At The BBC”が登場したことで本作の役割は終わっている。（犬伏）

Picture Book

UK／Universal Music／531 3049
2008.12.8

[**Disc 1**] 1. Brian Matthew Introduces The Kinks / 2. You Really Got Me / 3. I'm A Hog For You, Baby / 4. I Believed You / 5. Long Tall Sally / 6. I Don't Need You Anymore / 7. Stop Your Sobbin' / 8. I Gotta Move / 9. Don't Ever Let Me Go / 10. All Day And All Of The Night / 11. Tired Of Waiting For You / 12. Come On Now / 13. There Is A New World Opening For Me / 14. Every Body's Gonna Be Happy / 15. Who'll Be The Next In Line / 16. Time Will Tell / 17. Set Me Free / 18. I Need You / 19. See My Friends / 20. Wait Till The Summer Comes Along / 21. I Go To Sleep / 22. A Little Bit Of Sunlight / 23. This I Know / 24. A Well Respected Man / 25. This Strange Effect / 26. Milk Cow Blues / 27 Ring The Bells / 28. I'm On An Island / 29. Till The End Of The Day / 30. Where Have All The Good Times Gone / 31. All Night Stand / 32. And I Will Love You / 33. Sittin' On My Sofa

[**Disc 2**] 1. Dedicated Follower Of Fashion / 2. She's Got Everything / 3. Mr. Reporter / 4. Sunny Afternoon / 5. I'm Not Like Everybody Else / 6. This Is Where I Belong / 7. Rosy Won't You Please Come Home / 8. Too Much On My Mind / 9. Session Man / 10. End Of The Season / 11. Dead End Street / 12. Village Green / 13. Two Sisters / 14. David Watts / 15. Mr. Pleasant / 16. Waterloo Sunset / 17. Death Of A Clown / 18. Lavender Hill / 19. Good Luck Charm / 20. Autumn Almanac / 21. Susannah's Still Alive / 22. Animal Farm / 23. Rosemary Rose / 24. Berkeley Mews / 25. Lincoln County / 26. Picture Book / 27 Days / 28. Misty Water

[**Disc 3**] 1. Love Me Till The Sun Shines / 2. The Village Green Preservation Society / 3. Big Sky / 4. King Kong / 5. Drivin' / 6. Some Mother's Son / 7. Victoria / 8. Shangri-La / 9. Arthur / 10. Got To Be Free / 11. Lola / 12. Get Back In The Line / 13. The Moneygoround / 14. Strangers / 15. Apeman / 16. God's Children / 17. The Way Love Used To Be / 18. Moments / 19. Muswell Hillbilly / 20. Oklahoma USA /21. 20th Century Man / 22. Here Come The People In Grey

[**Disc 4**] 1. Skin And Bone / 2. Alcohol (Live) / 3. Celluloid Heroes / 4. Sitting In My Hotel / 5. Supersonic Rocketship / 6. You Don't Know My Name / 7. One Of The Survivors / 8. Sitting In The Midday Sun / 9. Sweet Lady Genevieve / 10. Daylight / 11. Mirror Of Love / 12. Artificial Man / 13. Preservation / 14. Slum Kids (Live) / 15. Holiday Romance / 16. (A) Face In The Crowd / 17. No More Looking Back / 18. Sleepwalker / 19. The Poseur

[**Disc 5**] 1. Sleepless Night / 2. Father Christmas / 3. Misfits / 4. Rock 'N' Roll Fantasy / 5. Little Bit Of Emotion / 6. Attitude / 7. Hidden Quality / 8. A Gallon Of Gas / 9. Catch Me Now I'm Falling / 10. Nuclear Love / 11. Duke / 12. Maybe I Love You / 13. Stolen Away Your Heart / 14. Low Budget / 15. Better Things / 16. Destroyer / 17. Yo-Yo / 18. Art Lover / 19. Long Distance

[**Disc 6**] 1. Heart Of Gold / 2. Come Dancing / 3. State Of Confusion / 4. Do It Again / 5. Living On A Thin Line / 6. Summer's Gone / 7. How Are You? / 8. The Road (Live) / 9. The Million-Pound-Semi-Detached / 10. Down All The Days (Till 1992) / 11. The Informer / 12. Phobia13. Only A Dream / 14. Drift Away / 15. Scattered / 16. Do You Remember Walter? (Live) / 17. To The Bone

　30年を超えるキャリアの中、6つの所属レーベルを渡り歩いたキンクスのようなバンドはキャリアを通じた編集作品をリリースするのが難しいという問題があり、例えばローリング・ストーンズもレーベルを超えたベスト・アルバムすらリリースできない期間が長らく続いていた。そんなキンクスは世間のボックス・ブームに乗ることができずにいたが、パイ時代作品の権利を持つサンクチュアリがユニバーサル傘下となった08年12月8日にリリースされた初めての、そして今も唯一のボックスが本作“Picture Book”である。

　パイ時代の初登場曲／ヴァージョンは12曲で、ボール・ウィーヴィルズ時代のデモ録音2曲からはじまり、「ユー・リアリー・ガット・ミー」と曲調が似ていることから未発表に終わった「ドント・エヴァー・レット・ゴー」、65年5月にリージェント・サウンド・スタジオで行われたレイ・デイヴィスのデモ・セッションから3曲、リヴァプール出身のグループ、ソウツに提供された「オール・ナイト・スタンド」のデモ、未発表となったEP収録曲「アンド・アイ・ウィル・ラヴ・ユー」、「キザな奴」の別ヴォーカル・ヴァージョン、レイが歌う「ミスター・レポーター」のオリジナル・ヴァージョン、「危険な街角」の初期ヴァージョン、デイヴ・デイヴィスが歌う「グッド・ラック・チャーム」のカヴァー・ヴァージョンと貴重な発掘が続くが、いずれも現在は11年にスタートしたパイ期アルバムの〝デラックス・エディション〟と14年発売の“The Anthology 1964–1971”にて他のレア・トラックとともにアップグレードされたものが入手可能となっている。ＲＣＡ時代に関しては特筆すべき発掘はないが、アリスタ時代は極めて充実した内容で79年のアルバム『ロウ・バジェット』期の未発表曲「ヒドゥン・クオリティ」や「ガソリン・ブルース」のラフなロング・ヴァージョン、4曲の未発表デモ：「ニュークリア・ラヴ」「デューク」「メイビー・アイ・ラヴ・ユー」「ストーレン・アウェイ・ユア・ハート」、83年に録音された「カム・ダンシング」のデモが収められており、それらは現在もこのボックス・セットでしか聴くことができない貴重なものだ。現在も廃盤状態が続くロンドン／ＭＣＡ時代の録音も多くはないがしっかり拾われており、今もキンクスの最新スタジオ作品となる「トゥ・ザ・ボーン」は当時プロモーション盤にのみ収められたデモ・ヴァージョンが選ばれている。

　パイ〜ＲＣＡ期こそ現行盤に役割を譲ったものの、それ以降の時代に関しては今も価値を保っており、決して手放せない重要なボックスだ。（犬伏）

The Kinks At The BBC
ザ・キンクス・アット・ザ・BBC

UK/Sanctuary/UMC/279 721-8
2008.12.8

[**Disc 1**] 1. Interview: Meet The Kinks / 2. Cadillac / 3. Interview: Ray Talks About 'You Really Got Me' / 4. You Really Got Me / 5. Little Queenie / 6. I'm A Lover Not A Fighter / 7. Interview: The Shaggy Set / 8. You Really Got Me / 9. All Day And All Of The Night / 10. I'm A Lover Not A Fighter / 11. Interview: Ray Talks About The USA / 12. I've Got That Feeling / 13. All Day And All Of The Night / 14. You Shouldn't Be Sad / 15. Interview: Ray Talks About Records / 16. Tired Of Waiting For You / 17. Everybody's Gonna Be Happy / 18. This Strange Effect / 19. Interview: Ray Talks About 'See My Friends' / 20. See My Friends / 21. Hide And Seek / 22. Milk Cow Blues / 23. Interview: Ray Talks About Songwriting / 24. Never Met A Girl Like You Before / 25. Wonder Where My Baby Is Tonight / 26. Interview: Meet Pete Quaife / 27. Till The End Of The Day / 28. A Well Respected Man / 29. Where Have All The Good Times Gone? / 30. Love Me Till The Sun Shines / 31. Interview: Meet Dave Davies / 32. Death Of A Clown / 33. Good Luck Charm / 34. Sunny Afternoon / 35. Autumn Almanac / 36. Harry Rag / 37. Mr. Pleasant
[**Disc 2**] 1. Susannah's Still Alive / 2. David Watts / 3. Waterloo Sunset / 4. Interview: Ray Talks About Working / 5. Days / 6. Interview: Ray Talks About Solo Records / 7. Love Me Till The Sun Shines / 8. Monica / 9. Interview: Ray Talks About 'Village Green' / 10. The Village Green Preservation Society / 11. Animal Farm / 12. Where Was Spring? / 13. Where Did My Spring Go? / 14. When I Turn Off The Living Room Lights / 15. Plastic Man / 16. King Kong / 17. Do You Remember Walter / 18. Interview: Ray Talks About Rumours / 19. Victoria / 20. Mr. Churchill Says / 21. Arthur / 22. Interview: Ray Talks With Keith Altham
[**Disc 3**] 1. Supersonic Rocket Ship / 2. Here Comes Yet Another Day / 3. Demolition / 4. Mirror Of Love / 5. Money Talks / 6. DJ Alan Black Introduces "In Concert" / 7. Victoria / 8. Here Comes Yet Another Day / 9. Mr. Wonderful / 10. Money Talks / 11. Dedicated Follower Of Fashion / 12. Mirror Of Love / 13. Celluloid Heroes / 14. You Really Got Me / All Day And All Of The Night / 15. DJ Alan Black Talks About 'Preservation Act 2' / 16. Daylight / 17. Here Comes Flash / 18. Demolition / 19. He's Evil / 20. Lola / 21. Outro / 22. Skin And Bone / Dry Bones
[**Disc 4**] 1. Alan Freeman Introduction / 2. Juke Box Music / 3. Bob Harris Introduction / 4. Sleepwalker / 5. Life On The Road / 6. A Well Respected Man / 7. Death Of A Clown / 8. Sunny Afternoon / 9. Waterloo Sunset / 10. All Day And All Of The Night / 11. Slum Kids / 12. Celluloid Heroes / 13. Get Back In The Line / 14. The Hard Way / 15. Lola / 16. Alcohol / 17. Skin And Bone / Dry Bones / 18. Father Christmas / 19. You Really Got Me / 20. Interview: Ray Talks To Johnny Walker / 21. Phobia / 22. Interview: Ray Introduces 'Over The Edge' / 23. Over The Edge / 24. Wall Of Fire / 25. Till The End Of The Day
[**Disc 5**] 1. All Day And All Of The Night / 2. Waterloo Sunset / 3. I'm Not Like Everybody Else / 4. Till The End Of The Day / 5. You Really Got Me / 6. Louie Louie / 7. Stop Your Sobbing / 8. Milk Cow Blues / 9. Milk Cow Blues / 10. I Am Free / 11. Susannah's Still Alive / 12. Days / 13. Dedicated Follower Of Fashion / A Well Respected Man / Death Of A Clown / 14. Sunny Afternoon / 15. Two Sisters / 16. Sitting By The River-side / 17. Lincoln County / 18. Picture Book / 19. Days
[**DVD**] 1. You Really Got Me / 2. Got Love If You Want It / 3. Sunny Afternoon / 4. Lola / 5. Ape Man / 6. Have A Cuppa Tea / 7. Come Dancing / 8. Scattered / 9. Over The Edge / 10. Informer / 11. Till The End Of The Day / 12. You Really Got Me / 13. Till The End Of The Day / 14. Waterloo Sunset / 15. Top Of The Pops / 16. The Money-Go-Round / 17. Sunny Afternoon / 18. Virgin Soldiers / 19. She Bought A Hat Like Princess Marina / 20. Alcohol / 21. Acute Schizophrenia Paranoia Blues / 22. You Really Got Me / 23. Victoria / 24. Acute Schizophrenia Paranoia Blues / 25. Dedicated Follower Of Fashion / 26. Lola / 27. Holiday / 28. Good Golly Miss Molly / 29. You Really Got Me / 30. Waterloo Sunset / 31. The Village Green Preservation Society / 32. All Day And All Of The Night / 33. Sleepwalker / 34. Life Goes On / 35. Stormy Sky / 36. Celluloid Heroes / 37. Muswell Hillbillies / 38. Full Moon / 39. Life On The Road / 40. Juke Box Music / 41. Juke Box Music / 42. Sleepwalker / 43. Life On The Road / 44. A Well Respected Man / 45. Death Of A Clown / 46. Sunny Afternoon / 47. Waterloo Sunset / 48. All Day And All Of The Night / 49. Slum Kids / 50. Celluloid Heroes / 51. Get Back In Line / 52. Schoolboys In Disgrace / 53. Lola / 54. Alcohol / 55. Skin And Bone / Dry Bones / 56. Father Christmas / 57. You Really Got Me / 58. Interview With Ray & Dave

『BBCセッションズ1964―1977』の拡張版、とひと言では片付けられないCD5枚+DVD1枚からなるマルチ・ボックス・セット。

マスター・テープや正規コピー（放送用につくられたトランスクリプション・ディスク）が残っていなかったため、エア・チェック音源を元にしたと思われる〝オフ・エア・ブートレグ・レコーディングス〟とわざわざ表記したディスク5（5）〜（19）と音質の悪いセクションも含まれているが、この時点でBBCに残っているアーカイヴのすべてを網羅したというのが売りになっており、『キンク・クロニクルズ』や先の『BBCセッションズ』、04年の『ヴィレッジ・グリーン・プリザヴエイション・ソサエティ』〈デラックス・エディション〉などに収録されていた「ディド・ユー・シー・ヒズ・ネイム」以外のBBC音源はこれにほぼ集約されることになった。

トラックは時系列に纏められていて、中にはリップシンクもあるのだが、それは当時の放送状況からすれば当然のことなので気にすべきではないだろう。そんなことよりも初期のピート・クウェイフのベースの太さに代表されるフリーク・ビート感や、70年代の〝一座〟とも言うべき編成によるシアトリカルで豪華な演奏、90年代に入ってからの意外なハード・ロッカーぶりなど、たとえ重複する曲があろうとも、そのときどきで変化するバンドのスタイルがたっぷり楽しめる。そして何よりも、ライヴ・バンドとしてのキンクスの成長の過程が把握できる内容となっているところが素晴らしい。

日本では彼らのステージを体験する機会は限られていた（2度目の来日の翌年にあたる94年のセッションは、日本でのステージを体験された方なら感慨を覚えるはずだ）だけでなく、ライヴの様子を伝える情報も少なかっただけに、夢のようなライヴ・アンソロジー・ボックスと感じられる。アリスタ以降が一切ないのが惜しまれるが、それはBBCへの出演がなかったのだからどうにもならない。

そして実は、超目玉なのがDVD。72年〈アット・ザ・レインボー〉、73年〈イン・コンサート〉、77年〈クリスマス・コンサート〉のステージの全貌が観られるのは圧巻で、映像が残る曲すべてをフルで収録しているのは快挙としか言いようがない。デイヴィス兄弟のインタヴューも収録されているので対訳付きを入手すれば、その内容もより理解しやすいと思う。

ダイジェストの2CD版も出ているけれど、それを手に入れたとしても結局はこのボックスが欲しくなるはず。大枚をはたきましょう。（山田）

The Anthology 1964–1971

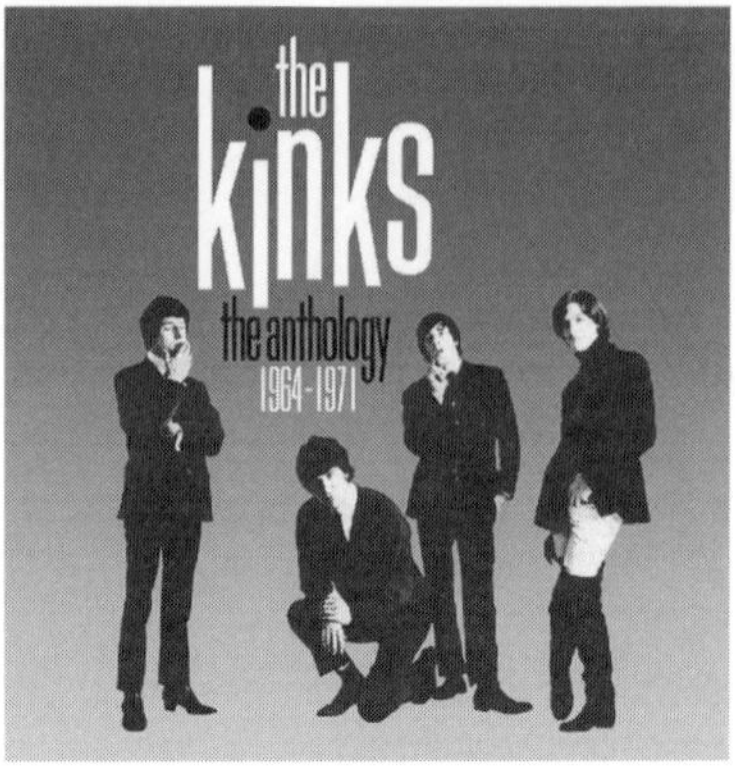

UK/Sanctuary/88875021542
2014.11.14
(Recorded Live At Twickenham Television Studios, London 1964.12.16)

[**Disc 1**] 1. I Took My Baby Home / 2. I'm A Hog For You, Baby / 3. I Don't Need You Anymore (Demo) / 4. Everybody's Gonna Be Happy (Demo) / 5. Long Tall Sally / 6. You Still Want Me / 7. You Do Something To Me / 8. You Really Got Me / 9. It's All Right / 10. Beautiful Deliah (Alternate Mono Mix) / 11. Just Can't Go To Sleep / 12. I'm A Lover, Not A Fighter (Alternate Mono Mix) / 13. Little Queenie (Live At The Playhouse Theatre 1964) / 14. Too Much Monkey Business (Alternate Take) / 15. Stop Your Sobbing / 16. All Day And All Of The Night / 17. I Gotta Move / 18. I Gotta Go Now / 19. I've Got That Feeling (Live At Piccadilly Studios 1964) / 20. Tired Of Waiting For You / 21. Come On Now (Alternate Mix) / 22. Look For Me Baby / 23. Nothin' In The World Can Stop Me Worryin' 'Bout That Girl / 24. Wonder Where My Baby Is Tonight / 25. Don't Ever Change / 26. You Shouldn't Be Sad / 27. Something Better Beginning / 28. Everybody's Gonna Be Happy / 29. Who'll Be The Next In Line (Session Excerpt - Backing Track Take One) / 30. Who'll Be The Next In Line (Alternate Mix) / 31. Set Me Free / 32. I Need You / 33. Interview: Clay Cole Meets The Kinks

[**Disc 2**] 1. See My Friends / 2. Never Met A Girl Like You Before / 3. I Go To Sleep (Demo) / 4. A Little Bit Of Sunlight (Demo) / 5. Tell Me Now So I'll Know (Alternate Demo) / 6. When I See That Girl Of Mine (Demo) / 7. There's A New World Just Opening For Me (Demo) / 8. This Strange Effect (Live At Aeolian Hall 1965) / 9. Hide And Seek (Live At Aeolian Hall 1965) / 10. A Well Repected Man / 11. Such A Shame / 12. Don't You Fret / 13. Till The End Of The Day / 14. Where Have All The Good Times Gone / 15. Milk Cow Blues / 16. I Am Free / 17. The World Keeps Going Round / 18. I'm On An Island / 19. You Can't Win / 20. Time Will Tell / 21. Dedicated Follower Of Fashion (Sesion Excerpt - Takes 1-3) / 22. Dedicated Follower Of Fashion (Single Version) / 23. Sittin' On My Sofa / 24. She's Got Everything (Backing Track Take Two) / 25. She's Got Everything (Alternate Mono Mix) / 26. Mr. Reporter (Version One) / 27. All Night Stand (Demo)

[**Disc 3**] 1. Sunny Afternoon / 2. I'm Not Like Everybody Else / 3. Dandy / 4. Party Line / 5. Rosy Won't You Please Come Home / 6. Too Much On My Mind / 7. Session Man / 8. Most Exclusive Residence For Sale / 9. Fancy / 10. Dead End Street / 11. Big Black Smoke (Alternate Stereo Mix) / 12. Mr. Pleasant (Previously Unissued Mix) / 13. This Is Where I Belong (Previously Unissued Mix) / 14. Village Green (Previously Unissued Mix) / 15. Two Sisters (Previously Unissued Mix) / 16. Waterloo Sunset (Session Excerpt - Backing Track Take 2) / 17. Waterloo Sunset / 18. Act Nice And Gentle (Previously Unissued Mix) / 19. Harry Rag (Session Excerpt) / 20. Harry Rag / 21. Death Of A Clown / 22. Love Me Till The Sun Shines / 23. David Watts / 24. Tin Soldier Man / 25. Afternoon Tea (Alternate Stereo Mix) / 26. Funny Face / 27. Lazy Old Sun (Alternate Stereo Mix) / 28. Susannah's Still Alive / 29. Good Luck Charm (Previously Unissued Mix)

[**Disc 4**] 1. Autumn Almanac / 2. Lavender Hill / 3. Rosemary Rose (Previously Unissued Mix) / 4. Wonderboy / 5. Polly / 6. Lincoln County (Single Version) (Previously Unissued Mix) / 7. Did You See His Name (Alternate Ending) (Previously Unissued Mix) / 8. Days (Session Excerpt) / 9. Days / 10. Misty Water (Alternate Mix) (Previously Unissued Mix) / 11. Do You Remember Walter / 12. Picture Book / 13. Johnny Thunder (Session Excerpt) / 14. Johnny Thunder (Stereo Remix) / 15. Big Sky / 16. Animal Farm / 17. Starstruck / 18. Pictures In The Sand / 19. People Take Pictures Of Each Other (European Stereo Mix) / 20. Interview: Ray Davies Talks About Village Green Preservation Society / 21. The Village Green Preservation Society (BBC) / 22. Hold My Hand / 23. Creeping Jean / 24. Berkeley Mews / 25. Till Death Us Do Part / 26. When I Turn Off The Living Room Light / 27. Where Did My Spring Go / 28. Plastic Man / 29. King Kong / 30. This Man He Weeps Tonight / 31. Reprise US Tour Spot

[**Disc 5**] 1. Victoria / 2. Some Mother's Son / 3. Drivin' / 4. Shangri-La / 5. She's Bought A Hat Like Princess Marina / 6. Young And Innocent Days / 7. Mindless Child Of Motherhood / 8. Lola (Mono Single Version) / 9. Apeman / 10. Strangers / 11. Get Back In Line / 12. Anytime / 13. This Time Tomorrow / 14. A Long Way From Home / 15. Powerman / 16. Got To Be Free / 17. Dreams / 18. Moments / 19. The Way Love Used To Be / 20. God's Children

[**7"**] [A] You Really Got Me [B] Milk Cow Blues

ジャケット周りに記載されていないが、バンドのデビュー50周年を記念したボックス・セットである。

5枚のCDと「ユー・リアリー・ガット・ミー／ミルク・カウ・ブルース」の未発表ライヴ・7インチ、『ピクチャー・ブック』にも寄稿していたピーター・ドジェットによる新規ライナーノーツとレイ・デイヴィスのインタヴュー（99年）や当時の珍しい写真が掲載された54ページのブックレットを7インチ・サイズの箱に収めている。

つまりパイ時代のアンソロジーということになるわけだが、全141曲中、ボーナス・シングルの2曲を含む24曲が未発表トラック、初CD化が3曲という内容は侮れない。曲の並びも自然で無理がないから、これはオススメだ。

シングルなどの既発トラックに加え、それまでの各アルバムのデラックス・エディションやデイヴィ・デイヴィス名義の『ヒドゥン・トレジャーズ』、10枚組ボックス『キンクス・イン・モノ』（ともに2011年発表）といったコンピレーション盤などにも収められていた貴重なテイクに混じって初出となる音源は、デモやバック・トラック、オルタナイト・ミックス、ライヴ、インタヴュー、USツアーのスポットなどで構成されており、ディスク2の「テル・ミー・ナウ・ソー・アイル・ノウ」（65年5月24日にリージェント・スタジオで録音）や、2テイク収録された「シーズ・ガット・エヴリシング」などはまさしくレア。

また、セッションの断片を抜粋したディスク3の「ハリー・ラグ」、ディスク4の「デイズ」などは短いながらも興味深いトラックだ。それらの中でもステレオのミックス違いはかなり新鮮に聴こえるので、オールド・ファンもぜひチェックしていただきたい。さらに「ティル・デス・ドゥ・アス・パート」「ホエン・アイ・ターン・オフ・ザ・リヴィング・ルーム・ライト」「ピクチャーズ・イン・ザ・サンド」の3曲がここで初CD化されたことで、マニアが必ず話題にする『ザ・グレート・ロスト・キンクス・アルバム』の全曲がようやくCD化されたのもポイントのひとつだ（もっとも一挙に楽しむには、各オリジナル・アルバムのリイシュー盤や『BBCセッションズ』などに散らばっているボーナス・トラックを集めなければならないが）。

そういう意味ではかなりマニアックなセレクションになっているわけだけれど、リマスター効果もよい方向に出ており、パイ音源を総括するという点で秀逸な編集であることは間違いない。それだけに、同様の趣旨からなるRCA時代のレア・トラック集にも期待したいところだ。

（山田）

Kinks (Deluxe Edition)

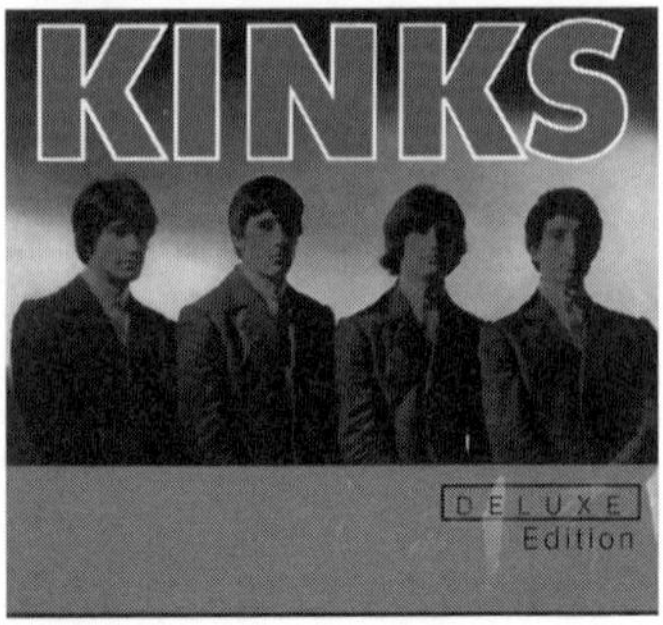

キンクス（デラックス・エディション）
UK／Sanctuary/UMC／275 627-4
2011.3.28

[**Disc 1**] 1. Beautiful Delilah / 2. So Mystifying / 3. Just Can't Go To Sleep / 4. Long Tall Shorty / 5. I Took My Baby Home / 6. I'm A Lover Not A Fighter / 7. You Really Got Me / 8. Cadillac / 9. Bald Headed Woman / 10. Revenge / 11. Too Much Monkey Business / 12. I've Been Driving On Bald Mountain / 13. Stop Your Sobbing / 14. Got Love If You Want It (1-14: Original Stereo Album) / 15. I Believed You (Ball-Weevils Demo) / 16. I'm A Hog For You Baby (Ball-Weevils Demo) / 17. I Don't Need You Anymore (Demo) / 18. Everybody's Gonna Be Happy (Demo) / 19. Long Tall Sally / 20. You Still Want Me / 21. You Do Something To Me / 22. It's Alright / 23. All Day And All Of The Night / 24. I Gotta Move / 25. Louie Louie / 26. I've Got That Feeling / 27. I Gotta Go Now / 28. Things Are Getting Better
[**Disc 2**] 1. Beautiful Delilah / 2. So Mystifying / 3. Just Can't Go To Sleep / 4. Long Tall Shorty / 5. I Took My Baby Home / 6. I'm A Lover Not A Fighter / 7. You Really Got Me / 8. Cadillac / 9. Bald Headed Woman / 10. Revenge / 11. Too Much Monkey Business / 12. I've Been Driving On Bald Mountain / 13. Stop Your Sobbing / 14. Got Love If You Want It (1-14: Original Mono Album) / 15. Don't Ever Let Me Go / 16. I Don't Need You Anymore / 17. Bald Headed Woman (US Mono Mix) / 18. Too Much Monkey Business (AlternateTake) / 19. Got Love If You Want It (Alternate Take) / 20. Meet The Kinks (BBC Interview) / 21. Cadillac / 22. Ray Talk About 'You Really Got Me' (BBC Interview) / 23. You Really Got Me (BBC) / 24. Little Queenie (BBC) / 25. I'm A Lover Not A Fighter (BBC) / 26. All Day And All Of The Night (BBC) / 27. Ray Talks About The USA (BBC Interview) / 28. I've Got That Feeling (BBC)

キンクスのアルバムのデラックス・エディション化はサンクチュアリと組んでスタートした04年の『ヴィレッジ・グリーン・プリザヴェイション・ソサエティ』3枚組CDからだった。以降、少し間が空いたが、11年にはユニバーサルミュージックを通じてファーストから『サムシング・エルス』『アーサー、もしくは大英帝国の衰退ならびに滅亡』の6枚が2枚組CDで一挙にリリースされた。ちなみに日本では13年に出た『マスウェル・ヒルビリーズ』までの8タイトルが紙ジャケット仕様で発売されている。

この『キンクス』は英国盤LPのステレオとモノラル音源に加え、周辺のシングル&EP「キンクサイズ・セッション」、ここで初出となった「アイ・ドント・ニード・ユー・エニーモア」と「陽気にやろうぜ」などのデモ、別テイク、レイ・デイヴィスが「ユー・リアリー・ガット・ミー」について語るインタヴューを含むBBCセッション（うち5曲が初商品化だった）など28曲を追加。アメリカでのデビュー・アルバム『ユー・リアリー・ガット・ミー』に収められていたリード・ヴォーカルがシングル・トラックの「ボールド・ヘッデッド・ウーマン」（USモノラル・ミックス）も収録されており、米国での2作目『キンクス・サイズ』も含めて、64年の彼らの活動が俯瞰できるようになっている。（山田）

Kinds Kinks
(Deluxe Edition)

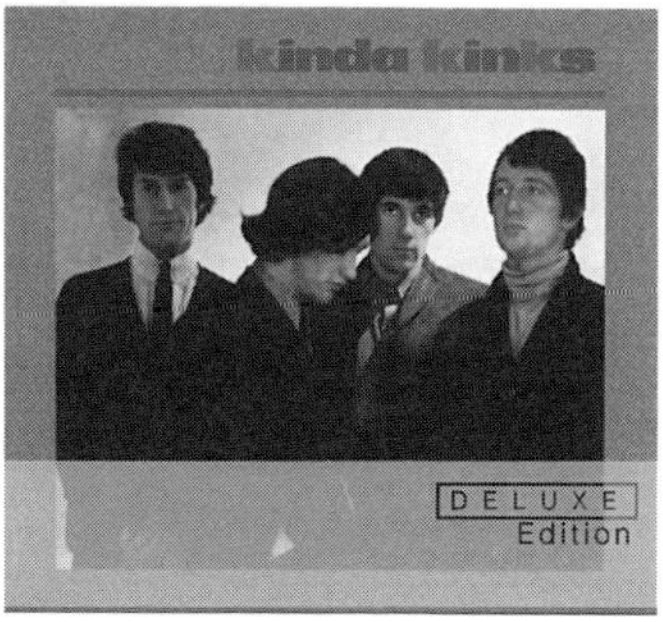

カインダ・キンクス
（デラックス・エディション）

UK／Sanctuary/UMC／275 632-6
2011.3.28

［**Disc 1**］1. Look For Me Baby / 2. Got My Feet On The Ground / 3. Nothin' In The World Can Stop Me Worryin' 'Bout That Girl / 4. Naggin' Woman / 5. Wonder Where My Baby Is Tonight / 6. Tired Of Waiting For You / 7. Dancing In The Street / 8. Don't Ever Change / 9. Come On Now / 10. So Long / 11. You Shouldn't Be Sad / 12. Something Better Beginning
［**Disc 2**］1. Everybody's Gonna Be Happy / 2. Who'll Be The Next In Line / 3. Set Me Free / 4. I Need You / 5. See My Friends / 6. Never Met A Girl Like You Before / 7. A Well Respected Man / 8. Such A Shame / 9. Wait Till The Summer Comes Along / 10. Don't You Fret / 11. I Go To Sleep (Ray Davies Demo) / 12. When I See That Girl Of Mine (Ray Davies Demo) / 13. Tell Me Now So I'll Know (Ray Davies Demo) / 14. A Little Bit Of Sunlight (Ray Davies Demo) / 15. There's A New World Just Opening For Me (Ray Davies Demo) / 16. This I Know (Ray Davies Demo) / 17. See My Friends (Alternate Take) / 18. Come On Now (Alternate Vocal) / 19. You Shouldn't Be Sad (BBC) / 20. Tired Of Waiting For You (BBC) / 21. Everybody's Gonna Be Happy (BBC) / 22. This Strange Effect (BBC) / 23. Hide And Seek (BBC)

『カインダ・キンクス』はステレオ・ミックスのLPが存在しないので、ディスク1にはモノラル音源をリマスターしてストレートに収録。ディスク2には23曲のボーナス・トラックを纏めている。そこにはまずシングルやEP「クウェト・キンクス」からの10曲が並び、デモ、別テイク、別ヴォーカル、BBCセッションが収められた。この時点での初出は「テル・ミー・ナウ・ソー・アイル・ノウ」のデモ、「シー・マイ・フレンド」の別テイク、「カム・オン・ナウ」の別ヴォーカルで、65年4月20日にレコーディングされた「ユー・シュドゥント・ビー・サッド」と同年8月6日に収録された「ハイド・アンド・シーク」のBBCセッション2曲は初商品化だった。

04年のデラックス版化の立ち上げから一連のプロダクツのコーディネイトをしていたのはプロデューサーのスティーヴ・ハモンズ。彼は、当初からリマスターを担当していたエンジニアのダン・ハーシュ、11年版から参加したアンドリュー・サンドヴァル（デイヴ・デイヴィス・バンドの元メンバー）と共に14年の『ローラ対パワーマン、マネーゴーラウンド組第一回戦』〈レガシー・エディション〉までその任を務めた。現在の50周年記念リイシュー・プロジェクトはサンドヴァルがコンパイラー、スーパーヴァイザーという立場で引き継いでいる。（山田）

The Kink Kontroversy
(Deluxe Edition)

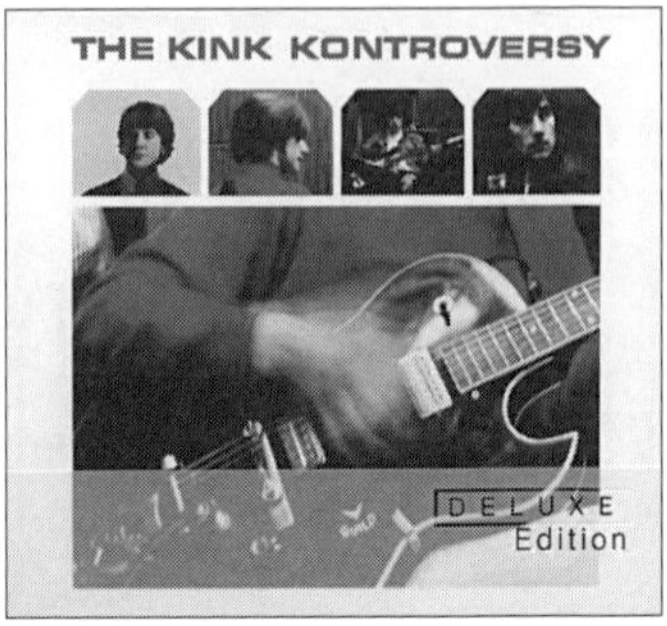

ザ・キンク・コントラヴァーシー
（デラックス・エディション）

UK／Sanctuary／UMC／275 628-5
2011.3.28

[**Disc 1**] 1. Look For Me Baby / 2. Got My Feet On The Ground / 3. Nothin' In The World Can Stop Me Worryin' 'Bout That Girl / 4. Naggin' Woman / 5. Wonder Where My Baby Is Tonight / 6. Tired Of Waiting For You / 7. Dancing In The Street / 8. Don't Ever Change / 9. Come On Now / 10. So Long / 11. You Shouldn't Be Sad / 12. Something Better Beginning
[**Disc 2**] 1. Dedicated Follower Of Fashion / 2. Sittin' On My Sofa / 3. I'm Not Like Everybody Else / 4. Mr. Reporter (Outtake) / 5. Dedicated Follower Of Fashion (Alternative Take) / 6. Time Will Tell (Outtake) / 7. And I Will Love You (Unissued EP Track) / 8. I'm Not Like Everybody Else (Alternative Vocal) / 9. All Night Stand (Ray Davies Demo) / 10. Milk Cow Blues (BBC) / 11. Ray Talks About Songwriting (BBC) / 12. Never Met A Girl Like You Before (BBC) / 13. Wonder Where My Baby Is Tonight (BBC) / 14. Pete Talks About Records (BBC) / 15. Till The End Of The Day (BBC) / 16. A Well Respected Man (BBC) / 17. Where Have All The Good Times Gone (BBC)

『ザ・キンク・コントラヴァーシー』はモノラル・ミックスと疑似ステレオ・ミックスしか存在しないので、ディスク1にはモノラル・アルバムをリマスターしてそのまま収録。『カインダ・キンクス』と同じく、ディスク2の方にアルバム未収録の3曲やアウトテイク、未発表に終わったEPに収録予定だった曲、83年のベスト盤『デッド・エンド・ストリート』の付属10インチで発掘された「タイム・ウィル・テル」、BBC音源など全15曲のボーナス・トラックを収めている。モノラル音源の「キザな奴」の別テイクや、「僕はウヌボレ屋」の別ヴォーカルはこれが初出。レイ・デイヴィスとピート・クウェイフそれぞれのインタヴューを含む、BBCでのパフォーマンスのうち、65年8月10日にロンドンのプレイハウス・シアターで収録された「ネヴァー・メット・ア・ガール」と同年12月13日に同所でレコーディングされた「ウェル・リスペクテッド・マン」はこのときが初商品化だった。

ファーストからここまでの3作のライナーノーツは、セイント・エティエンヌのキーボーディストとして活躍しながら、その同僚のピート・ウィッグスとのコンビで数々のコンピレーション盤を企画しているボブ・スタンリーが書いている。日本盤にも英文ブックレットともに彼のライナーの対訳がつけられた。

（山田）

Face To Face
(Deluxe Edition)

フェイス・トゥ・フェイス
（デラックス・エディション）

UK／Sanctuary/UMC／277 262-0
2011.6.20

[**Disc 1**] 1. Party Line / 2. Rosy Won't You Please Come Home / 3. Dandy / 4. Too Much On My Mind / 5. Session Man / 6. Rainy Day In June / 7. House In The Country / 8. Holiday In Waikiki / 9. Most Exclusive Residence For Sale / 10. Fancy / 11. Little Miss Queen Of Darkness / 12. You're Looking Fine / 13. Sunny Afternoon / 14. I'll Remember (1-14: Original Mono Album) / 15. Dead End Street / 16. Big Black Smoke / 17. This Is Where I Belong / 18. She's Got Everything / 19. Little Miss Queen Of Darkness (Alternative Take) / 20. Dead End Street (Alternative Version)
[**Disc 2**] 1. Party Line / 2. Rosy Won't You Please Come Home / 3. Dandy / 4. Too Much On My Mind / 5. Session Man / 6. Rainy Day In June / 7. House In The Country / 8. Holiday In Waikiki / 9. Most Exclusive Residence For Sale / 10. Fancy / 11. Little Miss Queen Of Darkness / 12. You're Looking Fine / 13. Sunny Afternoon / 14. I'll Remember (1-14: Original Stereo Album) / 15. Till The End Of The Day (BBC) / 16. A Well Respected Man (BBC) / 17. This Is Where I Belong (Stereo) / 18. Big Black Smoke (Stereo) / 19. She's Got Everything (Stereo) / 20. You're Looking Fine (Stereo Remix) / 21. Sunny Afternoon (Stereo Remix) / 22. Fancy (Stereo Remix)

『フェイス・トゥ・フェイス』の拡大版は、アルバムのモノラル・ミックス、ステレオ・ミックスをそれぞれのディスクの核として配し、ボーナス・トラックを加えたもの。モノラルとステレオの違いが明確になった時期だけに、「ロージー、家にこないかい」、「セッション・マン」、「ワイキキの休暇」、「豪華邸宅売ります」などのトラックでは編集の差異を確認することができる。細かい部分だが、それも楽しみ方のひとつだろう。

追加されたのは、シングル、別テイク及び別ヴァージョン、そしてリマスターを担当したアンドリュー・サンドヴァルが09年12月に新たにリミックスしたヴァージョンなど全14曲。そのうち66年6月21日にパイ第2スタジオで収録された「リトル・ミス・クイーン」の別テイクと、当然ながら09年ステレオ・リミックスの7曲は初出。なお、アメリカで出るはずだった『フォー・モア・リスペクテッド・ジェントルマン』に収録予定で、結局は72年の『キンク・クロニクル』に収められた「シーズ・ガット・エヴリシング」は08年の『ピクチャー・ブック』に続いてのCD化となったが、その後の『アンソロジー　1964−1971』や『ヴィレッジ・グリーン〜』の50周年ボックスでは、違いが顕著にわかる別テイク、別ミックスが発掘されたので聴き比べてみるのも面白い。（山田）

Something Else By The Kinks (Deluxe Edition)

サムシング・エルス・バイ・ザ・キンクス
(デラックス・エディション)

UK／Sanctuary/UMC／273 214-1
2011.6.20

[**Disc 1**] 1. David Watts / 2. Death Of A Clown / 3. Two Sisters / 4. No Return / 5. Harry Rag / 6. Tin Soldier Man / 7. Situation Vacant / 8. Love Me Till The Sun Shines / 9. Lazy Old Sun / 10. Afternoon Tea / 11. Funny Face / 12. End Of The Season / 13. Waterloo Sunset (1-13: Original Mono Album) / 14. Act Nice And Gentle / 15. Mr. Pleasant / 16. Susannah's Still Alive / 17. Autumn Almanac / 18. Harry Rag (Alternative Take) / 19. David Watts (Alternative Take) / 20. Afternoon Tea (Canadian Mono Mix) / 21. Sunny Afternoon (BBC) / 22. Autumn Almanac (BBC) / 23. Mr. Pleasant (BBC) / 24. Susannah's Still Alive (BBC) / 25. David Watts (BBC) / 26. Love Me Till The Sun Shines (BBC) / 27. Death Of A Clown (BBC) / 28. Good Luck Charm (BBC) / 29. Harry Rag (BBC) / 30. Little Woman (Unfinished Backing Track)
[**Disc 2**] 1. David Watts / 2. Death Of A Clown / 3. Two Sisters / 4. No Return / 5. Harry Rag / 6. Tin Soldier Man / 7. Situation Vacant / 8. Love Me Till The Sun Shines / 9. Lazy Old Sun / 10. Afternoon Tea / 11. Funny Face / 12. End Of The Season / 13. Waterloo Sunset (1-13: Original Stereo Album) / 14. Susannah's Still Alive (Stereo) / 15. Autumn Almanac (Stereo) / 16. Sand On My Shoes (2009 Stereo Remix) / 17. Afternoon Tea (Stereo Remix) / 18. Mr. Pleasant (Stereo Remix) / 19. Lazy Old Sun (Stereo Remix) / 20. Funny Face (Stereo Remix) / 21. Afternoon Tea (German Stereo Mix) / 22. The Tin Solder Man (Stereo Remix)

『サムシング・エルス』もアルバムのモノラル・ミックスとステレオ・ミックスを収録。「デイヴィッド・ワッツ」「道化師の死」「シチュエイション・ヴエイカント」「夜明けまで愛して」「ファニー・フェイス」はそれぞれ微妙にエディットが異なる。

ボーナス・トラックはシングルの別テイク（「スザンヌ・スティル・アライヴ」と「オータム・アルマナック」、「アフタヌーン・ティー」はモノラル／ステレオの両方が収められた）、BBC音源、アンドリュー・サンドヴァルによる09年ステレオ・リミックス・ヴァージョンなど全26曲。そのうち09年ステレオ・リミックスの7曲と「ハリー・ラグ」、「デイヴィッド・ワッツ」の別テイクがここで初出。67年10月25日にプレイハウス・シアターで録られた「サニー・アフタヌーン」「オータム・アルマナック」「ミスター・プリザント」「スザンヌ・スティル・アライヴ」「デイヴィッド・ワッツ」の5曲（BBCセッション）が初商品化だった。

なお「ティン・ソルジャー・マン」は、歌詞やアレンジが異なるうえに「サンド・オン・マイシューズ」と題された初期ヴァージョンからアルバム・テイク、別バッキング・トラックを使った09年リミックスが一度に聴けるので、仕上げに至るまでのレコーディングのプロセスを垣間見ることができる。これもなかなかの優れものだ。（山田）

Live At Kelvin Hall
(2001 Remaster Edition)

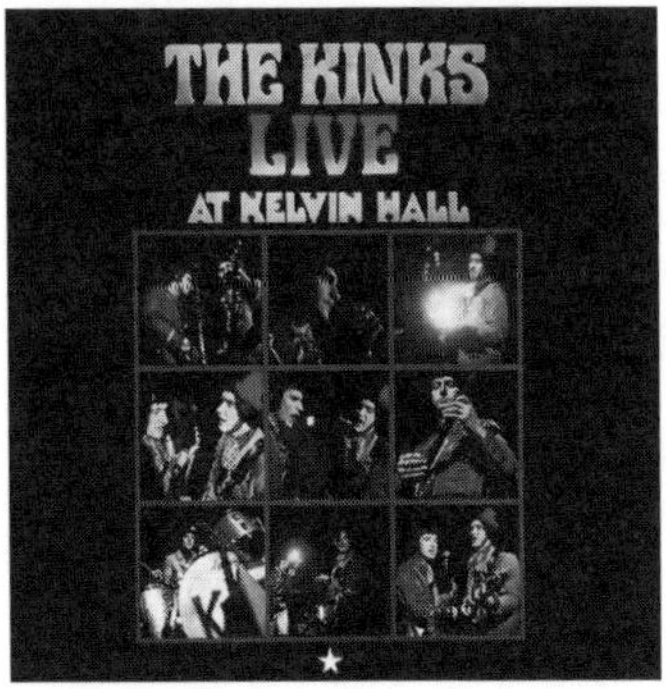

ライヴ・アット・ケルヴィン・ホール
（2001 リマスター・エディション）
UK／Castle Music／273 214-1
2001.9.17

1. Till The End Of The Day
2. A Well Respected Man
3. You're Looking Fine
4. Sunny Afternoon
5. Dandy
6. I'm On An Island
7. Come On Now
8. You Really Got Me
9. Medley:
   9a Milk Cow Blues
   9b Batman Theme
   9c Tired Of Waiting For You
   9d Milk Cow Blues
10. Till The End Of The Day
11. A Well Respected Man
12. You're Looking Fine
13. Sunny Afternoon
14. Dandy
15. I'm On An Island
16. Come On Now
17. You Really Got Me
18. Medley:
    18a Milk Cow Blues
    18b Batman Theme
    18c Tired Of Waiting For You
    18d Milk Cow Blues

これまで〝史上最悪の音質のライヴ・アルバム〟と決めつけられてきた『ライヴ・アット・ケルヴィン・ホール』だが、98年にリリースされたモノラル&ステレオの両ミックスを収録したこのリマスター盤を聴けば、そのイメージは一新されるのではないだろうか。

リマスタリングを担当したのはヴァージン・レコードの諸作でエンジニアを務めてきたサイモン・ヘイワース。オリジナルはモノラルとステレオの両方が発売されたが、再発はステレオ盤のみとなり、86年にCD化された際もステレオ・ミックスをデジタル・トランスファーしただけで、アナログ盤にあったダイナミズムが失われる結果となっていた。この98年盤ではモノ・ミックスも復活させ、デジタル・フォーマットに即した音色に調整されている。

それによってモノラルとステレオの違いが鮮明になったばかりか、熱狂のライヴの臨場感が素直に耳に届くようになった。それを特に体感できるのはやはりモノ・ミックスの方で、真ん中から聴こえるガッツのある音は、分離されたステレオよりも熱を感じる。60年代のライヴの音とはまさにこれだろう。また、両者を比較できるため、あとでオーヴァーダビングされた箇所など細かい編集の違いを確認できるのも利点。アンドリュー・サンドヴァルが新たにリミックスする話もあったが、それはどこに消えちゃったの？（山田）

The Kinks Are The Village Green Preservation Society

(Super Deluxe Box Set)

ヴィレッジ・グリーン・プリザヴェイション・ソサエティ

（スーパー・デラックス・ボックス）

UK／BMG／BMGAA09BOX
2018.10.26

[**LP1-A**] 1. The Village Green Preservation Society / 2. Do You Remember Walter? / 3. Picture Book / 4. Johnny Thunder / 5. Last Of The Steam-Powered Trains / 6. Big Sky / 7. Sitting By the Riverside
[**LP1-B**] 1. Animal Farm / 2. Village Green / 3. Starstruck / 4. Phenomenal Cat / 5. All Of My Friends Were There / 6. Wicked Annabella / 7. Monica / 8. People Take Pictures Of Each Other
[**LP2-A**] 1. The Village Green Preservation Society / 2. Do You Remember Walter? / 3. Picture Book / 4. Johnny Thunder / 5. Last Of The Steam-Powered Trains / 6. Big Sky / 7. Sitting By the Riverside
[**LP2-B**] 1. Animal Farm / 2. Village Green / 3. Starstruck / 4. Phenomenal Cat / 5. All Of My Friends Were There / 6. Wicked Annabella / 7. Monica / 8. People Take Pictures Of Each Other (1-15: Original Stereo Album)
[**LP3-A**] 1. The Village Green Preservation Society / 2. Do You Remember Walter? / 3. Picture Book / 4. Johnny Thunder / 5. Monica / 6. Days
[**LP3-B**] 1. Village Green / 2. Mr. Songbird / 3. Wicked Annabella / 4. Starstruck / 5. Phenomenal Cat / 6. People Take Pictures Of Each Other
[**CD1**] 1. The Village Green Preservation Society / 2. Do You Remember Walter? / 3. Picture Book / 4. Johnny Thunder / 5. Last Of The Steam-Powered Trains / 6. Big Sky / 7. Sitting By the Riverside / 8. Animal Farm / 9. Village Green / 10. Starstruck / 11. Phenomenal Cat / 12. All Of My Friends Were There / 13. Wicked Annabella / 14. Monica / 15. People Take Pictures Of Each Other (1-15: Original Stereo Album) / 16. Days (Stereo Mix) / 17. She's Got Everything (Stereo Mix) / 18. Mr. Songbird (Stereo Mix) / 19. Wonderboy (Stereo Mix) / 20. Polly (Stereo Mix) / 21. Berkeley Mews (Stereo Mix) / 22. Rosemary Rose (Stereo Mix) / 23. Misty Water (Stereo Mix) / 24. Did You See His Name? (Stereo Mix) / 25. Do You Remember Walter? (European Stereo Mix Without Tambourine) / 26. Animal Farm (Alternate Stereo Mix) / 27. People Take Pictures of Each Other (European Stereo Mix With Big Band Coda)
[**CD2**] 1. The Village Green Preservation Society / 2. Do You Remember Walter? / 3. Picture Book / 4. Johnny Thunder / 5. Last Of The Steam-Powered Trains / 6. Big Sky / 7. Sitting By the Riverside / 8. Animal Farm / 9. Village Green / 10. Starstruck / 11. Phenomenal Cat / 12. All Of My Friends Were There / 13. Wicked Annabella / 14. Monica / 15. People Take Pictures Of Each Other (1-15: Original Stereo Album) / 16. Days (Mono Single Mix) / 17. She's Got Everything (Single Mix) / 18. Mr. Songbird (2018 Mono Remaster) / 19. Wonderboy (Mono Single Mix) / 20. Polly (Single Mix) / 21. Till Death Us Do Part (Mono Mix) / 22. Berkeley Mews (Single Mix) / 23. Village Green (Alternate Vocal) / 24. Lavender Hill (Mono Mix) / 25. Rosemary Rose (Mono Mix) / 26. Pictures in the Sand (Mono Mix) / 27. Misty Water (Mono Mix) / 28. Did You See His Name? (Mono Mix) / 29. Last of the Steam-Powered Trains (With Alternate Ending)
[**CD3**] 1. The Village Green Preservation Society / 2. Do You Remember Walter? (Backing Track) / 3. Picture Book / 4. Johnny Thunder / 5. Last of the Steam-Powered Trains / 6. Big Sky / 7. Animal Farm (Takes 16 & 17 With Session Chat) / 8. Village Green (Unissued Mix from Acetate) / 9. Starstruck / 10. Phenomenal Cat / 11. Monica / 12. People Take Pictures of Each Other / 13. Egg Stained Pyjamas (Backing Track) / 14. Days / 15. She's Got Everything / 16. Misty Water (Alternate Stereo Mix) / 17. Mr. Songbird (Alternate Mix) / 18. Pictures In The Sand (Backing Track) / 19. Berkeley Mews / 20. Easy Come, There You Went (Backing Track - Alternate Stereo Mix) / 21. Did You See His Name? / 22. Mick Avory's Underpants (Backing Track) / 23. Spotty Grotty Anna (Stereo Backing Track) / 24. Lavender Hill (Stereo Backing Track) / 25. Village Green (Backing Track) (1, 3~6, 9~12, 14, 15, 19: Alternate Mix With Session Chat)
[**CD4**] 1. Interview: Ray Talks About Working / 2. Days / 3. Waterloo Sunset / 4. Interview: Ray Talks About Solo Records / 5. Love Me Till The Sun Shines / 6. Monica / 7. Interview: Ray Talks About Village Green / 8. The Village Green Preservation Society / 9. Animal Farm / 10. Interview: Ray & Dave Talk About Last Of The Steam-Powered Trains / 11. Last Of The Steam-Powered Trains / 12. Picture Book / 13. Do You Remember Walter? (1-13: BBC Radio) / 14. Medley: Dedicated Follower Of Fashion / A Well Respected Man / Death of a Clown / 15. Sunny Afternoon / 16. Picture Book / 17. Days / 18. Lazy Old Sun / 19. Two Sisters / 20. Monica / 21. Lincoln County (15-21: BBC TV) / 22. Where Did My Spring Go? / 23. When I Turn Off the Living Room Light
[**CD5**] 1. Home Demos Medley / 2. Days (Acoustic Version) / 3. Mr. Songbird (Alternate Mix) / 4. The Village Green Preservation Society (Alternate Mix) / 5. Johnny Thunder (Backing Track) / 6. Big Sky (Alternate Mix) / 7. Phenomenal Cat (Backing Track) / 8. Picture Book (Vocals And Guitar) / 9. Animal Farm (Backing Track) / 10. Time Song (Monitor Mix) / 11. The Village Green Preservation Society / 12. Medley: Picture Book / People Take Pictures Of Each Other / 13. Village Green Overture (11-13: Preservation Version) / 14. Days / 15. Ray Davies Spoken Intro / 16. Village Green / 17. Picture Book / 18. Big Sky / 19. Do You Remember Walter? / 20. Johnny Thunder / 21. The Village Green Preservation Society (14-21: Village Green Suite - Ray Davies & Band With The DR Symphony & Vocal Ensemble) / 22. The Way Love Used To Be (Ray Davies & Band With The DR Symphony & Vocal Ensemble)
[**7" 1**] [A] Days [B] Starstruck
[**7" 2**] [A] Starstruck [B] Picture Book
[**7" 3**] [A] The Village Green Preservation Society [B] Do You Remember Walter?

今やキンクスの最高傑作との呼び声も高い『ヴィレッジ・グリーン・プリザヴェイション・ソサエティ』の50周年記念〈スーパー・デラックス・ボックス〉。ＣＤ５枚＋アナログＬＰ３枚、伊、蘭、米盤７インチの復刻シングル３枚、全１７４曲収録というヴォリュームでそのうち３曲が未発表曲、55曲が未発表ヴァージョンというものだ。

ＬＰの見開きジャケット内面のイメージを使用したポスターをはじめ、68年のツアー・ポスター、フォト・プリント、メンバーのサインを印刷したプロモーション用アーティスト写真のレプリカ、ボーンマスでのライヴ・チケットのレプリカ、パイ・レコードの宣伝用カード、「デイズ」の楽譜など多数のメモラビリア。さらにレイ・デイヴィスらメンバーの新規インタヴューとザ・フーのピート・タウンゼンドや著名なライターによるエッセイ、未発表写真などが掲載された52ページのデラックス・リネン・カヴァー・ハードバック・フォト・ブックが同梱されている。

キンクス・オンライン・ストアでは、１０００セット限定のエクスクルーヴとして、73年のライヴ演奏のみで未発表だった「タイム・ソング」のシングル・ミックスと表題曲のプリザヴェイション・ヴァージョンをカップリングした７インチ・アナログ・シングル付きのエディションも販売された。

キンクスのアルバムは、これまでもことあるごとに発掘音源を加えるなどした再発がなされてきたわけだが、50周年記念リイシュー・プロジェクトとしてマルチ・フォーマットでリリースするシリーズがスタートしたのは、新たにＢＭＧとパートナーシップを結んでのこれが最初だった。彼らの作品はリアル・タイムでヒットしなかったことが、その評価を損なうどころか、時代が進むに連れて新たな価値を生み出したものが多いので、常にこうしたプロダクツのニーズがあるのだ。それを思えば、昨今のカタログ・ビジネスの常套手段でもある〝周年記念セール〟の流れに乗ったアイテムとは言え、喜ばしいリリースだったと思う。

リマスターされたステレオとモノ音源は当然として、デモも含むレコーディング・セッションからのレア音源、この時代のＢＢＣライヴなどに加え、レイ・デイヴィスが２０１０年にデンマークで行なったパフォーマンスまで、新旧の音源で名盤を楽しむことができる。また、日本では10年版が国内リリースされた際にボーナス紙ジャケとして復刻された12曲ヴァージョンのスウェーデン盤ＬＰまで復刻してしまったこの大箱は、究極のセットと言っていい。しかし、重いね（笑）。（山田）

Arthur Or The Decline And Fall Of The British Empire
(50th Anniversary Deluxe Box Set)

アーサー、もしくは大英帝国の衰退ならびに滅亡

（50thアニヴァーサリー・デラックス・ボックス・セット）

UK／BMG／BMGCAT407BOX
2019.10.25

[**CD1**]
1. Victoria / 2. Yes Sir, No Sir / 3. Some Mother's Son / 4. Drivin' / 5. Brainwashed / 6. Australia / 7. Shangri-La / 8. Mr. Churchill Says / 9. She's Bought A Hat Like Princess Marina / 10. Young & Innocent Days / 11. Nothing To Say / 12. Arthur (1-12: Original Stereo Album) / 13. Plastic Man (Stereo) / 14. Victoria / 15. Yes Sir, No Sir / 16. Drivin' / 17. Brainwashed / 18. Australia / 19. Shangri-La (14-17: Alternate Stereo Mix)

[**CD2**]
1. Victoria / 2. Yes Sir, No Sir / 3. Some Mother's Son / 4. Drivin' / 5. Brainwashed / 6. Australia / 7. Shangri-La / 8. Mr. Churchill Says / 9. She's Bought A Hat Like Princess Marina / 10. Young & Innocent Days / 11. Nothing To Say / 12. Arthur (1-12: Original Stereo Album) / 13. Wicked Annabella / 14. Monica / 15. People Take Pictures Of Each Other (1-15: Original Stereo Album) / 16. Days (Mono Single Mix) / 17. She's Got Everything (Single Mix) / 18. Mr. Songbird (2018 Mono Remaster) / 19. Wonderboy (Mono Single Mix) / 20. Polly (Single Mix) / 21. Till Death Us Do Part (Mono Mix) / 22. Berkeley Mews (Single Mix) / 23. Village Green (Alternate Vocal) / 24. Lavender Hill (Mono Mix) / 25. Rosemary Rose (Mono Mix) / 26. Pictures in the Sand (Mono Mix) / 27. Misty Water (Mono Mix) / 28. Did You See His Name? (Mono Mix) / 29. Last of the Steam-Powered Trains (With Alternate Ending)

[**CD3**]
1. This Man He Weeps Tonight / 2. Mindless Child Of Motherhood / 3. Hold My Hand / 4. Do You Wish To Be A Man? / 5. Are You Ready? / 6. Creeping Jean / 7. I'm Crying / 8. Lincoln County / 9. Mr. Shoemaker's Daughter / 10. Mr. Reporter / 11. Groovy Movies / 12. There Is No Life Without Love (1-12: The Great Lost Dave Davies Album) / 13. Lincoln County / 14. There Is No Life Without You / 15. Hold My Hand / 16. Creeping Jean / 17. Mindless Child Of Motherhood / 18. This Man He Weeps Tonight / 19. Mr. Shoemaker's Daughter (Alternate Stereo Mix) / 20. Mr. Reporter (Alternate Stereo Mix) / 21. Groovy Movies (Alternate Stereo Mix) / 22. Lincoln County (Acoustic Mix) / 23. Hold My Hand (Alternate Take)

[**CD4**]
1. Arthur's Journey (Introduction) / 2. Australia (2019 Mix) / 3. Home Demos Medley, 1969: Arthur / Victoria / Some Mother's Son / Drivin' / Brainwashed / Mr. Churchill Says / 4. Shangri-La (2019 Mix) / 5. My Big Sister (Theatrical Version) / 6. Stevenage (Theatrical Version) / 7. Space (Theatrical Version) / 8. The Future (Doo-Wop Version) / 9. Arthur (Doo-Wop Version) / 10. The Virgin Soldiers March / 11. Soldiers Coming Home / 12. King Kong (BBC Mix) / 13. Victoria (Ray Davies & Band With The DR Symphony & Vocal Ensemble) / 14. Arthur (BBC Mix)

[**7″ 1**] [A] Drivin' [B] Mindless Child Of Motherhood

[**7″ 2**] [A] Shangri-La [B] This Man He Weeps Tonight

[**7″ 3**] [A] Victoria [B] Mr. Churchill Says

[**7″ 4**] [A] Hold My Hand [B] Creeping Jean

50周年記念リイシュー・プロジェクト第2弾は『アーサー、もしくは大英帝国の衰退ならびに滅亡』の〈スーパー・デラックス・ボックス・セット〉。前回に続き、マルチ・フォーマットでのリリースということもあってか、アナログLPはボックスから除外され、単体での発売となった。その代わりコレクタブルな7インチ・アナログ盤が同梱され、4CD+仏、加、蘭、独盤を復刻した7インチ（計4枚）となった。加えてレイ・デイヴィス、デイヴ・デイヴィス、ミック・エイヴォリーへの新規インタヴュー、グラナダTVが制作するはずだった同名ドラマの脚本家ジュリアン・ミッチェルによるライナー、世界各国のアートワークやメモラビリアを掲載した68ページのデラックス・ブックに、プリンテッド・ポスター、フォト、バンド・ロゴ入りエナメル・ピン・バッヂを7インチ・サイズのボックスに収めている。

全83曲中、未発表曲が5曲、未発表ヴァージョンが28曲という内容。そして、またしてもキンクス・オンライン・ストアではプリ・オーダー特典としてオーストラリア盤7インチ・シングルを復刻した「オーストラリア／マリーナ王女の帽子のような」が付いてきた。

最新リマスターによるモノラル／ステレオの本編最新リマスター、シングル・ヴァージョンのモノラル&ステレオ・ヴァージョン、シングルB面のほか、レイのコンパイルによる未発表デモのメドレーや、レイとアーサー&ザ・エミグランツとのレコーディング、この時期に書かれながらも未発表だった曲をミュージカル『カム・ダンシング』のワークショップで録音した音源、「オーストラリア」と「シャングリ・ラ」の2019年ミックスなど相変わらず聴きどころ満載だ。しかし最も注目すべきは、ディスク3に纏められたデイヴの幻のソロ・アルバム関連のトラックだろう。『アーサー～』制作時に並行して制作されたものの最終的にお蔵入りしたマテリアルを『ザ・グレート・ロスト・デイヴ・デイヴィス・アルバム』と題してコンパイルしたもので、（楽曲としてはこれまでも小出しにされてきたが）ここで一挙に楽しめるのは嬉しい。キンクスではどうしてもレイの影に隠れがちな彼の才能が、たっぷり楽しめるものとなっている。

サウンド面では前作『ヴィレッジ・グリーン～』とは対照的なアルバムだが、レイ・デイヴィスがストーリーテラーとしての才を爆発させた時期の作品だけに、周辺のナンバーもさすがに充実している。その魅力をこれまで以上に多面的に浮かび上がらせたこのボックス・セットこそ、『アーサー～』の最終形だと思う。

（山田）

Lola Versus Powerman And The Moneygoround Part One
(50th Anniversary Deluxe Box Set)

ローラ対パワーマン、マネーゴーラウンド組第一回戦

(50thアニヴァーサリー・デラックス・ボックス・セット)

UK/BMG/BMGCAT407BOX
2019.10.25

[**CD1**]
1. The Contenders / 2. Strangers / 3. Denmark Street / 4. Get Back In Line / 5. Lola / 6. Top Of The Pops / 7. The Moneygoround / 8. This Time Tomorrow / 9. A Long Way From Home / 10. Rats / 11. Apeman / 12. Powerman / 13. Got To Be Free (1-13: Original Album) / 14. Lola (Mono Single Mix) / 15. Apeman (UK Mono Single Mix) / 16. Rats (Mono Single Mix) / 17. Powerman (Mono Mix) / 18. Apeman (Alternate Version) / 19. The Moneygoround (Alternate Version)

[**CD2**]
1. This Time Tomorrow (Alternate Take 2020 Mix) / 2. Top Of The Pops (2020 Mix) / 3. Lola/RadioSpot, Edit (Ray's Kitchen Sink) / 4. Got To Be Free (Ray's Kitchen Sink) / 5. The Contenders (Ray's Kitchen Sink) / 6. The Good Life (2020 Mix) / 7. Apeman (Unplugged Live Version) / 8. Get Back In Line (Live Version) / 9. Marathon (Edit, From "The Long Distance Piano Player") / 10. Got To Be Free (Edit, From "The Long Distance Piano Player") / 11. Lola (Ray Davies & Band With The Danish National Chamber Orchestra & The Danish National Vocal Ensemble) / 12. The Good Life (2012 Alternate Mix) / 13. Apeman (US Mono Single Mix) / 14. Moments (2020 Mix) / 15. This Time Tomorrow & Cassette Demos Medley (Ray's Kitchen Sink)

[**CD3**]
1. Get Back In Line (Ray's Kitchen Sink) / 2. Rats (Ray's Kitchen Sink) / 3. Rats (2020 Mix) / 4. Powerman (Ray's Kitchen Sink) / 5. Powerman (2020 Mix) / 6. The Contenders (Instrumental Demo) / 7. Anytime / 8. A Long Way From Home (Ray's Kitchen Sink) / 9. A Long Way From Home (Live, Austin City Limits 2006) / 10. Strangers (Ray's Kitchen Sink) / 11. Strangers (2020 Stereo Mix) / 12. The Way Love Used To Be (2020 Monitor Mix) / 13. Apeman (Morgan Studios Run-Through) / 14. Radio Spot/Live, Queens College, Flushing, NY, 1971. 15
The Follower - Any Time 2020 (Featuring Anytime By The Kinks)

[**7" 1**] [A] Lola [B] Berkeley Mews
[**7" 2**] [A] Apeman [B] Rats

50周年記念リイシュー・プロジェクト第3弾にあたる『ローラ対パワーマン、マネーゴーラウンド組第一回戦』〈デラックス・エディション〉は、10インチ・スリップケース・ブック・パック仕様での登場。マルチ・フォーマット・リリースなのでアナログLPは今回も別売りで、ボックスは3CD+葡、伊盤を復刻した7インチ・シングル（計2枚）、フォト・カード、『ヴィレッジ・グリーン～』50周年盤にもライナーを寄せていたアンディ・ニールのメモをはじめ、バンド・メンバーのインタヴュー及びコメント、レア写真とメモラビリアを掲載した60ページのハード・カヴァー・ブックというスケールになった。そして恒例となったキンクス・オンライン・ストアでのプリ・オーダー特典は「ローラ／バークレイ・ミューズ」のデンマーク盤を復刻した7インチ・シングルとエナメル・ピン・バッヂになっている。この〝マニア心〟に訴えるリリース・パターン、しばらく続きそうだ。

リマスターされたステレオ・ミックス（モノラル・ミックスのLPは発売されていないので）、モノ・シングルとそのB面、オルタネイト・ミックス、これまで未発表だったデモ、ライヴなどが収められ、レイ・デイヴィスが自宅のキッチンでデイヴと会話しながら録った音源や、「エイプマン」のアンプラグド・ライヴ・ヴァージョン、レイが2010年にデンマーク国立室内楽オーケストラ&合唱アンサンブルと共演したときの「ローラ」のライヴなども収録。ただし、レイとマットジャガーが20年6月にコンク・スタジオで新たに手を加えたニュー・ミックス（プロモーションではそのリミックス・メドレーが使われた）のトラックも多く、少々苦心した（？）のも窺える。98年のリマスター盤におけるボーナス・トラックもそうだが、14年に出た2枚組〈レガシー・エディション〉も『パーシー』の全曲をボーナス収録したもので、新しい発見はそう多くなかった。このアルバムについては、もともとレアな音源があまりないのかもしれない。それでも新たな音像の50周年記念盤としてここまでのヴォリュームにしてみせたのだから、頭の下がる仕事と言っていいだろう。

さて、となると次の50周年記念盤は、14年版には組み込まれた『パーシー』になるのだろうか？　あるいはすでに〈デラックス・エディション〉と〈レガシー・エディション〉が発売されている『マスウェル・ヒルビリーズ』か？　拡張版としてのリリースはその次の『この世はすべてショー・ビジネス』まで進んでいるので、今後の動向に注目したい。

（山田）

Muswell Hillbillies
(Legacy Edition)

マスウェル・ヒルビリーズ
（レガシー・エディション）

UK／RCA／88843093772
2014.11.10

[CD]
1. 20th Century Man / 2. Acute Schizophrenia Paranoia Blues / 3. Holiday / 4. Skin And Bone / 5. Alcohol / 6. Complicated Life / 7. Here Come The People In Grey / 8. Have A Cuppa Tea / 9. Holloway Jail / 10. Oklahoma U.S.A. / 11. Uncle Son / 12. Muswell Hillbilly / 13. Lavender Lane / 14. Mountain Woman / 15. Have A Cuppa Tea (Alternate Version) / 16. Uncle Son (Alternate Version) / 17. Kentucky Moon / 18. Nobody's Fool (Demo) / 19. 20th Century Man (Alternate Instrumental Take) / 20. Queenie (Backing Track) / 21. Muswell Hillbillies Radio Spot

[DVD]
1. Have A Cuppa Tea / 2. Acute Schizophrenia Paranoia Blues (1-2: The Old Grey Whistle Test BBC TV 1972.1.4) / 3. Till The End Of The Day / 4. Waterloo Sunset / 5. The Money Go Round / 6. Sunny Afternoon / 7. The Virgin Soldier March / 8. She Bought A Hat Like Princess Marina / 9. Alcohol / 10. Acute Schizophrenia Paranoia Blues / 11. You Really Got Me (3-11: The Kinks At The Rainbow BBC TV 1972.7.21)

13年に発表されたレガシー版『マスウェル・ヒルビリーズ』は、ディスク1にリマスターしたステレオ・ミックスを収録。ディスク2に13曲のボーナス・トラックが纏められている。それは未発表曲、オルタネイト・ヴァージョン、76年のリミックス、デモ、BBC音源で構成されており、71年9月20日にモーガン・スタジオでレコーディングされた未発表曲の「ラヴェンダー・レイン」に、「お茶をどうぞ」と「アンクル・サン」のオルタネイト・ヴァージョン、「ノーバディズ・フール」のデモ、「20世紀の人」のオルタネイト・インストゥルメンタル・テイク、「クイーニー」のインストゥルメンタル・バッキング・トラックが初出だった（3曲のBBC音源は『BBCセッションズ1964－1977』と『アット・ザ・BBC』で既発）。

14年にはソニーに移り、DVD付きの2枚組〈レガシー・エディション〉も発売されたが、そちらにアルバム本編とともに収められた9曲のボーナス・トラックのうち「マスウェル・ヒルビリーズ・USラジオ・スポット」以外はすべてこの〈デラックス・エディション〉と重複している。DVDの内容も、『アット・ザ・BBC』ボックスに付いていたものから72年の『オールド・グレイ・ホイッスル・ショウ』と同年の『アット・ザ・レインボー』を抜粋したものだった。

（山田）

Everybody's In Show-Biz
(Legacy Edition)

この世はすべてショー・ビジネス
（レガシー・エディション）

UK／RCA／88875112362
2016.6.3

［**CD1**］
1. Here Comes Yet Another Day / 2. Maximum Consumption / 3. Unreal Reality / 4. Hot Potatoes / 5. Sitting In My Hotel / 6. Motorway / 7. You Don't Know My Name / 8. Supersonic Rocket Ship / 9. Look A Little On The Sunny Side / 10. Celluloid Heroes / 11. Top Of The Pops (Live) / 12. Brainwashed (Live) / 13. Mr. Wonderful (Live) / 14. Acute Schizophrenia Paranoia Blues (Live) / 15. Holiday (Live) / 16. Muswell Hillbilly (Live) / 17. Alcohol (Live) / 18. Banana Boat Song (Live) / 19. Skin And Bone (Live) / 20. Baby Face (Live) / 21. Lola (Live)

［**CD2**］
1. 'Till The End Of The Day (Live) / 2. You're Looking Fine (Live) / 3. Get Back In Line (Live) / 4. Have A Cuppa Tea (Live) / 5. Sunny Afternoon (Live) / 6. Muswell Hillbilly (Live) / 7. Brainwashed (Live) / 8. Acute Schizophrenia Paranoia Blues (Live) / 9. Holiday (Live) / 10. Alcohol (Live) / 11. Complicated Life (Live) / 12. She's Bought A Hat Like Princess Marina (Live) / 13. Long Tall Shorty (Live) / 14. History (Studio Outtake) / 15. Supersonic Rocket Ship (Alternate Mix) / 16. Unreal Reality (Alternate Mix) / 17. Sophisticated Lady (Rehearsal For Early Version Of "Money Talks")

ソニーからのリリースにあたり、CD2枚組、アナログは3枚組となった『この世はすべてショー・ビジネス』の拡大版は、ディスク1にスタジオ・サイドとライヴ・サイドの最新リマスター音源を収録。ディスク2にはライヴ・サイドに収められていた（72年3月2日、3日にニューヨークのカーネギー・ホールで行なわれた）コンサートから、アルバム本編とダブらない7曲を収め、さらにスタジオ・アウトテイクの「ヒストリー」や「スーパーソニック・ロケット・シップ」、「非現実的現実」のオルタネイト・ミックス、「ソフィスティケイテッド・レディ」のリハーサル・フォー・アーリー・ヴァージョンを追加している。

ディスク2のうち、3月3日の「マリーナ王女の帽子のような」は98年のリイシューで発表済み。そこには3日の「エンド・オブ・ザ・デイ」も収められており、同曲は、この盤のクレジットでは2日となっているが、オープニングがあるなしだけで同じものだ。ほかはスタジオ音源も含めてすべて初出。いずれにせよ、キンクス版キャバレー・ショウとも言えそうなエンターテインメント性に溢れたカーネギー公演がたっぷり楽しめるのは嬉しい。この時のツアーはドキュメンタリー制作の名目でフィルムに収められているはずなので、いつかそちらも正式に世に出ることを願いたい。（山田）

Chapter 5

SOLO WORKS OF RAY DAVIES

和久井光司

Ray Davies

Return To Waterloo

リターン・トゥ・ウォータールー
US·Arista／AL6-8386
Release: 1985年7月
[**A**]
1. Intro / 2. Return To Waterloo
3. Going Solo
4. Missing Persons
5. Sold Me Out
[**B**]
1. Lonely Hearts
2. Not Far Away
3. Expectations
4. Voices In The Dark (End Title)

グラナダ・テレビで『スターメイカー』をつくったプロデューサー、デニス・ウルフと再び手を組んだレイが、BBCチャルネル4で制作した同名ドラマのサントラ盤。彼は監督、脚本、音楽を担当し、ストリート・シンガー役で出演もした。主演はモンティ・パイソンの『ライフ・オブ・ブライアン』にも出ている英国の俳優ケン・コリー。ドラマは不動産会社に勤める中年サラリーマンに扮した彼がウォータールー駅から列車に乗るシーンから始まる。セリフは一切なく、ミュージック・ヴィデオ風に曲をつないで物語を感じさせたことから、デイリー・メイル紙やウォール・ストリート・ジャーナルで絶賛された。放映は84年11月。演奏はほぼキンクスだが、デイヴが不参加だったため、サントラはレイのソロ・アルバムとしてアメリカのみでリリースされた（すでにアリスタとキンクスの契約は切れていたから、ワン・ショットでねじこんだのかもしれない）。日本でもLP、CDは出なかったが、レーザーディスクのみ発売された。

『ワード・オブ・マウス』に不満が残った私にとってこのアルバムは救いだったが、いま聴くとバシャバシャしたスネアや、いかにもこの時代らしいシンセの音色が引っかかる。全体に大味な印象なのと、アルバムとしては尺が短いことから、12インチEPみたいな感じでしか聴けないのも難点だ。いまでも「ファースト・ソロ」と位置づける人と、「企画物のこれはカウントしない」と言う人がいるが、レイ本人にも「キンクスを諦める」という選択肢があったのではないかと思う。『シンク・ヴィジュアル』が多くのファンの溜飲を下げたのは、そんな危機を回避しての傑作だったからだ。

Ray Davies
Storyteller

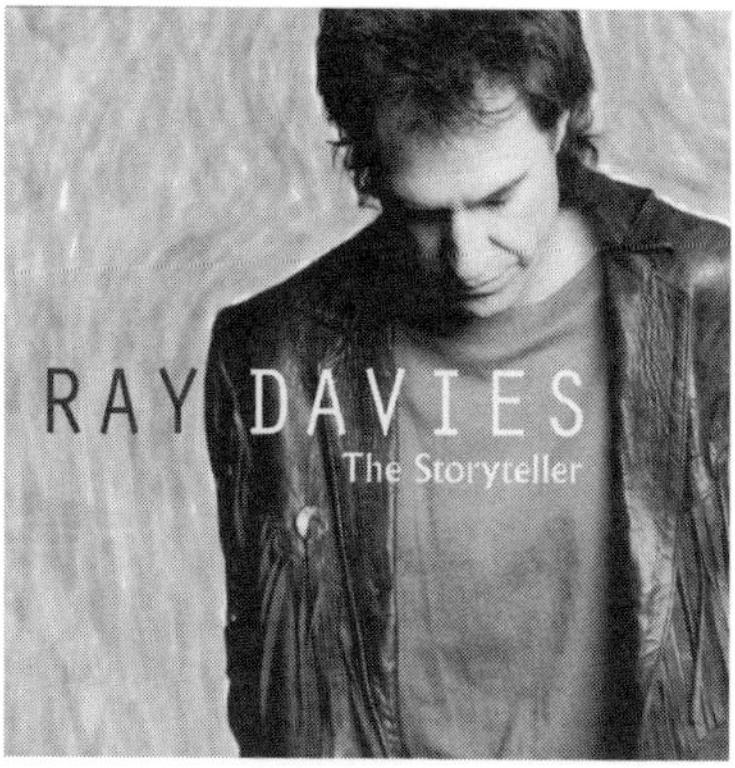

ストーリーテラー
UK・Konk/EMI / 494 1682 [CD]
Release: 1998年3月

1. Storyteller / 2. Introduction / 3. Victoria / 4. My Dame (Dialogue) / 5. 20th Century Man / 6. London Song / 7. My Big Sister (Dialogue) / 8. That Old Black Music / 9. Tired Of Waiting / 10. Set Me Free (Instrumental) / 11. Dad & The Green Amp (Dialogue) / 12. Set Me Free / 13. The Front Room (Dialogue) / 14. See My Friends / 15. Autumn Almanac / 16. Hunchback (Dialogue) / 17. X-Ray / 18. Art School (Dialogue) / 19. Art School Babe (Dialogue) / 20. Back In The Front Room / 21. Writing The Song (Dialogue) / 22. When Big Bill Speaks/The Man Who Knew A Man (Mick Avory's Audition - Dialogue) / 23. It's Alright (Manager's - Dialogue) / 24. It's Alright (Havana Version, The Kinks Name - Dialogue) / 25. It's Alright (Up Tempo, On The Road -Dialogue) / 26. Julie Finale (Dialogue) / 27. The Ballad Of Julie Finkle / 28. The Third Single (Dialogue) / 29. You Really Got Me / 30. London Song (Studio Version)

94年9月に自伝小説『エックス・レイ』を発表したレイは、翌年5月にロンドンの数カ所で〝エックス・レイ・ショウ〟を披露。その後キンクスの日本公演や北米ツアーがあったが、8月に英国、10月にアメリカでソロ・ツアーを行い、〝自伝語り〟の内容を固めていった。その間には『トゥ・ザ・ボーン』がリリースされたけれど、兄弟がソロ活動を優先しているのは明らかだったし、95年12月にはレイの〝エックス・レイ・ショウ〟が日本でも披露された。私は読売ホールに出かけたのだが、サポートのギタリストとふたりだけのアコースティック・セットは〝語り〟が完全につかめなくても楽しめたし、自伝に嵌め込まれたキンクス・ナンバーは新鮮に響いた。

　その完成形としてスタジオ録音された本作には若干のミュージシャンが加わっているが、構成もモノローグもほとんどショウのままだ。CD1枚に収録するために刈り込まれた部分もあるはずだが、出生から「ユー・リアリー・ガット・ミー」の世界的なヒットで〝ロック・スター〟になるまでの20数年が、のちに発表した曲で描かれていくつくりは非常に面白い。『エックス・レイ』が〝SF的自伝〟と表現されたのを納得させてくれたし、それを語っているのが50歳を超えた本人だというのも効いて、本編では語られない〝その後〟を我々が想像で捕捉するような格好になるのは画期的だった。

　レイの半生をわかっていない人にはなんのこっちゃだろうが、こういうハードルを仕掛けないとリスナーはどんどんバカになる。長年のファンを信頼しているからこそできた本作は、〝ヒストリー・オブ・ザ・キンクス〟のおさらい会でもあったのだ。

Ray Davies

Other People's Lives

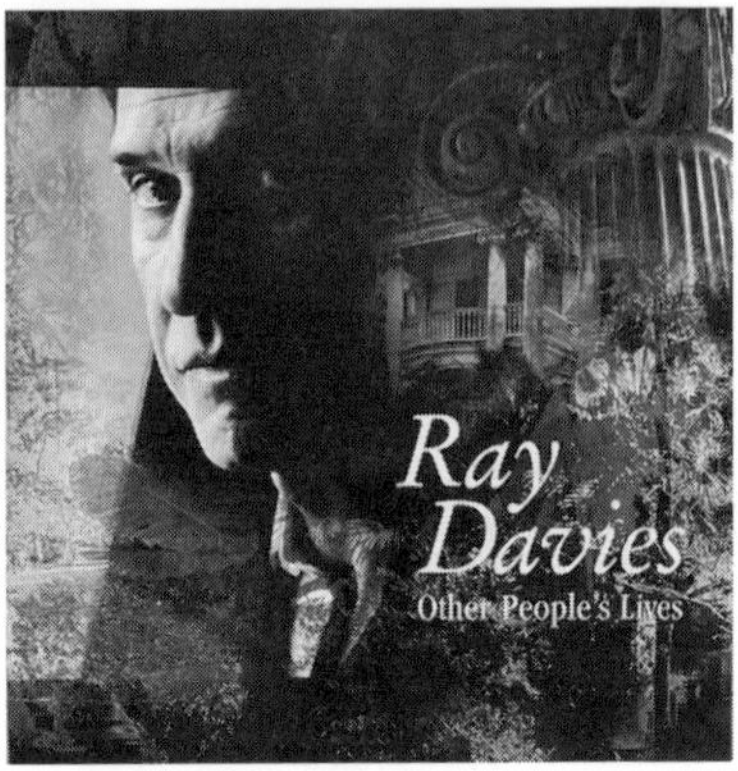

アザー・ピープルズ・ライヴス

V2／6338812728517［LP］
Release: 2006年2月21日
［**A**］1. Things Are Gonna Changes (The Morning After) / 2. After The Fall / 3. Next Door Neighbour / 4. All She Wrote
［**B**］1. Creatures Of Little Face / 2. Run Away From Time / 3. The Tourist
［**C**］1. Is There Life After Breakfast? / 2. The Gateway (Lonesome Train) / 3. Other People's Lives
［**D**］1. Stand Up Comic / 2. Over My Head / 3. Thanksgiving Day

　過去2枚は先に企画ありきの盤だったから、“正真正銘のソロ・アルバム”と言える第一作はこれだ。録音は02年4月にコンク・スタジオで始まったが、途中ニューオリンズでのミックスなども挟みながら作業は断続的に進み、完成を見たのは05年8月だった。つくり終えて配給先が決まらないのは精神衛生上よくないから、内容を小出しにしながら契約を詰めていったのだろう。

スペシャル・サンクスにはdBズのピーター・ホルサップルや、ヨ・ラ・テンゴの名前もあり、オルタナ・カントリー以後のアメリカン・ロックへの目線が感じられたりもする。

　しかしメロディも歌詞も、「どこを切ってもレイ・デイヴィス」と言い切れるもので、キンクスのアルバムでは『マスウェル・ヒルビリーズ』にいちばん近いような手触りだ。“ディスカヴァー・アメリカ”と言ってもいいこの路線は、21年2月現在の最新作である『アワ・カントリー』までずっと続くことになるのだが、濡れたメロディの人懐こさと鼻腔の抜けが悪いような声が描かせるのはアクアスキュータムのコートを着た英国紳士の姿だ。

　それがタイトル“ほかの人の生活”の意味を深くし、「アメリカン・スタンダードはワールド・スタンダードではない」という主張にも聞こえる。いたって普通の、いつの時代のものとも判断がつかない“当たり前のロック”が、実は「スタンダードではない」という意識でつくられているという図式は、80年代以降の英国映画の“アンチ・ハリウッド感”に近い。「ジーパンでもいいけど必ずジャケットは着用」みたいなドレス・コードを匂わせる、会員制のロンドン・ロック。しかし門戸は労働者階級に向けて開かれている。

Ray Davies
Working Man's Cafe

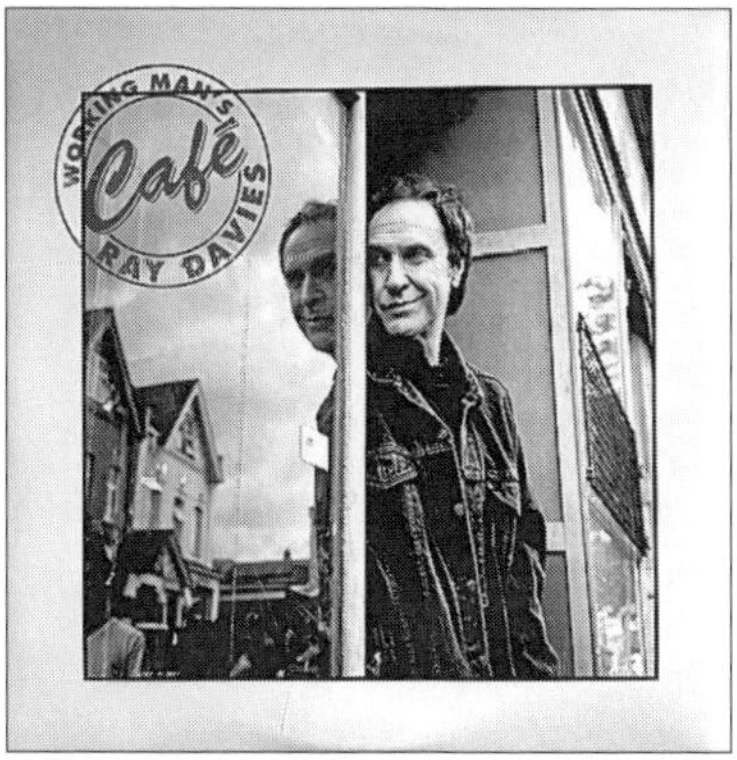

ワーキング・マンズ・カフェ
New West／607396501021［LP］
Release: 2007年12月5日
［**A**］1. Vietnam Cowboys / 2. You're Asking Me / 3. Working Man's Cafe / 4. Morphine Song
［**B**］1. In A Moment / 2. Peace In Our Time / 3. No One Listen / 4. Imaginary Man / 5. One More Time
［**C**］1. The Voodoo Walk / 2. Hymn For A New Age / 3. The Real World
［**D**］(Bonus Tracks) 1. Angola (Wrong Side Of The Law) / 2. Vietnam Cowboys (Demo) / 3. The Voodoo Walk (Demo)

3年ぶりの新作が〝前作の続編〟としてつくられたのは明らかだったが、固定のバンドでテネシーのルーム&ボアード・スタジオで録音されたのも功を奏して〝贋アメリカン・ロック感〟が徹底されている。共同プロデューサーはレイ・ケネディ（AORなソロ・アルバムやマイケル・シェンカー・グループのヴォーカルで知られた彼とは別人のカントリー系プロデューサー）、ギターはパット・ブキャナン、ベースはクレイグ・ヤング、ドラムスはシャノン・フォレスト……と、ナッシュヴィルの腕利きで固められているが、「ユー・アー・アスキング・ミー」にはミック・エイヴォリーがパーカッションで参加していたりするのがご愛敬。

ソニー傘下のV2からのリリースだったのに、アナログ盤はアメリカーナの本拠地、ニュー・ウエストから発売され、コンク・スタジオでレコーディングされたデモ3曲が追加された（DVDつきのデラックス・エディションCDには、さらに「アイ、ヴィクティム」のデモを追加）。ギター中心のバンド・アンサンブルながら、「モーフィン・ソング」にはホーンも入るから、RCA初期のキンクスを思い出さずにはいられない。

DVDに収録されたショート・フィルム〝Americana: A Work In Progress〟は〝ストーリーテラー〟のツアー・フッテイジとして01年に制作されたものだが、ここでの「レイ・デイヴィス vs アメリカ」というテーマは今日まで20年も一貫しているのだから執念深い。小説家的な感性がそうさせるのだろうが、書き続けられて大長編（全8巻）となった辻邦夫の短編連作『ある生涯の七つの場所』より制作期間は長くなっている。まさに文学者だね。

Ray Davies
Collected

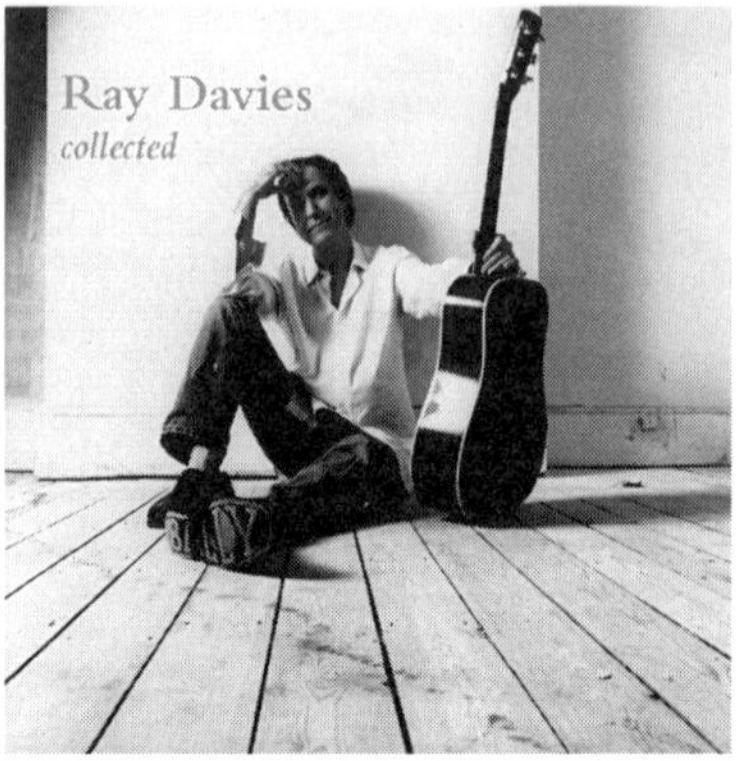

Universal／602527210995［CD］
Release: 2009年10月27日
1. After The Fall / 2. Vietnam Cowboy / 3. Next Door Neighbor / 4. Working Man's Cafe / 5. You're Asking Me / 6. The Tourist / 7. Things Are Gonna Change (The Morning After) / 8. One More Time / 9. No One Listen / 10. Thanksgiving Day / 11. In A Moment / 12. Imaginary Man / 13. Morphine Song / 14. London Song / 15. The Getaway / 16. Storyteller / 17. Yours Truly, Confused, N10

メジャーのレーベル統合／再編によってユニバーサルから出せることになったゼロ年代のベスト盤。『アザー・ピープルズ・ライヴス』からの6曲、『ワーキング・マンズ・カフェ』からの8曲に、「ストーリーテラー」と「ロンドン・ソング」、EPでしか聴けなかった「ユアーズ・トゥルーリィ、コンフューズド、N10」を加えた全17曲は、ソングライターとしての到達点を示すような素晴らしいコンピレイションである。原盤がレイ・デイヴィス・エンタテインメントからの供給となっていることからも、〝本人の関与〟は明らかだが、『アザー・ピープルズ・ライヴス』に欠けていたバンド感を、『ワーキング・マンズ・カフェ』からのナンバーで補ったのはさすが。客観的な視点を絡めながら再び主張しているようなところに、レイの高い意識が感じられるのだ。

『アザー・ピープルズ・ライヴス』も『ワーキング・マンズ・カフェ』も、出たころは何度か聴いて、アルバムとしての充実度はわかっているつもりだったが、ここで「各曲の出来がこんなによかったとは」と改めて感心させるのだから、レイのセンスはリスナーの認識の遙か上を行っている。年季の入ったファンでも、「師匠、まいりました」と降参すること間違いなしの〝作品〟としてベスト盤を聴かせられる男は、世界でも稀だと思う。

こういう盤がほとんど宣伝もされずにリリースされ、熱心なファンにもろくに知られていないのだから、〝中堅〟は悲しい。ビートルズ関係やディランだったら大騒ぎになるはずなのに、と私が思ってしまうのも、またキンキー。大手の通販サイトでは激安で買えるので、いまのうちにどうぞ。

Ray Davies
The Kinks Choral Collection

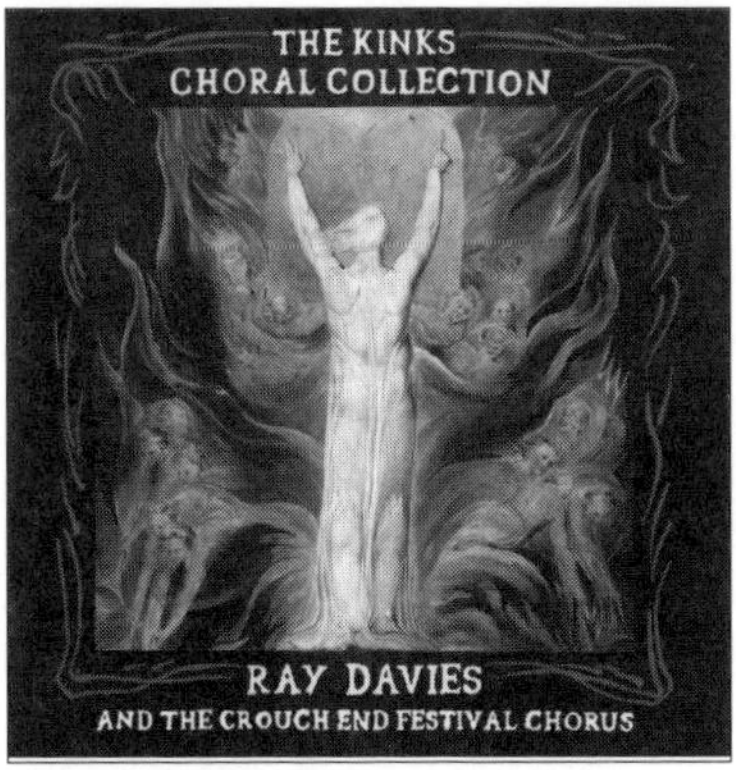

ザ・キンクス・コーラル・コレクション
Decca／602527240503［CD］
Release: 2009年11月10日

1. Postcard From London (Featuring Chrissie Hynde)
2. Days
3. Waterloo Sunset
4. You Really Got Me
5. Victoria
6. See My Friends
7. Celluloid Heroes
8. Shangri-La
9. Working Man's Cafe
10. Village Green Medley
11. All Day And All Of The Night

クロウチ・エンド・フェスティヴァル合唱団は、84年に同フェスの演出家ジョン・グレッグソンが、音楽監督にデイヴィッド・テンプルを招いて結成した非営利団体。しかしBBCのプロムナード・コンサートへの出演などで英国を代表する合唱団となり、ディズニーのテレビ・シリーズ“Prince Caspian”や、BBCのドラマ“Doctor Who”で広く知られるようになった。

英国の番組制作会社UMTVによって企画された本作は、レイと彼のバンドとクロウチ・エンド・フェスティヴァル合唱団がキンクスのナンバーを再レコーディングするというもの。現役感も出したいと思ったのか、レイは最新作から「ワーキング・マンズ・カフェ」を加えたが、新解釈によるベスト・オブ・ザ・キンクスと言ってもいい選曲になったのは当然だろう。

レコーディングは主にアビー・ロードで行われ、合唱団も積極的にプロモーションに協力。レイの出演するフェスティヴァルに同行したのも効いて、アルバムは全英28位まで上がった。

09年にレイは、クリッシー・ハインドをゲスト・ヴォーカリストとして招いたクリスマス・シングル「ポストカード・フロム・ロンドン」(フィジカル・リリースはなかった)を制作する際に再び合唱団と手を組んだため、デッカは同曲を追加したCDを出し直した。絵柄の周りの枠が白いのが初回盤、黒いのがクリッシー入りの盤なので、どうせなら黒枠ヴァージョンをどうぞ。

レイと合唱団の共演はいくつもYouTubeにアップされているので、ご覧になってみてください。「ウォーター ルー・サンセット」の♪シャ、ラ、ラ～以降のコーラスが重なっていくところなんて、絶品ですから。

Ray Davies

See My Friends

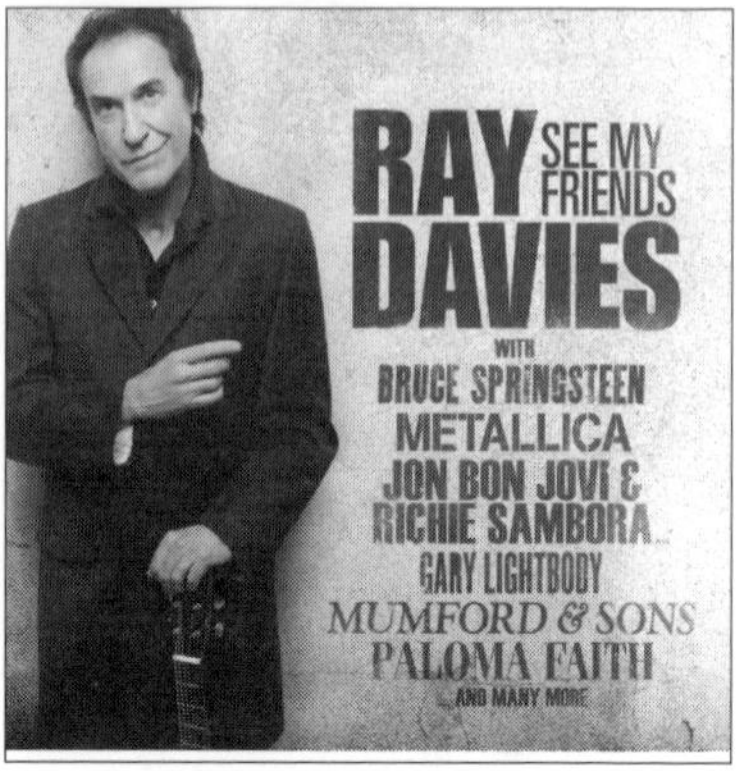

Universal／602527548173［CD］
Release: 2010年12月1日

1. Better Things (w/Bruce Springsteen)
2. Celluloid Heroes (w/Jon Bon Jovi & Richie Sambora)
3. Days/This Time Tomorrow (w/Mumford & Sons)
4. Long Way From Home (w/Lucinda Williams & The 88)
5. You Really Got Me (w/Metallica)
6. Lola (w/Paloma Faith)
7. Waterloo Sunset (w/Jackson Browne)
8. 'Till The End Of The Day (w/Alex Chilton & The 88)
9. Dead End Street (w/Amy Macdonald)
10. See My Friends (w/Spoon)
11. This Is Where I Belong (w/Black Francis)
12. David Watts (w/The 88)
13. Tired Of Waiting (w/Gary Lightbody)
14. All Day And All Of The Night/Destroyer (w/Billy Corgan)
15. Victoria (w/Mando Diao)

相手がバンドの場合もあるから〝デュエット・アルバム〟とは言えないが、キンクスの名曲をレイと誰かの共演でセルフ・カヴァーした企画盤。新旧の名選手たちが国境を超えて集まって、充実のアルバムになった。

いきなりのブルース・スプリングスティーンや、続くジョン・ボン・ジョヴィとリッチー・サンボラにはちょっと笑っちゃうが、マムフォード&サンズとか、ルシンダ・ウィリアムズとの「ロング・ウェイ・フロム・ホーム」辺りは今世紀に入ってのアメリカーナ路線にぴったり嵌まる。メタリカとの「ユー・リアリー・ガット・ミー」も〝いかにも〟で笑えるけれど、パロマ・フェイスとの「ローラ」が予想以上によかったり、ジャクソン・ブラウンとの「ウォータールー・サンセット」が田舎臭くて面白かったり、アレックス・チルトンがまだ生きていて「ティル・ジ・エンド・オブ・ザ・デイ」なんか唄ってるのが嬉しかったり……。ま、人選がバッチリですよ。

共同プロデューサーのマーティン・バーグが、無理のない感じに仕上げたんだろうし、ボブ・ラドウィグがさすがのマスタリングをしているから思いのほか統一感もある（スタジオはけっこういろいろだから、データのやりとりで仕上げたんでしょうが）。

後半ではブラック・フランシスとの「ディス・イズ・アイ・ビー・ロング」が渋いし、「オール・オブ・ザ・ナイト」と「デストロイヤー」を混ぜちゃったスマパンのビリー・コーガンはナイスですね〜。曲の良さで何でもＯＫになっちゃうってことはあるにせよ、レイのヴォーカルが誰とでも合うっていうのは発見だった。本人たちが楽しそうだから、文句なし。

Ray Davies
Americana

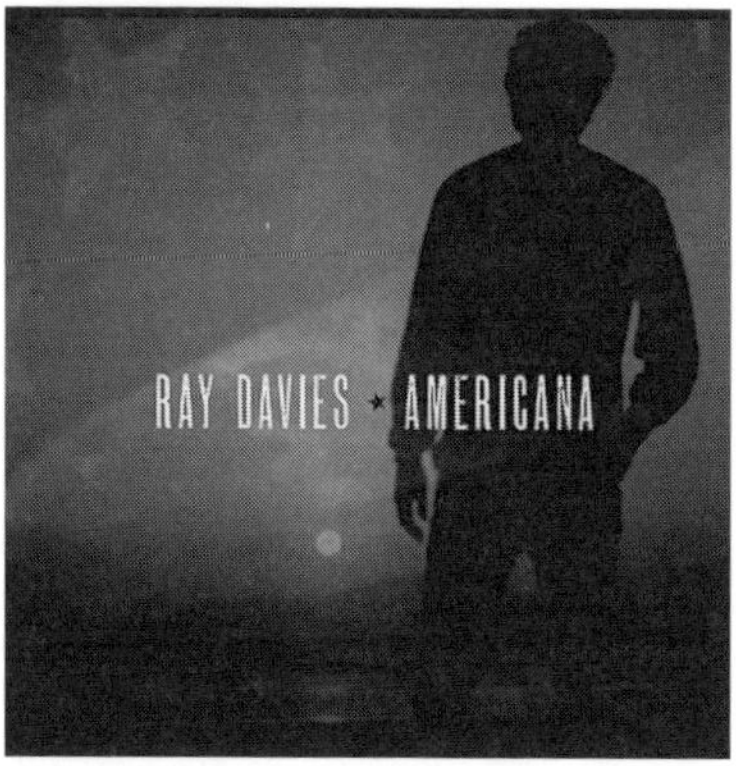

アメリカーナ
Legacy/Sony／889853871018［LP］
Release: 2017年4月26日
[**A**] 1. Americana / 2. The Deal / 3. Poetry
[**B**] 1. Message From The Road / 2. A Place In Your Heart / 3. The Mystery Room / 4. Silent Movie / 5. Rock'N' Roll Cowboys
[**C**] 1. Change For Change / 2. The Man Upstairs / 3. I've Heard That Beat Before / 4. A Long Drive Home To Tarzana
[**D**] 1. The Great Highway / 2. The Invaders / 3. Wings Of Fantasy

新曲集としては10年ぶりとなったアルバムは、ストーリーテラー・ツアーで明確になった〝自身vsアメリカ〟というテーマを徹底的に掘り下げたもの。最初から『アクトⅡ』もありきのコンセプトだった。『ワーキング・マンズ・カフェ』でナッシュヴィルのミュージシャンを使ったレイは、再びアメリカのバンドとレコーディングすることを考えたらしい。するとデイヴが13年のソロ『アイ・ウィル・ビー・ミー』で、ザ・ジェイホークスと共演した。彼らはオルタナ・カントリーの嚆矢となった名バンド。演奏の手堅さには定評があったし、契約しているレーベルはレイが移籍先に考えたソニーだった。しかもコンク・スタジオに来てくれるという。さまざまな条件が重なって、夢の英米タッグが実現にいたったのだ。

しかしジェイホークスはそれほどヒネリのあるバンドではないから、私は心配になった。テーマがテーマだけに『ワーキング・マンズ・カフェ』以上に〝英vs米〟が描けないと、面白くないんじゃないかと思ったのだ。

それは杞憂に終わった。レイはイアン・ギボンズらアディショナル・ミュージシャンを加えることでロンドン風味を加え、タイトルが皮肉に見えるような仕掛けを施した。キンクス時代から何度も訪れ、煮湯を飲まされたり、金を与えてくれたりしたアメリカは、やっぱり若き日の〝憧れ〟を思い出させてくれる地だ。〝愛vs憎〟をルーツ色の強いロックに乗せる英国人の複雑な感情を掴みかねる箇所もなくはないのだけれど、レイもジェイホークスも共演を楽しんでいるのが思いのほか伝わってきて、こっちも素直な気持ちになれる。バンドっていいな〜、という当たり前の帰結が意外だった秀作。

Ray Davies

Our Country (Americana II)

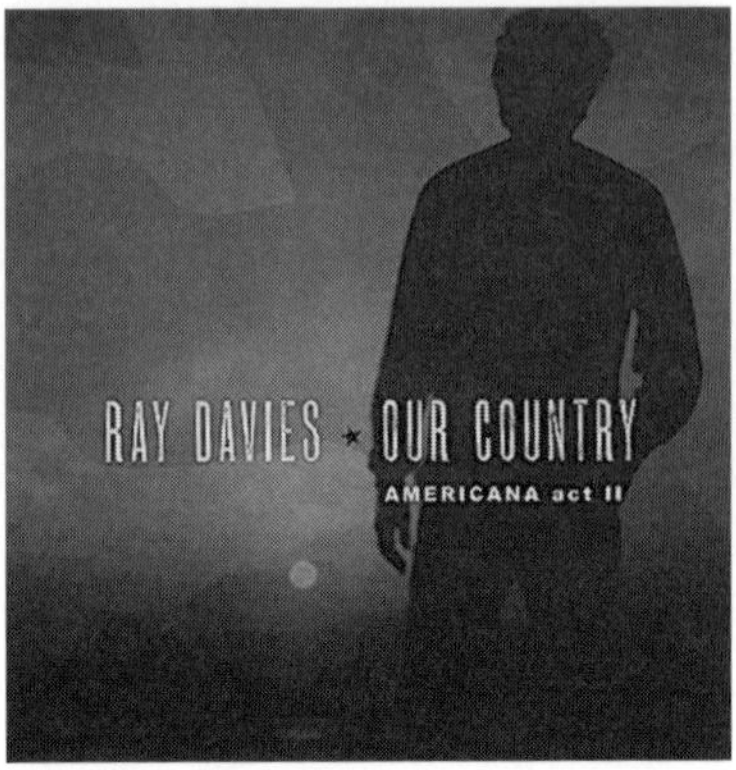

アワ・カントリー（アメリカーナ アクトⅡ）

Legacy/Sony／8895480301S1［LP］
Release: 2018年7月4日

[A] 1. Our Country / 2. The Invaders (Spoken Word) / 3. Back In The Day / 4. Oklahoma U.S.A. / 5. Bring Up Baby
[B] 1. The Getaway / 2. The Take / 3. We Will Get There / 4. The Real World / 5. Rick 'N' Roll Cowboys
[C] 1. A Street Called Hope / 2. The Empty Room / 3. Calling Home / 4. Louisiana Sky / 5. March Of The Zombies / 6. The Big Weird
[D] 1. Tony And Bob / 2. The Bog Guy / 3. Epilogue / 4. Muswell Kills

レイ・デイヴィスという人は〝復習〟が上手い。みごとな〝書き換え〟をする。新作にいつも既視感があるのは、聴き慣れた曲やアルバムをつくり直したようなものだからだ。映画でいえば、ヒッチコックやキューブリック、コーエン兄弟やタランティーノみたい。設定や仕掛けは変えてくるのだが、映画愛によって書き換えられた〝次〟が、旧作の価値を高めるのである。

前作との関係性は『プリザヴェイション』のときとそっくり。『アメリカーナ』が意外にシンプルなあと味を残したことが、ここでの〝深まり〟への布石となっている。

♪行き〜はヨイヨイ帰りは怖い〜みたいなもので、復路は迷宮だったりするのだ。遠浅の海を泳いでいったら、いきなり鳴門海峡のうずに巻き込まれた、みたいなスペクタクル。それをシヴィリアンズ（市井人）の日常に仕掛けたような物語。アキ・カウリスマキなら『過去のない男』か。そういえばヴィム・ヴェンダースの『アメリカの友人』でブルーノ・ガンツが演じた額縁職人ヨナタンの部屋にはキンクスのアルバムがあったけれど、まさかそれが〝アメリカーナ〟への導火線？

それもありえなくはないと思えるほど〝作家性〟に満ちているのだから、リスナーの知識や教養は試されるよね。「ユー・リアリー・ガット・ミー」や「オール・オブ・ザ・ナイト」はファン・サーヴィス。望まれればいつでも演るけど、オレはそこにいないんだよね〜と微笑んで見せる優しさが怖ろしい。相反美学である。前作の15曲に対して、こっちは19曲。最後は「マスウェル・キルズ」かよッ！　ジェイホークスも「騙された！」と思ったかもしれない〝ソロ最高傑作〟だ。

Ray Davies Original Singles

Quiet Life / Voices In The Dark

Quiet Life / Voices In The Dark
Virgin/VS 865／7inch

Quiet Life / Voices In The Dark / Va Va Voom (Gil Evens)
Virgin/VS 865 12／12inch
Release: 1986年6月

ジュリアン・テンプル監督、デイヴィッド・ボウイ、パッツィ・ケンジット、シャーディら主演の青春映画『ビギナーズ（Absolute Begginners)』のサントラ盤からカットされたシングル。プロデュースはクライヴ・ランガーとアラン・ウィンスタンリーの名コンビ。著者役で出演したレイは、ストーリーに合わせた新曲を書いたわけだが、お得意のヴォードヴィル調が素晴らしい。ジャケットも映画のスチールが使用された。ボウイが歌ったタイトル曲は大ヒットしたが、これは通好みの一枚に。カップリングは『リターン・トゥ・ウォータールー』からのナンバーだった。同時発売された12インチには、映画で使われたギル・エヴァンスの「ヴァ・ヴァ・ヴーム」が追加されている。

曲もいいけれど、このシングルの魅力は老けメイクしたレイのポートレイトだろう。ファンのあいだでは「12インチはマスト」と言われてきた。

Thanksgiving

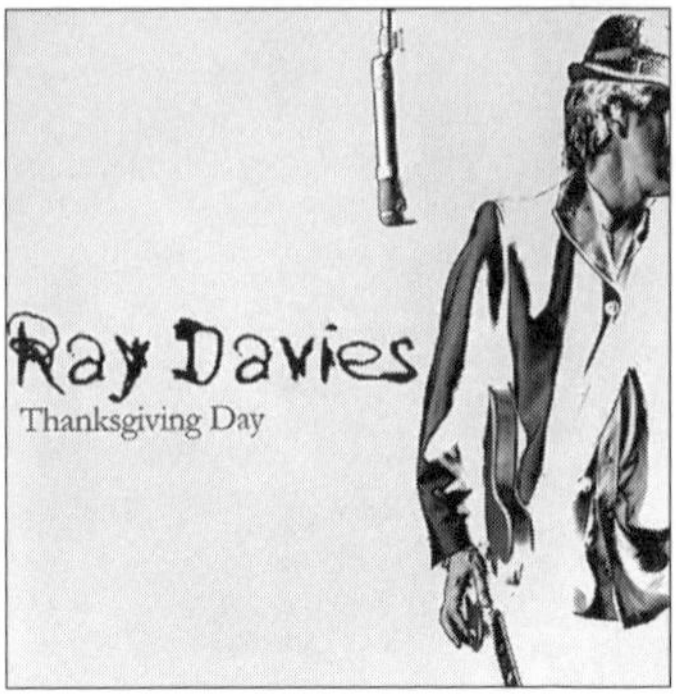

1. Thanksgiving Day
2. Yours truly Confused N10
3. London Song
4. Storyteller
5. Thanksgiving Day (Alternate Mix)

US･V2／63881272862［EP］
Release: 2005年11月22日

Ray Davies / The Kinks Rock 'N' RollCowboys / Oklahoma U.S.A.

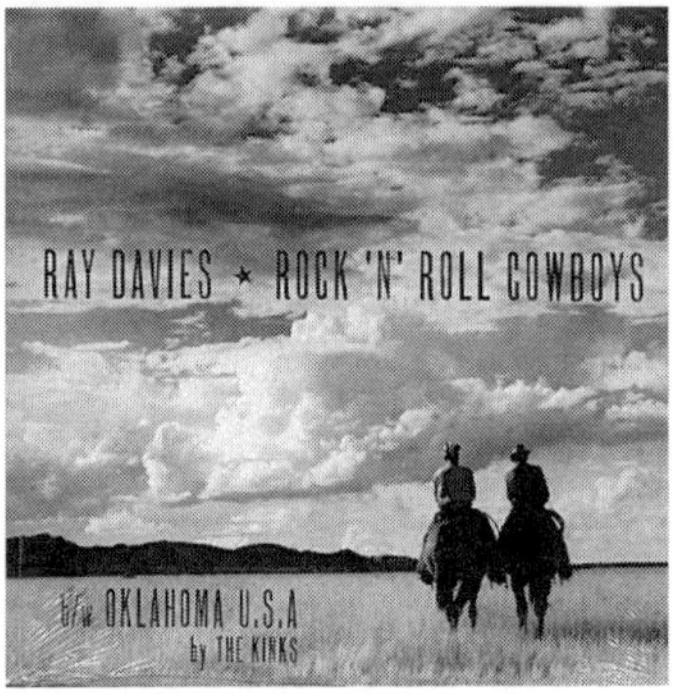

Rock 'N' Roll Cowboys / Oklahoma U.S.A.
Legacy／88985425687［7inch］
Release: 2017年4月21日

アメリカのみでリリースされた5曲入りのCD『サンクスギヴィング・デイ』は、『アザー・ピープルズ・ライヴス』に収録されることになる新曲「サンクスギヴィング・デイ」を先行発売したものだった。カップリングの3曲は『ストーリーテラー』のセッションからで、「ユアーズ、トゥルーリィ、コンフューズド、N10」はこの段階では未発表曲、「サンクスギヴィング・デイ」のオルタネイト・ミックスは現在もこの盤でしか聴けない。なぜこの時期に？というリリースだったから見逃しているファンも多くと思うけれど、これはなかなかのものだ。持っているとのちのち自慢できそうである。

『アメリカーナ』からの「ロックンロール・カウボーイズ」と、キンクスの「オクラホマU.S.A.」をカップリングしてしまった強引な7インチ・シングルは、17年春のレコード・ストア・デイ（RSD）にリリースされた限定盤。こういう迷惑なものを出すからRSDには乗れない。馬に乗ったカウボーイのジャケはカッコいいけれど、「ったくこんなもの出しやがって、ホント迷惑！」と気持ちが乗らないのだ。片面がアルバム未収録曲とかなら喜んで買うけれど、よりによって『マスウェル・ヒルビリーズ』からって、何を考えているんだか。レアだからすでにプレミアがついているのだが、わたしゃー騙されませんからねッ！

Chapter 6

SOLO WORKS OF DAVE DAVIES

手銭辰郎

Dave Davies

PL-13603

UK／RCA Victor／PL 13603
Release: 1980.9.26

[**A**]
1. Where Do You Come From
2. Doing The Best For You
3. Visionary Dreamer
4. Nothin' More To Lose
5. The World Is Changing Hands

[**B**]
1. Move Over
2. See The Beast
3. Imaginations Real
4. In You I Believe
5. Run

[US] **AFL-3603**
RCA Victor／AFL-3603
Release: 1980.7.9

デイヴ・デイヴィスはパイ時代に4枚のシングルと1枚のEPをソロ名義でリリースしたが、「デス・オブ・ア・クラウン」を全英3位、「スザンヌズ・スティル・アライヴ」を20位に送りこみながら、制作されていたソロ・アルバムはお蔵入りとなってしまった。

70年代もデイヴはソロ作リリースの機会を窺っていたようで、とくにコンク・スタジオが完成してから落ち着いて録った73年のデモ（19年の『ディケイド』で蔵出しになった）は、キンクスがRCAに在籍しているうちにソロ・アルバムを出そうとしていたのを匂わせるものだ。

しかしそうはならず、初ソロ・アルバムは80年夏まで待たなければならなかった。キンクスはすでにアリスタに移籍していたのに米・RCAから2枚のアルバムを出しているのも、個人としてRCAに〝借り〟が残っていたのを感じさせるリリースだった。

　レコード番号をタイトルにしたために、英国では『PL-13603』、米国では『AFL1-3603』として（ジャケットも英米で変えて）発表されたファースト・アルバムは、デイヴのオリジナル9曲を収録したもので、セルフ・プロデュースであるばかりか、6曲ではすべての楽器を自身でプレイしたワンマン・レコーディングが試されている。録音はもちろんコンク・スタジオ。キンクスの『ミスフィッツ』に参加していたロン・ロウレンス（ベース）と、ニック・トレヴェシック（ドラムス）が加わった3曲が入ったことで体裁は保たれた感があるのはご愛敬だが、デイヴィス兄弟の弟の初アルバムということでアメリカではそれなりに話題になり、ビルボード42位まで上がったのは立派だったと思う。

　デイヴらしいパワー・ポップ・チューン「ホェア・ドゥ・ユー・カム・フロム」で幕を開け、英国ではシングル・カットもされた「ドゥーイング・ザ・ベスト・フォー・ユー」に繋ぐ。そして哀愁のギターを聴かせる「ヴィジョナリー・ドリーマー」あたりまではいいのだが、タイトなロック・ナンバー「ナッシング・モア・トゥ・ルーズ」や、イントロがユーミンのあの曲みたいなオールディーズ風の「ザ・ワールド・ハズ・チェンジング・ハンズ」ぐらいで息切れしてくる。B面ではアメリカでシングル・カットされた「イマジネイション・イズ・リアル」の爽快さと、歌の上手さが光る「イン・ユー・アイ・ビリーヴ」、フォーキーなラスト・チューン「ラン」が耳に残るが、〝習作〟の感をぬぐいきれないのが残念なところだ。

　曲はかなり粒揃いだと思うのだが、ワンマン・レコーディングに無理があり、〝デモ〟のようにも思えてしまうから、RCAからもそういう指摘があったのではないだろうか。翌年の『グラマー』が、ハード・ロッキーな音とニュー・ウェイヴ風のヴィジュアルという混ざりにくい極を合わせたものになってしまったのも、このアルバムに慎重さが欠けていたのが原因という気がしてしまう。

　しかし、このB級感こそがデイヴの味だと思っている筆者のような判官贔屓にとっては、本作の愛おしさは格別なのだ。兄貴ほどねじれていない分、各曲の狙いははっきりしているし、パワー・コードのハードなギター・リフや、まっすぐなメロディが決まったときのデイヴは、町中華のラーメン炒飯セットぐらい〝身近な味〟で、三ツ星レストランにはない〝大衆性〟を感じさせるのだ。「ボクはこれで充分ですけど、なにか？」と言いたくなる。

Dave Davies

Glamour

UK／RCA Victor／RCALP 6005
Release: 1981.10.16
[**A**]
1. Is This The Only Way?
2. Glamour
3. Reveal Yourself
4. World Of Our Own

[**B**]
1. Body
2. Too Serious
3. Telepathy
4. 7th Channel
5. Eastern Eyes

　80年代は日本のラジオ局でも、欧米のロック・ミュージシャンの未発表ライヴがけっこうオンエアされていた。FM東京ではニューヨークのボトム・ラインで録音されたもの、NHKではBBC関連のものなど、いま考えれば貴重な音源ばかりだった。その中でも強く印象に残ったのが、おそらく本作がリリースされたころのデイヴのライヴ。当時中学生だった筆者は、そのハードなサウンドと、驚異のハイ・トーン・ヴォイスにヤラれた記憶がある。録音はしなかったから記憶はあやふやだけれど、デイヴのソロというと真っ先にそれを思い出すのだ。

　本作のタイトル〝グラマー〟は、女性の色っぽい肢体を示すほかに、「幻想的、幻惑的な魅力」という意味があるのだが、デイヴは両方をかけているように思う。

　全9曲はすべて彼のオリジナルで、キンクスのボブ・ヘンリットにドラムを頼んだ以外は、すべての演奏をデイヴがひとりでやっている。録音はコンク・スタジオだ。ハードでメタリックな印象の強いアルバムで、前作ほどヴァラエティに富んではいないのだが、当時若かった筆者はけっこう好んで聴いていた記憶がある。

　髪をオール・バックにして、スーツとネクタイを着用したジャケットのデイヴはかなりの男前だが、このころのニュー・ウェイヴ勢を意識した意匠だったに違いない。インナー・スリーヴはキノコ雲が浮かぶ廃墟にデイヴが佇んでいるというもので、近未来SFを想わせる。なるほど〝幻惑的〟だ。

　全米152位にかろうじて入ったもののRCAとの契約延長はなく、ようやく摑んだソロ活動のチャンスは、あっさり萎んでいくのだった。

Dave Davies
Chosen People

US／Warner Brothers／92-3917-1
Release: 1983.10.7

[**A**]
1. Tapas
2. Charity
3. Mean Disposition
4. Love Gets You
5. Danger Zone
6. The Story
7. Take One More

[**B**]
1. Freedom Lies
2. Matter Of Decision
3. Is It Any Wonder
4. Fire Burning
5. Chosen People
6. Cold Winter

ワーナー・ブラザーズにワン・ショットで無理やり捻じ込んだようなソロ第3作は、アメリカ以外の国ではリリースが見送られ、ビルボード202位という結果を残すのみに終わった。

　前作よりもポップなナンバーが増えて、聴きやすくなっている。収録された13曲はいずれもデイヴのオリジナル曲で、プロデュースはエンジニアのスティーヴ・チャーチルヤードと共同名義。ボブ・ヘンリット、デイヴ・ウィンツァー（ベース）、クリス・ペイリン（キーボード）と〝バンド〟でレコーディングした曲が大半のため、二流な感じは否めないながらも〝ノリ〟が安定している点は好ましい。いま聴き返しても、「デイヴはバンドの人なんだなぁ」と思うぐらいだ。

　しかし、このジャケットはどうしちゃったんだろう？　当時デイヴはサー・ジョージ・キングなる導師に傾倒していたらしく、ジャケ裏には彼への献辞も載っているのだが、宗教的な内容とも思えないし、サウンドからそれほどスピリチュアルな意識も感じられないので、なんだか〝上辺だけ〟という印象なのである。当時のキンクスはアメリカでライヴ・バンドとしての評判を取り戻し、デイヴは「弟の、カッコいい方」と言われていたのだから、前作のハード・ロック路線をバンドで貫いた方がよかったようにも思う。

　良い曲もあるだけに、妙なイメージがついて語られなくなってしまったのが残念なアルバムなのだ。

「ラヴ・ゲッツ・ユー」がシングル・カットされたが、当然の如く鳴かず飛ばず。その後キンクスが『トゥ・ザ・ボーン』をもって活動停止になるまで、デイヴは10年以上もソロ名義のリリースから遠ざかってしまう。

Dave Davies
The Album That Never Was

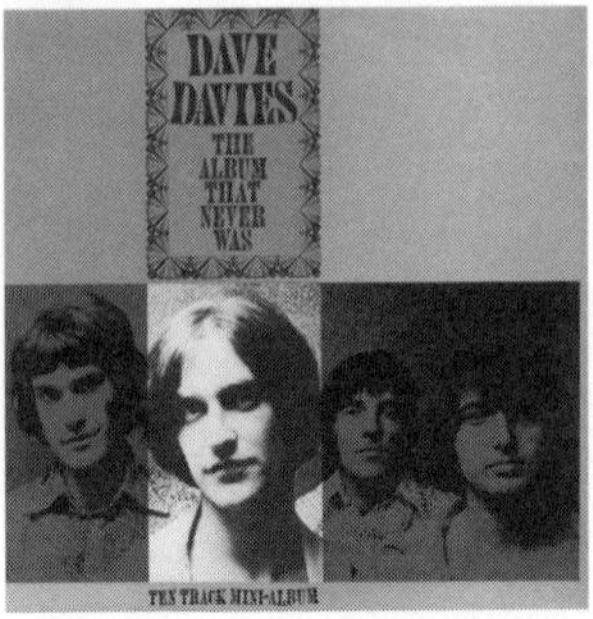

UK／PRT／PYL 6012
Release: 1987.10.19
[A] 1. Death Of A Clown / 2. Love Me Till The Sun Shines / 3. Susannah's Still Alive / 4. Funny Face / 5. Lincoln County
[B] 1. There Is No Life Without Your Love / 2. Hold My Hand / 3. Creepin' Jean / 4. Mindless Child Of Motherhood / 5. This Man He Weeps Tonight

Dave Davies & John Carpenter
Village Of Damned

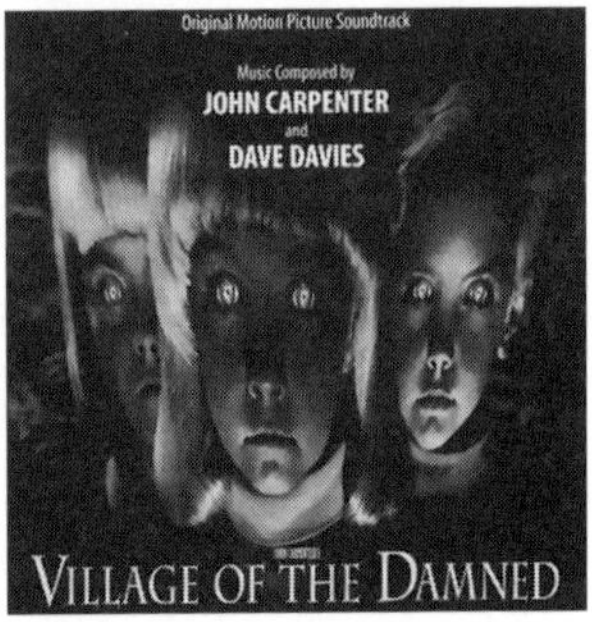

US／Varèse Saraband／VSD-5629
Release: 1995.4.24
[CD]
1. March Of The Children / 2. Children's Carol / 3. Angel Of Death / 4. Daybreak / 5. The Fair / 6. The Children's Theme / 7. Ben's Death / 8. The Funeral / 9. Midwich Shuffle / 10. Baptism / 11. Burning Desire / 12. Welcome Home, Ben / 13. The Brick Wall

このコンピレーション・アルバムがリリースされたときは、本当によく聴いたものだ。87年頃には英国のPRTレコーズからパイ時代の作品が続々とリイシュー。その流れでリリースされたのがデイヴの曲のみをコンパイルした本作である（演奏はキンクスの面々）。

67年から69年にかけてリリースされたソロ名義の4枚のシングルの両面、計8曲にキンクスが69年6月リリースしたシングル「ドライヴィン」のB面曲「マインドレス・チャイルド・オブ・マザーフッド」、同年9月リリースの「シャングリ・ラ」のB面「ディス・マン・ヒー・ウィープス・トゥナイト」を加えた10曲をLPのAB面にただ並べただけだが、当時はオリジナル・シングルで〝音〟を楽しむことなど知らなかった筆者にとっては、とても愛着のある1枚になった。のちに日本では彼のヴォーカル曲を大量に追加した22曲入りCDもリリースされた。

とんで95年に発表された〝Village Of Damned〟は、日本でも公開されたジョン・カーペンター監督のSFホラー映画（邦題『光る眼』）のオリジナル・サウンドトラック盤である。デイヴとカーペンター監督の共作によるもので全曲がインスト、いわゆる劇伴である。「ザ・フィア」のアコギの調べや「ミッドウィッチ・シャッフル」のブギ調など彼らしい演奏も聴ける。

Dave Davies

Unfinished Business (Solo Kronikles, 1980–1997)

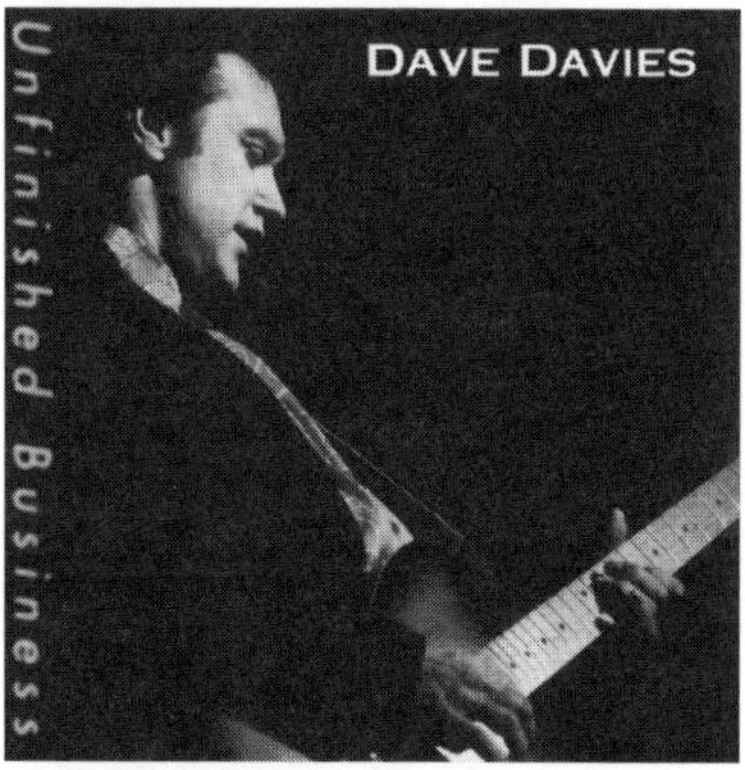

US／Velvel／CDPRO 014
Release: 1997.11
[CD] 1. Unfinished Business / 2. Imagination's Real / 3. The World Is Changing Hands / 4. Nothing More To Lose / 5. Body / 6. In You I Believe / 7. World Of Our Own / 8. Eastern Eyes / 9. Love Gets You / 10. I'll Get Over / 11. When The Wind Blows (Emergency)

Dave Davies Anthology Unfinished Buisiness
UK／Essential／ESSCD584/1
Release: 1998.9.11.
[CD1] 1. You Really Got Me / 2. All Day And All Of The Night / 3. Beautiful Delilah / 4. Come On Now / 5. Milk Cow Blues / 6. I'm Not Like Everybody Else / 7. Death Of A Clown / 8. Love Me Till The Sun Shines / 9. Susannah's Still Alive / 10. Lincoln County / 11. There Is No Life Without Your Love / 12. Hold My Hand / 13. Creeping Jean / 14. Mindless Child Of Motherhood / 15. This Man He Weeps Tonight / 16. Mr. Reporter / 17. Strangers / 18. You Don't Know My Name / 19. Trust Your Heart / 20. Living On A Thin Line / 21. Rock 'N' Roll Cities / 22. When You Were A Child / 23. Perfect Strangers / 24. Look Through Any Doorway / 25. Close To The Wire [CD2] 1. Climb Your Wall / 2. Imaginations Real / 3. Nothin' More To Lose / 4. The World Is Changing Hands / 5. Move Over / 6. See The Beast / 7. Wildman / 8. Body / 9. Is This The Only Way / 10. Eastern Eyes / 11. Take One More Chance / 12. Charity / 13. Is It Any Wonder / 14. Cold Winter / 15. Fire Burning / 16. Freedom Lies / 17. Eternity / 18. Gallon Of Gas Blues / You're Lookin' Fine (Live) / 19. Unfinished Business

Unfinished Buisiness Dave Davies Kronikles, 1963–1998
US／Vevel／V22-79718
1999.1.12
[CD1] 1. I Believed You / 2. You Really Got Me / 3. Beautiful Delilah / 4. Long Tall Shorty / 5. Come On Now / 6. Milk Cow Blues / 7. Wait Till The Summer Comes Along / 8. Climb Your Wall / 9. You Don't Know My Name / 10. Trust Your Heart / 11. All Day And All Of The Night / 12. Living On A Thin Line / 13. Perfect Strangers / 14. Rock And Roll Cities / 15. I've Got Your Number [CD2] 1. Unfinished Business / 2. Imaginations Real / 3. The World Is Changing Hands / 4. Nothing More To Lose / 5. Body / 6. In You I Believe / 7. World Of Our Own / 8. Eastern Eyes / 9. Love Gets You / 10. This Man He Weeps Tonight / 11. Suzannah's Still Alive / 12. Death Of A Clown / 13. Hold My Hand / 14. Strangers / 15. Gallon Of Gas Blues / You're Looking Fine / 16. Lincoln County

90年代半ばのキンクス活動休止後、レイは自伝的小説『エックス・レイ』を出版した。デイヴも対抗するように96年に自伝『KINK』を刊行している。

それに伴って97年から99年にかけて断続的に全米で“The Kink Kronikles Tour”というソロ・ツアーを敢行。

それと前後して、まず97年に米ヴェルヴェル・レーベルから“Unfinished Business (Solo Kronikles 1980–1997)”のタイトルで限定CDをリリースした。未発表のタイトル曲は60年代サイケ風で筆者も大好きなナンバーだ。そして98年になってから英キャッスル・コミュニケーションズは“Dave Davies Anthology Unfinished Business”という2枚組CDをリリース。ディスク1はキンクスのデイヴ作品と彼のヴォーカル曲、ディスク2は彼のソロ・アルバムからセレクトした曲を中心にした全44曲が収録されている。未発表曲やデモ音源、ライヴ・ヴァージョンなど4曲が収録されているのが目玉である。さらに翌99年になってヴェルヴェル・レーベルからリリースされたのが、全米ソロ・ツアーのタイトルにもなった“Unfinished Business Dave Davies Kronikles, 1963/1998”という2枚組CDで英盤と似た構成だがこちらはレイヴンズ時代の音源など計31曲入り。

Dave Davies & Russell T.Davies

Prusha And The Spiritual Planet

US／Meta Media／MM01
Release: 1998.10.14
［CD］
1. Kochan
2. Arrival
3. Mysterious Love
4. Feeling
5. Dance Of The Azuras
6. One Energy
7. Beautiful Night
8. Spiritual Planet
9. Return
10. Soothe Sayer (Mukti's Song)
11. Spiritual Planet (Reflection)

デイヴと息子ラッセルとの共演盤。いちおう〝クリスタル・レイディオ〟というバンド名義になっている。全曲インストで、アンビエント・トランス・ダンス・ミュージックと呼んでもいいようなサウンドが全編にわたって展開されているのが特徴である。

　またジャケットやタイトル名からもわかるようにスピリチュアルな物語が繰り広げられていて、彼が本来持っているやんちゃなロックンロールのスタイルからは、かなり遠い。正直、全編を聴き通すのは、かなり〝しんどい〟。録音は98年の夏にロンドンにあるラッセルのホーム・スタジオにて行われて、デイヴのウェブ・サイトのみの販売で自主レーベル、メタ・メディアからの初リリース作品である。

　またこのアルバムは、二人で書いたスピリチュアル・ファンタジー・ストーリーのサウンドトラック盤も兼ねていてアニメ化も予定されていたらしいのだが、筆者は観ておりません。

　その後デイヴとラッセルは、2010年に〝Two Worlds By The Aschere Project〟という作品を発表したり、息子が親父のアルバムに参加したり、17年には全編歌モノのアルバム『オープン・ロード』をリリースするなど近年も頻繁にコラボレーションしている。

　有名ミュージシャンの父親と息子のコラボ作品というと最近ではクラウデッド・ハウスのニールとリアムのフィン親子やウィルコのジェフとスペンサーのトウィーディー親子等が思いつく。個性的で才能があるミュージシャンの父や母を息子や娘がサポートやプロデュースをするのはかなりの忍耐が必要だと思うがミュージシャンの高齢化に伴って今後ますます増えていくのかもしれない。

Dave Davies
Fortis Green

US／Meta Media／MM02
Release: 1999.11.8
［CD］
1. Let Me Be
2. True Phenomenon
3. Voices
4. Away From You
5. Fortis Green
6. Love In The World
7. Listen To The Spirit
8. Soothe Sayer (Mukti's Song)

この作品はデイヴのウェブ・サイトでリリースされた「メタ・メディア・デモ・シリーズ」の最初の1枚で、99年11月にリリースされた。

アルバム・タイトルの『フォーティス・グリーン』は、デイヴィス兄弟の生家があったマスウェル・ヒル地区のストリートの名前ということで、ジャケット写真では英国の町並みなどでもお馴染みの〝番地プレート〟（？）である。ジョン・レノンの編集アルバム『メンローヴ・アヴェニュー』みたいなネーミング・タイトルである。

全8曲が、ロサンゼルスのデイヴの自宅とロンドンにある息子ラッセルの自宅でのホーム・レコーディングによるもの。音質やアレンジ等はまさしくデモでありかなりチープなものだが、じつは筆者はこの手の音源がけっこう好きでバッドフィンガーのピート・ハムやXTCのアンディー・パートリッジのデモ音源は愛聴していたりもする。

この作品も曲の出来はかなり良くて、とくに「ヴォイシズ」や「アウェイ・フロム・ユー」のメロディーは、彼らしい親しみ易いものだし、タイトル・ナンバー「フォーティズ・グリーン」はパイ時代のキンクス作品を彷彿させる佳曲だと思う。この曲と「レット・ミー・ビー」、「トゥルー・フェノメノン」の3曲は03年にリリースされたオリジナル・アルバム『バグ』で再レコーディングされている。いつかこのデモ集の他の楽曲も同じようにバンド編成でアレンジをしてリリースしてもらいたいものである。

また11年にはこの作品の改訂ヴァージョン『フォーティス・グリーン2』もリリースされており「アフター・ザ・ボール」とそのメイキング、2曲の未発表曲が追加収録されている。

Dave Davies

Rock Bottom - Live At The Bottom Line

US／Meta Media/Koch／KOC-CD-8087
Release: 2000.6.27

[CD] 1. I Need You / 2. She's Got Everything / 3. Beautiful Delilah / 4. Creepin' Jean / 5. Good To See Yer! (spoken interlude) / 6. Look Through Any Doorway / 7. Love Me Till The Sun Shines / 8. Tired Of Waiting For You / 9. The Kiss (Spoken Interlude) / 10. Milk Cow Blues / 11. Imaginations Real / 12. Dave's Got His Reading Glasses (Spoken Interlude) / 13. Wicked Annabella / 14. Picture Book / 15. Death Of A Clown / 16. All The Kinks Songs (Spoken Interlude) / 17. Too Much On My Mind / 18. Strangers / 19. Psycho Lounge / 20. One Night With You / 21. Living On A Thin Line / 22. All Day And All Of The Night / 23. Encore (interlude) / 24. Money / 25. David Watts / 26. I'm Not Like Everybody Else / 27. You Really Got Me

Solo Live - Live At Marian College

US／Meta Media／MM03
Release: 2000.6.17

[CD] 1. Michael Kraus Presents / 2. You Really Got Me / 3. Green Amp + Influences / 4. Long Tall Shorty / 5. 1st U.S. Tour/Book Extract #1 / 6. Intro 'Death of a Clown' / 7. Death Of A Clown / 8. Susannah's Still Alive / 9. This Man He Weeps Tonight / 10. Misery Tour/Book Extract #2 / 11. Intro 'Strangers' / 12. Strangers / 13. Breakdown/Book Extract #3/Spirituality / 14. Love Gets You / 15. Living On A Thin Line / 16. Spiritual Planet / 17. Intro 'Young and Innocent Days' / 18. Young And Innocent Days / 19. I'm Not Like Everybody Else

　キンクスとしての活動が停止したあと、デイヴが全米で行った〝The Kink Kronikles Tour〟の終盤、97年11月にニューヨークのボトムラインで行ったライヴ・アルバム。キンクスの65年のシングル「セット・ミー・フリー」のB面曲「アイ・ニード・ユー」で彼のギターのパワー・コードが炸裂してスタートするという、もう最高のオープニングである。

　さらに彼がヴォーカルを担当していたキンクス・ナンバーを中心に80年代に入ってからのソロ・アルバムからやR&Bのカバー曲も混ぜつつ、最後まで高いテンションでパフォーマンスが繰り広げられるというデイヴ・ファンにとっては〝至福の1枚〟だ。バック・バンドは、ギター、ベース、ドラムス、キーボードの4人編成で、皆、腕利き揃い。彼もそれに応えてか気持ち良く歌い、演奏している。このアルバムは00年6月に米はコッホから、01年10月には英サンクチュアリからリリースされている。

　続いて00年6月にデイヴのウェブ・サイトからリリースされた『ソロ・ライヴ』は「メタ・メディア・オフィシャル・ブートレッグ・シリーズ」の第1弾で99年10月、米国ウィスコンシン州マリアン・カレッジでのギターと歌と喋りだけの文字通りソロ・ライヴ。曲間で「ユー・リアリー〜」のギター・サウンド誕生秘話などを語っている。

Dave Davies

Fragile

US／Meta Media／MM04
Release: 2001.1.22
［CD］
1. Astral Nightmare
2. Violet Dreams
3. I'm Sorry
4. Give Something Back
5. Hope
6. Bright Lights
7. Look Through Any Doorway
8. Wait
9. No More Mysteries
10. Lost In Your Arms
11. This Precious Time (Long Lonely Road)

「メタ・メディア・デモ・シリーズ」の第2弾で01年にデイヴのウェブ・サイトでリリースされた作品である。内容は70年代から録り貯めていたデモ音源を集めたもの。アルバム・ジャケットでは、木漏れ日のなかでギターケースを携えた彼の後ろ姿のショットにタイトルの『フラジャイル』のオレンジ色のレタリングで入っているだけなのだが、これがとても良い雰囲気でアナログ・レコードで出して欲しいくらいに素敵だ。

　今作は打ち込みによるトランス的な「アストラル・ナイトメア」を冒頭に持ってきてはいるが、アコギをフィーチャーした曲「ギヴ・サムシング・バック」や「ルック・スルー・エニー・ドアウェイ」、「ロスト・イン・ユア・アームズ」などフォーク・ロック・ナンバーも多いのが個人的にはとても嬉しい。またメロディアスな「ヴァイオレット・ドリーム」や「ノー・モア・ミステリーズ」といったバンド・アレンジのギター・ポップ・チューンとか、「ウェイト」といったパワー・バラード、さらに「ブライト・ライツ」、「ロング・ロンリー・ロード」などハード・ロック・ナンバーもあって、かなり聴き応えのある1枚となっている。そんなバラエティに富んだナンバーが全11曲収録されている本作、彼のここまでの約20年におよぶソロ活動の集大成になっていると思う。

　02年のアルバム『バグ』の日本盤には「ギヴ〜」がボーナス・トラックで収録されているので、こちらもぜひ聴いて欲しい。とにかくこのデモ集に収録されている曲は、出来が良くて埋もれたままにしておくのは非常にもったいない。バンド編成による再レコーディングをお願いしたい。

Dave Davies

Bug

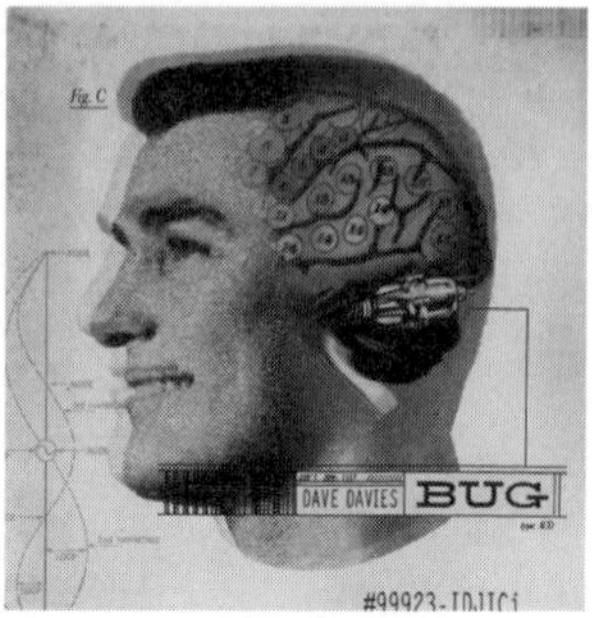

US／Koch／KOC-CD-8398
Release: 2002.5.7
[CD]
1. Whose Foolin' Who / 2. It Ain't Over, 'Till Its Done! / 3. The LIE! / 4. Let Me Be / 5. Displaced Person / 6. Rock You, Rock Me / 7. Flowers In The Rain / 8. Fortis Green / 9. Why?!! / 10. True Phenomenon / 11. Bug / 12. De-Bug / 13. Life After Life (Transformation)

Bugged...Live!

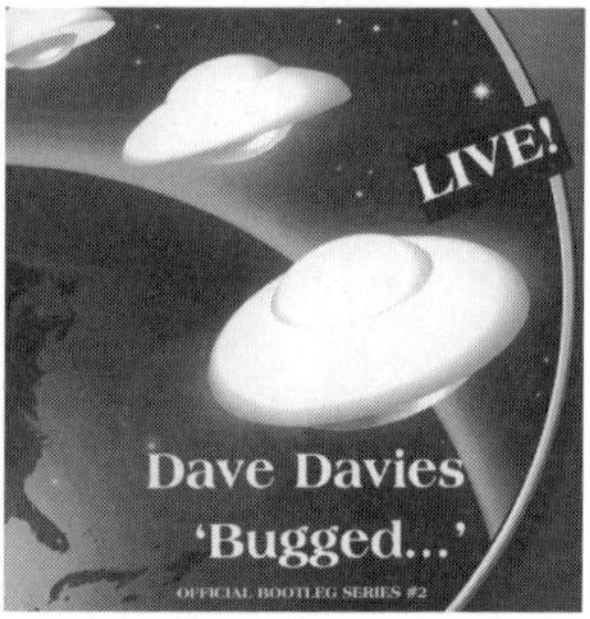

US／Meta Media／MM 005
Release: 2002.10.22
[CD] 1. I Need You / 2. Susannah's Still Alive / 3. Creepin' Jean / 4. You're Looking Fine / 5. See My Friends / 6. The LIE! / 7. Dead End Street / 8. Picture Book / 9. Rock You, Rock Me / 10. True Phenomenon / 11. Death Of A Clown / 12. Sleepwalker / 13. Bug / 14. I'm Not Like Everybody Else / 15. You Really Got Me

　オリジナル・スタジオ・アルバムとしては『チョーゼン・ピープル』以来、約20年ぶりのリリースで久しぶりに国内盤も出た。タイトルの意味は〝虫〟だが、ここではコンピュータ・プログラムの〝欠陥〟を意味しているようだ。歌詞やジャケから、また〝トランス&スピリチュアル路線〟かな?と思いきや（後半の3曲は〝それ系〟だけど）これがギター・サウンドが満載でじつに素晴らしい作品だった。全13曲でオープニングの「フーズ・フーリン・フー」からデイヴ謹製のロッキン・ナンバーで飛ばしてくれています。他にも別項で紹介したデモ集のタイトル・ナンバー「フォーティス・グリーン」のパイ時代の作品にも通ずるノスタルジックなテイストや曲のタイトルからはちょっと意外だが、儚くて美しいメロディーを持つ「ロック・ユー・ロック・ミー」、アコギとピアノにストリングスのみのシンプルな演奏に乗せて味わい深いヴォーカルを聴かせる「フラワーズ・イン・ザ・レイン」など、もう名曲ぞろい。国内盤はボーナス・トラック1曲を追加。

　このあと「メタ・メディア・オフィシャル・ブートレッグ・シリーズ」の第2弾として、02年の夏に開催されたウエスト・コースト・ツアーのライヴ・アルバムも彼のウェブ・サイトからリリースされておりタイトル通り『バグ』からの4曲が演奏されている。

Dave Davies

Transformation - Live At The Alex Theatre

US／Meta Media／MM06
Release: 2003.8.6
［CD］
1. Life After Life (Transformation) / 2. Whose Foolin' Who / 3. Till The End Of The Day / 4. I Need You / 5. The Blues / 6. See My Friends / 7. Dead End Street / 8. Rock You, Rock Me / 9. Flowers In The Rain / 10. Death Of A Clown / 11. Picture Book / 12. It Ain't Over, 'Till Its Done! / 13. Bug / 14. Life After Life (Transformation) / 15. Living On A Thin Line / 16. Father Christmas / 17. You Really Got Me / 18. Outro

Rainy Day In June

US／Meta Media／MM07
Release: 2005.1.17
［CD］ 1. Life After Life (Transformation) / 2. Till The End Of The Day / 3. I Need You / 4. Creepin' Jean / 5. The Blues / 6. You're Looking Fine / 7. Tired Of Waiting For You / 8. Set Me Free / 9. See My Friends / 10. Last of the Steam-Powered Trains / 11. Dead End Street / 12. Death Of A Clown / 13. Bug / 14. Living On A Thin Line / 15. All Day And All Of The Night / 16. I'm Not Like Everybody Else / 17. Twist And Shout / 18. You Really Got Me

アルバム『バグ』をリリースしたあとは積極的にライヴ・ツアーを続けて現役バリバリなところを見せていた我らがデイヴ。彼のウェブ・サイトからリリースされたこのライヴ・アルバムは、03年5月にカリフォルニア州グレンデールのアレックス・シアターにて開催されたベネフィット・コンサートを収録したものである。

　このツアーはキンクスやソロのナンバーに加えて『バグ』から7曲も演奏されていて、当時彼がこのアルバムのプロモーションに力を入れていたことが伺える。オープニングSEも同アルバムのトラックを加工して作られているし（キンクスの有名なフレーズが随所に挿入）。まだ5月なのに何故かキンクスのクリスマス・ソング「ファーザー・クリスマス」をここで演奏しているのはちょっとおかしいが、逆に貴重かもしれない。英盤もリリースされた。

『フェイス・トゥー・フェイス』収録曲をタイトルにした『レイニー・デイ・イン・ジューン』は、ドイツのポツダムで04年に開催された“Stastwerke Festival”でのライヴ。ここでは彼のもう一人の息子サイモンがドラムを担当している。「セット・ミー・フリー」、「ラスト・オブ・ザ・スティーム・パワード・トレインズ」など、彼があまり歌ってこなかったキンクス曲や「ツイスト・アンド・シャウト」の演奏もあり。

Dave Davies

Kinked

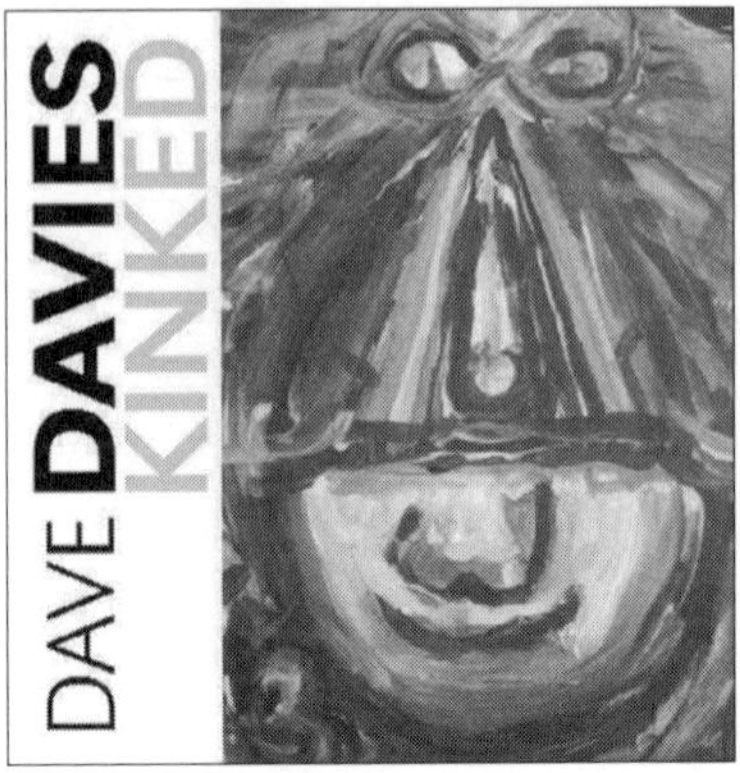

US／Koch／KOC-CD-9996
Release: 2006.3.7
［CD］
1. Unfinished Business / 2. Living On A Thin Line / 3. Picture Book / 4. Fortis Green / 5. Love Gets You / 6. This Man He Weeps Tonight / 7. Death Of A Clown / 8. Susannah's Still Alive / 9. Hold My Hand / 10. Give Me Love, Give Me Peace On Earth / 11. Strangers / 12. Too Much On My Mind / 13. When The Wind Blows (Emergency) / 14. God In My Brain / 15. Rock You, Rock Me

　これは名コンピレーションだと思う。米コッホからのリリースだがここはリンゴ・スターやビル・ワイマンの作品などを出していたので英国ロック・ファンにもお馴染みのレーベルである。

　米ヴェルヴェルからのアンソロジー『アンフィニッシュド・ビジネス』やライヴ盤の『ロック・ボトム』、スタジオ盤の『バグ』からのナンバーを中心に彼のウェブ・サイトからデモ音源も選曲されている。

　オープニング曲に「アンフィニッシュド・ビジネス」、続いてソロやキンクスの珠玉のナンバーをライヴ・ヴァージョンで聴かせて、『バグ』から「フォルティス・グリーン」、ソロ・アルバム『チョーゼン・ピープル』のシングル曲「ラヴ・ゲッツ・ユー」の97年録音のアコースティック・ヴァージョンや、ハリウッドの友達のホーム・スタジオで録音されたという「デス・オブ・ア・クラウン」、そして03年にリリースされた『ア・トリビュート・トゥ・ジョージ・ハリスン』収録の「ギヴ・ミー・ラヴ」の素晴らしいカヴァー・ヴァージョンを挿み、ラストに「ロック・ユー・ロック・ミー」で感動的に締めるという、レアなマテリアルを使って絶妙な流れで構成されたマニアックで〝デイヴ愛〟が溢れる1枚である。

　そんなデイヴは04年の6月30日、ロンドンのBBCでの取材後に脳卒中で倒れリハビリ生活を余儀なくされた。そんな辛い時期を経てリリースされたのがこのコンピ・アルバムで唯一の新曲「ゴッド・イン・マイ・ブレイン」は彼がリハビリ中、病にインスパイアされて書いた曲で、復帰後06年1月にレコーディングされた。ブックレット内にその曲の歌詞が載せてある。またジャケの絵も彼自身が描いたものだ。

Dave Davies
Fractured Mindz

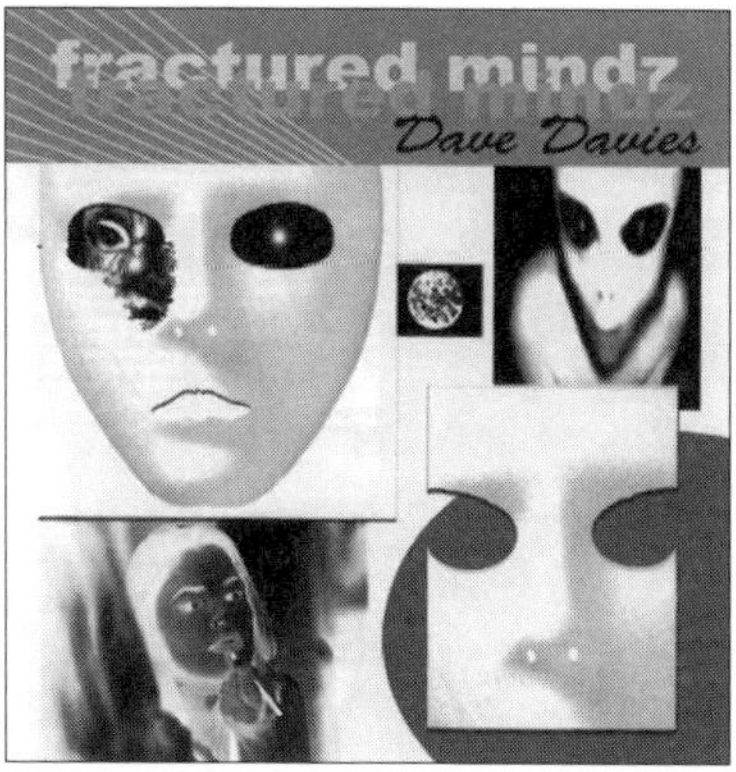

US／Meta Media／MM 008
Release: 2007.1.30
［CD］
1. Free Me
2. All About Me
3. Come To The River
4. Giving
5. Remember Who You Are
6. The Waiting Hours
7. Rock Siva
8. The Blessing
9. Fractured Mindz

07年にデイヴのウェブ・サイトでリリースされた、恒例の「メタ・メディア・デモ・シリーズ」の第3弾。今回は彼のリハビリ期間を経て、06年から07年にかけて録音された、全9曲の新曲デモ・コレクションである。

ジャケットはグレイ宇宙人のイラストや画像をコラージュしたものであまりロックぽくはない。Tシャツとかにしたら人気が出そうだけど。

しかしデモとはいえ彼が無事に回復た最初の作品なのだから、もうそれだけで感謝しながら聴かなければならない。タイトル・ナンバーの「フラクチャード・マインズ」、「ザ・ブレッシング」のエレクトロニカ作品は個人的にはやはり辛い。しかしオープニングの「フリー・ミー」や「カム・トゥー・ザ・リヴァー」、「ロック・シヴァ」といったロッキン・ナンバーは彼の十八番のギターのフレーズやリフが満載でもの凄くカッコいい。さらにハープをフィーチャーしたブルース・スタイルの曲「オール・アバウト・ミー」も渋い感じだし、ミディアムな「ギヴィング」や「ザ・ウェイティング・アワーズ」では彼の衰え知らずのハイ・トーン・ヴォイスが聴ける。とくにフォーク・ロック調の「リメンバー・フー・ユー・アー」の美しいメロディーや〝ラララ〜♪〟のフレーズには、もう嬉しすぎて泣きそうになってしまう……。

「ゴッド・イン・マイ・ブレイン」と「ディス・イズ・ザ・タイム」の2曲追加収録版も発表されている。このデモ・シリーズには埋もれている良い曲がたくさんあってネットでも入手出来るので〝デイヴ推し〟だけでなく〝普通のキンクス・ファン〟にもぜひ聴いてもらいたい。

Dave Davies

Belly Up!

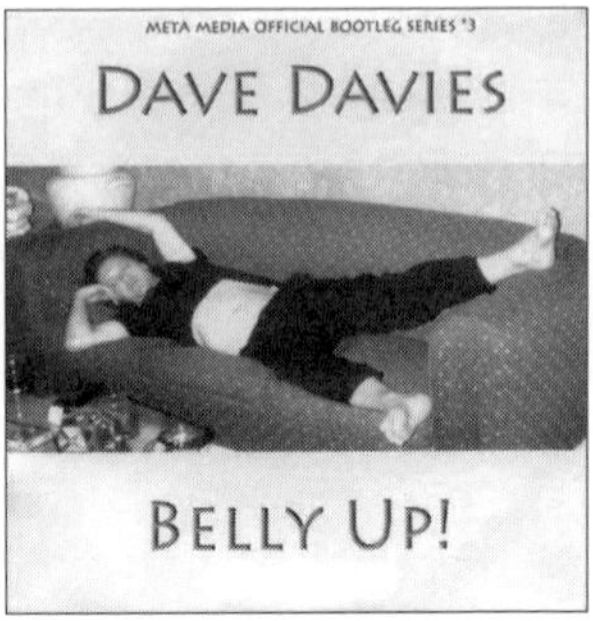

US／Meta Media／MM-009
Release: 2008.8.7
[CD] 1. She's Got Everything / 2. Look Through Any Doorway / 3. Susannah's Still Alive / 4. Creepin' Jean / 5. Love Me Till The Sun Shines / 6. Imaginations Real / 7. Wicked Annabella / 8. Strangers / 9. Too Much On My Mind / 10. Dead End Street / 11. Milk Cow Blues / 12. I'm Not Like Everybody Else / 13. Living On A Thin Line / 14. All Day And All Of The Night / 15. Money / 16. David Watts / 17. Unfinished Business / 18. You Really Got Me

Around The Galaxy

US／Meta Media／MM-10
Release: 2009.2.24
[CD] 1. I Need You / 2. She's Got Everything / 3. Look Through Any Doorway / 4. -Love Me Till The Sun Shines / 7. Milk Cow Blues / 8. Imaginations Real / 9. Wicked Annabella / 10. Picture Book / 11. Strangers / 12. Too Much On My Mind / 13. Death Of A Clown / 14. Get Back In Line / 15. I'm Not Like Everybody Else / 16. All Day And All Of The Night / 17. Unfinished Business / 18. You Really Got Me / 19. Around The Galaxy

『ベリー・アップ!』は「メタ・メディア・ブートレッグ・シリーズ」の第3作、『アラウンド・ザ・ギャラクシー』は第4作。どちらも97年に行われた〝キンク・クロニクル・ツアー〟のライヴ音源を収録したものだ。

97年4月29日にカリフォルニア州サンディエゴの「ザ・ベリー・アップ・タヴァーン」で収録された、ボード音源（ミキサー卓からのライン録り）をベースにしているのが『ベリー・アップ!』。ラインの場合、会場のライヴ音は入らないから、どうしても臨場感に欠けるのだが、〝バグ・ツアー〟をやってみたら、10年前のセット・リストも悪くなかったな、と思ったのではないだろうか。ソファーにだらしなく寝そべった写真をカヴァーにしたのも、「あのときはよく酔っ払ってたよ」ということなのかもしれない。

一方『アラウンド・ザ・ギャラクシー』は、4月30日にカリファルニア州サンタ・アナの「ギャラクシー・シアター」で収録されたものだ。一日しか違わないのに曲目が変わっているのはポイントが高いし、デイヴが歌う「ゲット・バック・イン・ザ・ライン」が聴けるのは嬉しい。これもボード音源だが、会場に立てたマイクで拾ったライヴ音を多めに混ぜていたようで、ガレージっぽいサウンドになっているのがミソ。より〝ブートレッグ感〟が強いのはこっちですね。

Dave Davies
Hidden Treasures

UK／Sanctuary/UMC／277 765-3
Release: 2011.10.31
［CD］
1. Susannah's Still Alive / 2. This Man He Weeps Tonight / 3. Mindless Child Of Motherhood / 4. Hold My Hand / 5. Do You Wish To Be A Man? / 6. Are You Ready Girl? / 7. Creepin' Jean / 8. I'm Crying / 9. Lincoln County / 10. Mr. Shoemaker's Daughter / 11. Mr. Reporter / 12. Groovy Movies / 13. There Is No Life Without Love / 14. I Am Free / 15. Death Of A Clown / 16. Love Me Till The Sun Shines / 17. Susannah's Still Alive / 18. Funny Face / 19. Lincoln County / 20. There Is No Life Without Love / 21. Hold My Hand / 22. Creepin' Jean / 23. This Man He Weeps Tonight / 24. Mindless Child Of Motherhood / 25. Mr. Reporter / 26. Hold My Hand / 27. Good Luck Charm

キンクス・ファンのあいだでは人気が高かったコンピレイション『ジ・アルバム・ザット・ネヴァー・ウォズ』の拡大／決定版と言えるパイ時代の集大成。60年代にリリースしたソロ・シングルのAB面と、キンクスで発表したデイヴの曲、そして当時レコーディングされながらお蔵入りになってしまったソロ・アルバム用の曲に、初期テイクやステレオ・ミックスを加えた全27曲は〝秘宝〟と言ってもいい。ジャケの美しさでプレミアがついている唯一のEPをうまく落とし込んだカヴァーも秀逸だから、これは必携だろう。『ジ・アルバム・ザット・ネヴァー・ウォズ』を聴きながら、ロスト・アルバムの内容を想像していた筆者にとって、本作はまさに夢のアルバムだったわけだが、未発表曲「ドゥ・ユー・ウィッシュ・トゥ・ビー・マン」や「アー・ユー・レディ」は予想をはるかに超えるものだったし、「ゼアズ・ノー・ライフ・ウィズアウト・ラヴ」のステレオ・ミックスはデイヴの歌と演奏を新鮮に響かせてくれている。

当時はキンクスのアルバムさえ売れなかったのだから、パイは「弟なんて」と思ったのかもしれないが、軽く見てもらっては困る内容だと断言したい。

19年にリリースされた『アーサー』の拡大版では、12曲入り＋ボーナス・トラック11曲の『ザ・グレート・ロスト・デイヴ・デイヴィス・アルバム』としてまとめられるパイ音源だが、バックはキンクスとはいえ、デイヴのソロはキンクスと切り離して考えたい。リマスターのできは『ザ・グレート・ロスト・デイヴ・デイヴィス・アルバム』の方がいいけれど、だからといって単体でまとめられた本作の価値が下がることはないと思った。

Dave Davies

I Will Be Me

US／Purple Pyramid／CLP 0636
Release: 2013.7.30
［CD］
1. Little Green Amp
2. Livin' In The Past
3. The Healing Boy
4. Midnight In L.A.
5. In The Mainframe
6. Energy Fields
7. When I First Saw You
8. The Actress
9. Erotic Neurotic
10. You Can Break My Heart
11. Walker Through The Worlds
12. Remember The Future
13. Cote Du Rhone (I Will Be Me)

『バグ』以来のオリジナル・スタジオ・アルバム。ライヴやデモ、コンレーションもあったから久しぶりという感じはなかったが、新作は11年ぶりということになる。

複数のプロデューサーを使い、曲によってミュージシャンもスタジオも変えているから、デイヴのさまざまな面が出ているのだが、その分アルバムとしての統一感に欠けてしまったのは否めない。アンチ・フラッグにプロデュースを任せた「リトル・グリーン・アンプ」の60年代末のキンクスを思い出させる雰囲気、ハード・ロック路線の「リヴィン・イン・ザ・パスト」や「エロティック・ニュートロニック」にあふれる〝らしさ〟も捨てがたいが、ハイライトはジェイホークスとの共演だろう。レイの『アメリカーナ』に先駆けること3年、ミネアポリスで録音された「リメンバー・ザ・フューチャー」はクラシカルでありながら現代的だが、ほかの曲は音楽的な狙いがはっきりしすぎているから、逆にアルバムとしてのコンセプトが曇るのだ。メランコリックな曲調の「ザ・ヒーリング・ボーイ」ではストリングスが効果的だし、サザン・ソウル・マナーのハモンド・オルガンが心地いい「ジ・アクトレス」（バックはオリー・ブラウン・バンド）ありそうでなかったパターンでもある。しかし「ホェン・アイ・ファースト・ソウ・ユー」で女性シンガー：ジェリー・Xがフィーチャーされているのが解せなかったりする。〝多彩な〟を目指したのだろうが、バンドのアルバムではないのだからメインはデイヴであってほしいと思う。

ジャケットが異なるLPは「イン・ザ・メインフレイム」と「エナジー・フィールズ」を抜いた11曲入り。

Dave Davies

Rippin' Up Time

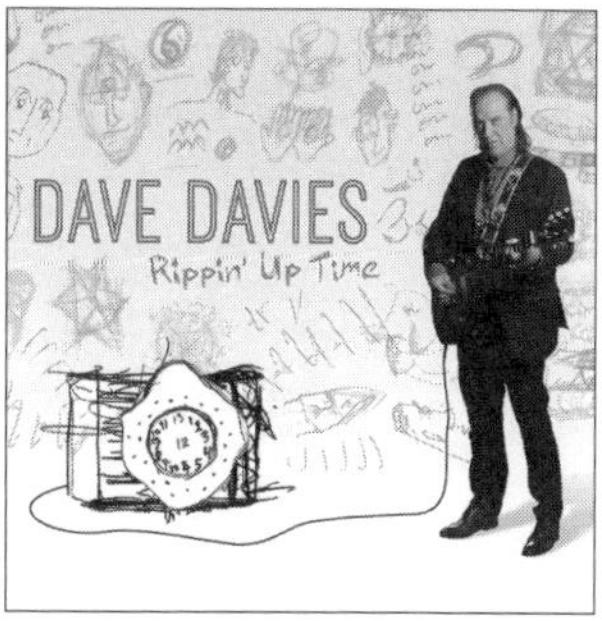

US／Red River Entertainment／RRE-CD-157
Release: 2014.10.27
［CD］
1. Ripping Up Time
2. Semblance Of Sanity
3. King Of Karaoke
4. Front Room
5. Johnny Adams
6. Nosey Neighbours
7. Mindwash
8. Between The Towers
9. In The Old Days
10. Through My Window

Rippin' Up NYC

US／Red River Entertainment／RRE-CD-169
Release: 2015.9.4
［CD］
1. Intro 'Death of a Clown' / 2. Ripping Up Time / 3. I'm Not Like Everybody Else / 4. I Need You / 5. Creepin' Jean / 6. Susannah's Still Alive / 7. See My Friends / 8. Strangers / 9. Flowers In The Rain / 10. Front Room / 11. King Of Karaoke / 12. Death Of A Clown / 13. Living On A Thin Line / 14. Where Have All The Good Times Gone / 15. All Day And All Of The Night / 16. You Really Got Me

前作から1年4ヶ月という短いインターバルでリリースされた『リッピン・アップ・タイム』は、れっきとしたオリジナル・スタジオ・アルバム。マルチ・ミュージシャンのデイヴィッド・ノルティが共同プロデューサー、息子ラスがエンジニアを務めていることからも、家内制手工業的な打ち込み作品が想像できる。面白いのは「キング・オブ・カラオケ」という曲で、エルヴィスやジミヘンの名前や、「サマータイム」のメロディを挟みながらコミカルに仕上げてみせた。クリス・スペディングの「ギター・ジャンボリー」を思い出される〝ネタ〟ありきの曲ですね。そしてこのアルバムは、14年に相次いで他界したふたりの姉、ロージーとジョイスに捧げている。

『リッピン・アップ・NYC』は新作のリリースに合わせたツアーで訪れたニューヨークの「シティ・ワイナリー」で収録されたライヴ・アルバム。ジョナサン・リア（ギター）、トム・カーリー（ベース、キーボード）、デニス・ダイキン（ドラムス）、レベッカ・G・ウィルソン（コーラス）から成るバック・バンドとのステージは和気藹々とした雰囲気だが、演奏はしっかりしている。『リッピン・アップ・タイム』から3曲がセット・リストに加えられたが、ほかはいつもの感じ。マスタリング・エンジニアは息子ラス・デイヴィスが引き受けている。

Dave Davies & Russ Davies

Open Road

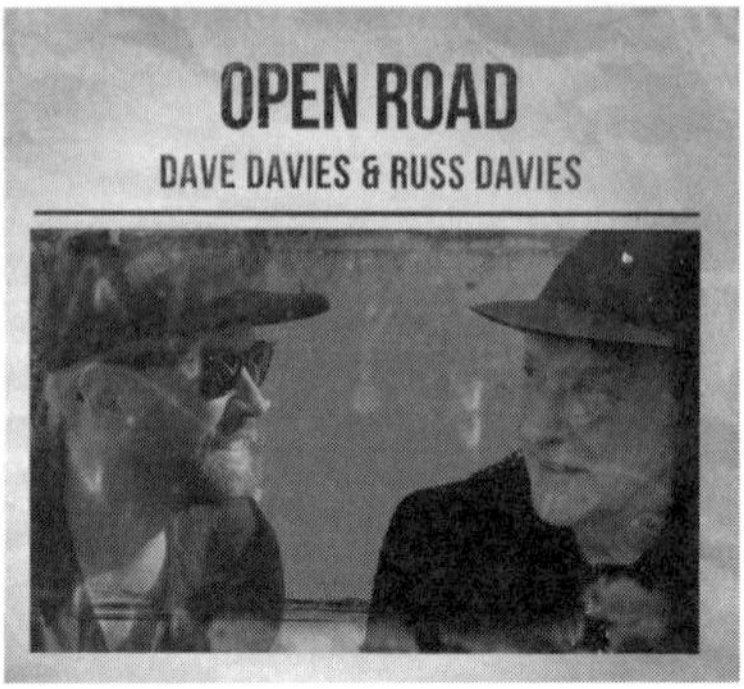

US／Red River Entertainment／RRECD 183
Release: 2017.3.31
［CD］
1. Path Is Long
2. Open Road
3. Don't Wanna Grow Up
4. King Of Diamonds
5. Forgiveness
6. Sleep On It
7. Slow Down
8. Love Has Rules Of Its Own
9. Chemtrails

　デイヴには4人の息子がいるが、ミュージシャンになったのは末っ子のラス（ラッセル・T）だけだ。ラスはアンビエント系のマニピュレイターとして音楽活動をスタートしたらしく、『バグ』以降のデイヴ作品ではエンジニアとしても重要な働きをしてきている。連名で、プロデュースもラスが手掛けた本作は、予想を裏切る全編歌もの。ポルトガルのリスボンと、英国のウィルトンシャーでレコーディングされ、曲づくりからアートワークや写真まで、すべて親子ふたりで制作された。英国では彼らのレーベル「グリーン・ウッド」から、アメリカではソニー系の「レッド・リヴァー・エンタテインメント」からのリリースになっている。

　穏やかで味わい深い作品という印象で、フォーキーなデイヴの曲に施されたラスによるアンビエント感たっぷりのエフェクト処理が、アルバム全体の雰囲気を決めていると言っていい。タイトル曲や「スリップ・オン・イット」で聴けるデイヴのギターは渋いし、しわがれてきたヴォーカルに枯れた味わいが出てきた（「キング・オブ・ダイアモンズ」に顕著）のも注目すべきポイントだろう。ここからは「パス・イズ・ロング」のミュージック・ヴィデオが公開されているし、限定のアナログ盤もまだ入手可能。コアなファン向きの地味な作品ではあるが、筆者の〝疲れた心〟を癒してくれている一枚であることは付記しておきたい。

　このあとは新録を行なっていないようだが、21年2月には、デイヴが故ジェリー・ゴフィンと92年に共作した未発表曲「21世紀」の公式リリースがアナウンスされた。まだどういう形で世に出るのかはわからないが、そんな隠し球を持っているのもデイヴらしい。

Dave Davies
Decade

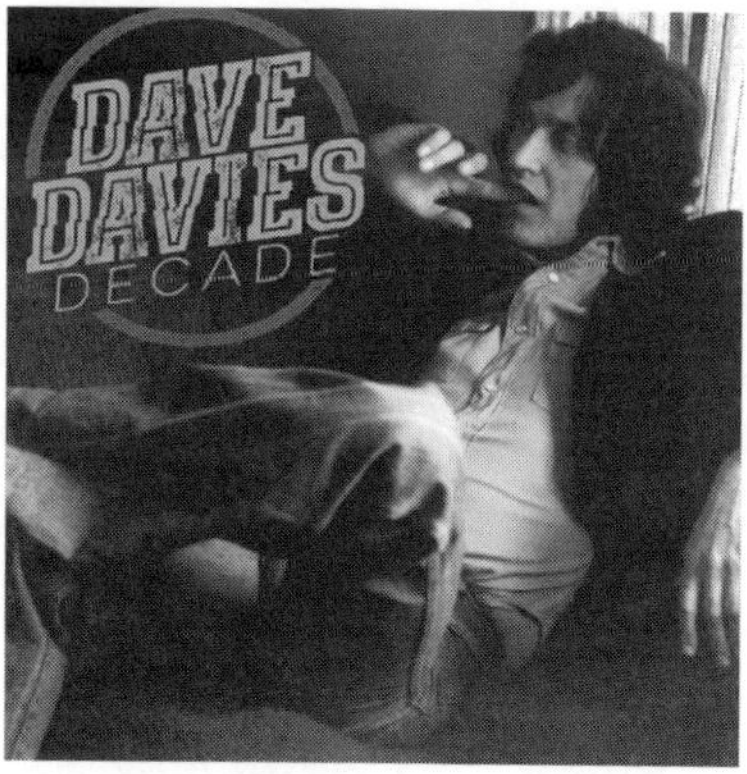

US／Red River/Green Amp Records／RRE-CD-193
Release: 2018.10.12
［CD］
1. Cradle To The Grave
2. Midnight Sun
3. Islands
4. If You Are Leaving
5. Web Of Time
6. Mystic Woman
7. Give You All My Love
8. The Journey
9. Within Each Day
10. Same Old Blues
11. Mr. Moon
12. Shadows
13. This Precious Time (Long Lonely Road)

70年代という〝ディケイド〟にデイヴが録り貯めていたマテリアルを初公開した蔵出しアルバム。ジャケットに使われた当時の写真がカッコいい。

いちばん古いのが71年にモーガン・スタジオで録音された「イフ・ユー・アー・リーヴィング」で、『マスウェル・ヒルビリーズ』に収録されていてもおかしくないカントリー・タッチにニヤリとされられる（ドラムはミック・エイヴォリー）。この曲以外はコンク・スタジオ完成後に同所で録音されたもので、73年の5曲のうち、「クレイドル・トゥ・ザ・グレイヴ」と「ミッドナイト・サン」ではジョン・ゴスリングがオルガンを弾いている。

75年の「ウェブ・オブ・タイム」と「ミスター・ムーン」は、ほぼワンマン・レコーディング。78〜79年の曲になると最初のソロ・アルバムに繋がっていくような路線が見えてくるから、RCAと契約する際にはこの辺りを聴かせたのではないかと思う。バック陣には、ロン・ロウレンスとニック・トレヴェシックや、アンディ・パイルの名前がある。中でも「ギヴ・ユー・オール・マイ・ラヴ」は佳曲だし、「ディス・プレシャス・タイム」のオリジナル・ヴァージョンが75年にアップル・スタジオでレコーディングされていたなんて驚きだった。

CDは13曲、アナログ盤は11曲の収録だが、これはジャケ買いでアナログか（悩ましいところだが）。『ヒディン・トレジャーズ』と繋げて聴くと、デイヴがソロ活動をどう想定していたかが見えてくるので、キンクス研究のためにもこれは欠かせないアルバムになった。兄貴のようなインテリジェンスはないが、〝男前〟なロック・スターらしさは一貫している。

Dave Davies Singles

Death Of A Clown / Love Me Till The Sun Shines

UK／Pye／7N 17356
Release: 1967.7.7

Suzannah's Still Alive / Funny Face

UK／Pye／7N 17429
Release: 1967.11.24

デイヴのオリジナル・シングルを発売当時と近い環境で味わおうと、モノラル・カートリッジとBBC公式モニター・スピーカーであるロジャースの組み合わせで聴いてみた。英国ロック好きには至福の体験と言っていい。

ソロ・デビュー・シングル「デス・オブ・ア・クラウン」は全英3位のヒットとなり、キンクスの歴史を語るうえでも重要なナンバーになった。本書では随所に登場するだろうから、ここでは音楽性には触れないが、「道化師の恋」なんてまるでブラッドベリか江戸川乱歩の小説みたい。

セカンド・シングル「スザンヌズ・スティル・アライヴ」は全英20位。ハーモニカをフィーチャーしたボブ・ディラン風の曲だ。B面の「ファニー・フェイス」はもともと『サムシング・エルス』に入っていたデイヴの曲だが、同作のCDには「スザンヌズ〜」もボーナス収録されている。

Dave Davies Hits

UK／Pye／NEP 24289
Release: 1968.4.19
Death Of A Clown / Funny Face / Love Me Till The Sun Shines / Susannah's Still Alive

Lincoln County / There Is No Life Without Love

UK／Pye／7N 17514
Release: 1968.8.30

Hold My Hand / Creeping Jean

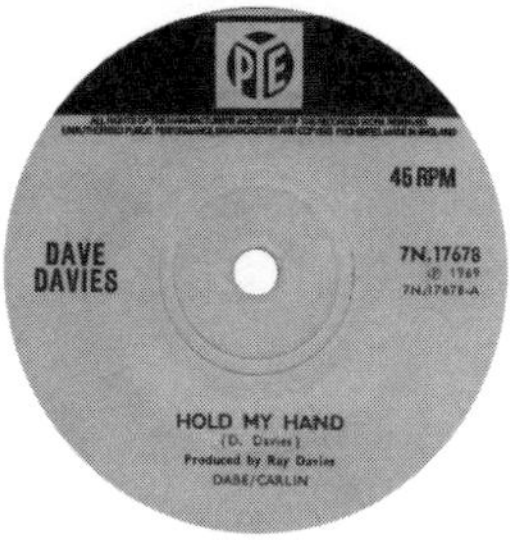

UK／Pye／7N 17678
Release: 1969.1.17

2枚のシングルにされた4曲を収録したEP『デイヴ・デイヴィス・ヒッツ』は、ファッショナブルなピクチャー・スリーヴのおかげで、のちにものすごいプレミアがついた。2016年にはレコード・ストア・デイズ限定商品として復刻されたが、これもすでに入手困難だと思う。

3枚目のシングル「リンカーン・カウンティ」はオルガンとストリングスを絡めたカントリー調の哀愁ソング。筆者はとても好きなのだが、チャート・インはしなかった。B面の「ゼア・イズ・ノー・ライフ・ウィズアウト・ラヴ」も兄弟が共作した曲の中ではとくに人気が高い隠れた名篇だ。この2曲も『サムシング・エルス』のCDにボーナス収録された。

パイ時代最後のソロ名義作となったのが、4枚目のシングル「ホールド・マイ・ハンド」。レイド・バックしたミディアム・テンポの曲で、同時期のバーズやジーン・クラークに通じる。B面「クリーピング・ジーン」のギター・リフは、スモーキー・ロビンソン&ザ・ミラクルズの「ゴーイング・トゥ・ア・ゴー・ゴー」を意識したものだろう。一方ですでにグラム・ロック的なテイストを醸し出しているのにも注目したい。2曲とも『アーサー』の50周年ボックス収録の『グレート・ロスト・デイヴ・デイヴィス・アルバム』で聴ける。

Doing The Best For You / Wild Man

UK／RCA Victor／PB 9620
Release: 1980.12.5

『デイヴ・デイヴィス（PL13603）』からのシングルA面は、英国では「ドゥーイング・ザ・ベスト・フォー・ユー」、アメリカでは「イマジネイションズ・リアル」だった。「ドゥーイング～」はメロディもポップな佳曲だが、シングルにするには弱いかな、と思う。開放感のある「イマジネイションズ・リアル」はアメリカ向きだし、ステージの定番曲にもなった。B面は英米ともにアルバム未収録の「ワイルド・マン」。ステイタス・クォが得意とするスタイルのロッキン・ブギがいい。デイヴにはこういうシンプルでラウドなロックンロールがいちばん似合っている。リック・パーフィットが亡くなったとき（16年）に、クォに入っちゃえばよかったのに（笑）。

Imaginations Real / Wild Man

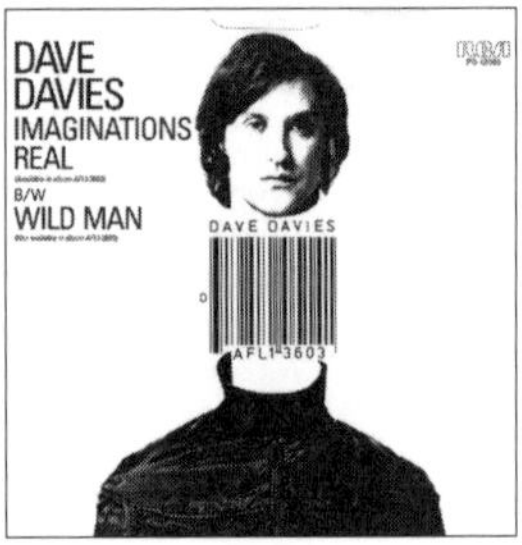

US／RCA Victor／PB-12089
Release: 1980.9

『グラマー』のときはシングルのリリースがなかったが、『チューズン・ピープル』からは「ラヴ・ゲッツ・ユー」をカット。キャッチーなメロディが耳に残るナンバーだ。アルバム未収録のB面「ワン・ナイト・ウィズ・ユー」はエルヴィス・プレスリーのカヴァーで知られた曲だが、オリジナルはニューオリンズのR&B歌手スマイリー・ルイス。デイヴのスタジオ・ヴァージョンは現在もこのシングルでしか聴けない。2000年のライヴ盤『ロック・ボトム』にも収録されたが、シングルで80年代らしいデジタルな音を味わうのも一興という気がする。

Love Gets You / One Night With You

US／Warner Brothers／7-29509
Release: 1983.9.2

Chapter 7

OTHER WORKS & KONK RECORDS

山田順一

Videos & Books

現在、比較的入手が容易な映像作品は『アット・ザ・BBC』の付属DVDがあるくらい。書籍の方も読みやすいタイトルはそう多くないので、ここでは参考として上げておこう。

『ワン・フォー・ザ・ロード』は、1979年のコンサートで収録された13曲やバックステージの模様を収めたもの。日本でDVD化された際には5曲のプロモーション・ヴィデオが追加された。選曲も観客のノリも良く、ファンならずとも必見の作品だ。

『カム・ダンシング・ウィズ・キンクス』の方は同名のベスト・アルバムに併せて発表された8曲入りの映像集で、ジュリアン・テンプル監督によるヴィデオ・クリップのほか「ローラ」「ユー・リアリー・ガット・ミー」「セルロイドの英雄」のライヴが収められている。レイ・デイヴィス脚本・監督の『リターン・トゥ・ウォータールー』と共にDVD化済みである。

One For The Road

Time Live Video／TLB 4000
Release: 1980

Come Dancing With The Kinks

RCA/Columbia Pictures Home Video / 60632
Release: 1986

Kinks Kollekted

Universal Music
Release: 2011

ザ・キンクス——ひねくれ者たちの肖像

大栄出版
Release: 1984

エックス・レイ

東京FM出版
Release: 1994

以前は『キンクス・ストーリー1964—1984　ユー・リアリー・ガット・ミー』という作品も出ており、それとは選曲が異なるが、今ならば同名のコンピレーションと連動したこの『キンクス・コレクテッド』の方が入手しやすい。64年から84年までのライヴやプロモーション・ヴィデオなど20曲を収録。ほとんど初期のものになるが、ドイツのテレビ番組『ビート・クラブ』やイギリスの『トップ・オブ・ザ・ポップ』からのカラフルな映像が楽しめるし、デイヴがソロをとる「道化師の死」、「スザンヌズ・スティル・アライヴ」までもが入っているので意外とポイントが高い。

次は書籍。ジョニー・ローガンが書いた評伝の『ザ・キンクス——ひねくれ者たちの肖像』は、キンクスのバイオグラフィ本としてベーシックなものだ。デイヴィス兄弟への取材は僅かだが、時代ごとの関係者の証言がリアルで、一気に読み進められる。初版は『ワーズ・オブ・マウス』までだったが、改訂版では『トゥ・ザ・ボーン』のところまで追加された。

『エックス・レイ』はレイ・デイヴィスが書いたSF小説的自伝。主人公が未来からレイに取材に行くという設定で、生い立ちから『この世はすべて〜』までの大まかな歴史が綴られている。レイはこのあとも2冊の小説を発表しているが、本邦未訳。

Produce, Konk Records

Turtles: Turtle Soup

White Whale／WW 7124
Release: 1969

[A] 1. Come Over / 2. House On The Hill / 3. She Always Leaves Me Laughing / 4. How You Love Me / 5. Torn Between Temptations / 6. Love In The City
[B] Bachelor Mother / 2. John & Julie / 3. Hot Little Hands / 4. Somewhere Friday Night / 5.Dance This Dance / 6. You Don't Have To Walk In The Rain

　全米1位／全英12位を記録した「ハッピー・トゥゲザー」のヒットで知られるタートルズの5作目のオリジナル・アルバム。キンクスが68年に発表した『ヴィレッジ・グリーン・プリザヴェイション・ソサエティ』を気に入ったメンバーが、レイ・デイヴィスに自分たちのアルバムのプロデュースを依頼してできた作品だ。

　この大西洋を越えたコラボレイトを受けた理由をレイは、〝タートルズの大ファンだったから〟と答えていたが、それと同時にキンクスのアメリカでの活動を再び活発化させたいという（69年はキンクスの米国での活動禁止が解けるタイミングでもあった）願いが込められていた。実際、レイはタートルズのアルバム制作作業の傍ら、所属先のリプリーズやプロモーターら関係者と何度もミーティングしている。

　レコーディングはレイがハリウッドに飛ぶ形で、69年4月、6月、7月の3回にわたってユナイテッド・レコーディング・スタジオで行なわれた。彼はミックスまで仕上げたが、タートルズ側が納得せず、最終的にはミックスがやり直された。全米117位と芳しい成績ではなかったが、まさにタートルズ版『ヴィレッジ・グリーン～』といった趣で、アメリカのバンドが英国田園音楽を目指すというキンキーな指向が楽しめる。

Claire Hamill
Stage Door Johnnies

Konk／KONK 101
Release: 1974
[A]
1. We Gotta Get Out Of This Place
2. Oh Daddy
3. All The Cakes She Baked Him
4. Trying To Work It Out
5. Geronimo's Cadillac

[B]
1. Something To Believe In
2. You Know How Ladies Are
3. You Take My Breath Away
4. Go Now
5. Luck Of The Draw
6. Stage Door Johnnies

レイがＲＣＡレコードからのアドヴァンスをもとに設立したコンクを本格的なレコード・レーベルとして始動させたのは74年。その背中を押したのは、ライセンス契約を申し出たＡＢＣレコードだった。もっとも彼らは本当のところキンクスが欲しかったのだが。結局コンクは翌75年までに4枚のアルバムと5枚のシングルを発表するも、思っていたほどのメリットを生まなかった。そのためキンクス以外のアーティストを立てたレーベルとしての活動は早々に停止してしまったのだ。僅かなカタログしか残せなかったコンクだが、その第1号アーティストとして登場したのがクレア・ハミルである。

　それまではフォーク・シンガーとしてアイランド・レコーズから2枚のアルバムを発表していたハミルは、コンクのビジネス・マネージャーを務めていたトニー・ディミトリアデスが彼女のマネージメントも担当していたこともあって、すんなりコンクと契約。レイのプロデュース、コンク・スタジオ録音でつくられたのが本作になる。全11曲中、アニマルズの「朝日のない街」やスティーヴ・ミラーの「サムシング・トゥ・ビー・ビリーヴ・イン」、ムーディ・ブルースの「ゴー・ナウ」など5曲のカヴァーが収められており、ティム・ヒンクリー、フィル・チェンらのほか、元アニマルズ～マイク・コットン・サウンドのデイヴ・ロウベリー、アラン・ホームズといったキンクスゆかりの面々もバックを支えた。このアルバムから「ジェロニモのキャデラック／ラック・オブ・ザ・ドロウ」がシングル・カットされている。

　ジャケットからも漂うシアトリカルでノスタルジックな雰囲気は、レイが狙ってつくったものだろうし、ハミルのシンガーとしての新たな可能性を引き出している。

Claire Hamill
Abracadabra

Konk／KONK 104
Release: 1975

[**A**]
1. Rory
2. Forbidden Fruit
3. One Sunday Morning
5. I Love You So
6. For Sailors

[**B**]
1. Jamaica
2. Under A Piece Of Glass
3. You Dear
4. Maybe It Is
5. In So Deep
6. Celluloid Heroes

　コンクからの2作目。エンジニア出身のフィル・マクドナルドとハミル自身がプロデュースを務めた。バックもフィル・パーマー、フィル・チェン、ゲイリー・レイ、ジョン・ハートマン、メル・コリンズというメンバーで固め、ジーン・ラッセルがピアノとオーケストラ・アレンジを担当。当時、同じアパートに住んでいたイエスのアラン・ホワイトのガール・フレンドのことを歌ったシティ・ポップ風の「ロリー」や、トロピカルな「ワン・サンデー・モーニング」（この2曲のカップリングによるシングルも発売された）、「イン・ソー・ディープ」などハミルが書いたオリジナル曲もよく、トラディショナル・ナンバーをスカ・アレンジにした「ジャマイカ」（ギターはチェン）や、フリーのカヴァー「アイ・ラヴ・ユー・ソー」など、なかなか多彩な面も見せている。全体的にポップで、前作よりもさらに洗練されたサウンドを聴かせている。シンガー・ソングライターとしての着実な成長を感じさせるアルバムとなった。

　キンクス・ファンからすれば、何と言っても「セルロイドの英雄」のカヴァーに注目だが、大人っぽく見えても、このときハミルはまだ21歳。愛らしい彼女がやさしさを見せながらも堂々と歌う姿には好感が持てる。この曲にはカフェ・ソサエティの3人がコーラス参加しており、レイ・デイヴィスの名曲のカヴァーという大仕事を全力でバックアップしている。

　このあとハミルは元ファミリー～ブラインド・フェイスのリック・グレッチが結成したスクエア・ダンシング・マシンに加入したが、レコードを出す前に解散してしまった。しかしその後もソロ活動は続き、近年では19年に『オーヴァー・ダーク・アップルズ』というアルバムを発表している。

Cafe Society
Cafe Society

Konk／KONK 102
Release: 1975

［**A**］
1. Poor Old Sailor
2. Maybe It's Me
3. I Love You So
4. Give Us A Break
5. The Creed

［**B**］
1. The Old Man And The Child
2. The Whitby Two-Step
3. Such A Night
4. You Make Me Feel At Ease
5. The Family Song

ラファエル・ドイル、トム・ロビンソン、ヘリワード・ケイからなるフォーク・トリオ、カフェ・ソサエティの唯一のアルバム。アールズ・コートのトルバドゥール・クラブで演奏していたところをレイに見初められてコンクと契約した。レイ、デイヴ・デイヴィス、ジョン・ゴスリングが共同でプロデュースを担当し、コンクの第2弾アルバムとしてリリースされた。

　ゴスリングはキーボードも弾き、コンクの全作品でギターを弾いたフィル・パーマー、元ヴィネガー・ジョー〜エリスのニック・ハウスと、元フォザリンゲイのパット・ドナルドソンがベースで参加。ドラムはジミー・フランクスとミック・エイヴォリーが叩き、当時のキンクス作品に名を連ねているジョン・ビーチャムやインクレディブル・ストリング・バンドのロビン・ウィリアムソンらが脇を固めている。

　のちに自分の名を冠したバンドで名を馳せるトム・ロビンソンは、ドクター・ジョンの「サッチ・ア・ナイト」でリード・ヴォーカルをとっているが、決して彼中心のバンドということではなく、あくまでも3人のハーモニーを重視した音楽性だった。

　ケイによれば、彼の母親が8枚買った以外は６００枚ほどしか売れなかったという。レコード・リリース後はベースとドラムを加えてバンドへと発展し、パブ・ロック・シーンにも参戦したが、セックス・ピストルズのギグに衝撃を受けたロビンソンが脱退。あえなく解散となった。05年にはアンソロジー『カフェ・ソサエティ・アーカイヴス』が出ている。

　17年にはラファエル・ドイルのソロ『ネヴァー・クローサー』にロビンソンとケイが参加して再結成が実現したが、翌18年3月30日、ドイルはそれを置き土産にこの世を去った。

Andy Desmond
Living On A Shoestring

Konk／KONK 103
Release: 1975.10

[A]
1. Beware!
2. So It Goes
3. She Can Move Mountains
4. Only Child
5. Let Me Take You In
6. Can't Bear To Live Without You

[B]
1. (Why Not) Write Me A Letter
2. No Time To Say Goodbye
3. (Do I Figure) In Your Life
4. Living On A Shoestring
5. Annie

リチャード・ギャレットとのプログレッシヴ・フォーク・デュオ、ゴシック・ホライズンで活動したアンディ・デスモンドのソロ・デビュー作は、コンク3番目のアルバムとしてリリースされたものだ。

ゴシック・ホライズンが72年に発表した『トゥモロウズ・アナザー・デイ……』にジョン・ゴスリングが参加していたので、その繋がりからコンクとサインしたのかもしれない。

プロデュースはそのゴスリングとデイヴが担当。彼らはそれぞれキーボード、ギターなどでも参加した。また、ゴシック・ホライズンからの流れでギャレットやポール・カートライトらも客演しているが、そのゴシック・ホライズンのファースト『ジェイソン・ロッジの詩集』でベースを弾き、のちにキンクスの『ミスフィッツ』やデイヴのソロ・ファースト・アルバムにもクレジットされるロン・ローレンスや、『プリザヴェイション第一幕』『同・第二幕』などでコーラスを務めたパメラ・トラヴィスの名も確認できる。デスモンドとキンクスの人脈がひとつになって制作された一枚だったわけだ。

ゴシック・ホライズンはアンダーグラウンドな印象があったが、ここでのデスモンドは当時のキンクス、ロニー・レインや初期のロッド・ステュアートにも通ずる音楽性を披露しており、ピート・デロの「ドゥー・アイ・フィガー・イン・ユア・ライフ」のカヴァーも秀逸だ。地味なアルバムながら、ブリティッシュ・シンガー・ソングライター・ファンなら充分に楽しめる内容となっている。

なお、ここから「ソー・イット・ゴーズ／シー・キャン・ムーヴ・マウンテン」と「ビウェアル／オンリー・チャイルド」の2枚がシングル・カットされた。

Trevor Rabin
Wolf

Chrysalis／CHR 1293
Release: 1981
[A]
1. Open Ended
2. Heard You Cry Wolf
3. Do Ya Do Ya Want Me
4. Stop Turn
5. Lost In Love
[B]
1. Looking For A Lady (Wolfman)
2. Pain
3. Take Me To A Party
4. She's Easy 5. Long Island

このころは南アフリカ出身のマルチ・プレイヤーとして注目されていたが、現在では〝90125〟イエス、イエス・フィーチャリング・ジョン・アンダーソン、トレヴァー・ラビン、リック・ウェイクマンのギタリストとして知られるラビンのソロ・アルバム。南アフリカでラビットの一員として活動したあと、自身の可能性を拡げるためにロンドンへと渡ったラビンが、クリサリス・レコーズから発表した3作目のソロになる。

渡英して築いた人脈が活かされたアルバムになっていて、南アフリカ出身の先輩にあたるマンフレッド・マンと、マンフレッド・マンズ・アース・バンドのクリス・トンプソンをはじめ、ジャック・ブルース、売れっ子セッション・ミュージシャンのモー・フォスター（元アフィニティ）、サイモン・フィリップス、元フリーのジョン〝ラビット〟バンドリックといった錚々たる顔触れがバックを務めた。

そのサウンドは〝90125〟イエスの雛形といったところで、ハードでポップなプログレッシヴ・ロックを展開。彼のソロ作の中でもいまだに高い人気を誇っている。

レイは「ロング・アイランド」をラビンと共作し、アソシエイト・プロデューサーとしてクレジットされている。それはコンク・スタジオを使わせてもらったことに対する、感謝の意味も含まれていたのではないだろうか。

面白いのは、かつてコンクのビジネス・マネージャーを務めていたトニー・ディミトリアデスが、このあとイエスとラビンのマネージメントを担当することだ。レイやキンクスがラビンのイエス加入に直接関係したわけではなかったが、ブリティッシュ・ロックの歴史における人間関係が浮かんできてなかなか興味深い。

スのミュージシャン・シップにも敬服しました。
F：「そうさ何かに凝らなくてはダメだ。狂ったように凝れば凝るほど君は一人の人間としてシアワセな道を歩いていけるだろう。」（ムッシュかまやつ）

中村俊夫（なかむら・としお）

A：1954年東京生まれ。大学卒業後、音楽雑誌編集者、レコード・ディレクター、放送作家等の職歴を経て、ライナーノーツや音楽コラム執筆の他、GS、70年代ロック、昭和歌謡関連のCD復刻、音楽プロデュースなどを手がけている。著書（共著を含む）に『みんなGSが好きだった』（扶桑社）、『ザ・ビートルズ・イン・東京』（シンコーミュージック）、『ミカのチャンス・ミーティング』（JICC出版）、『歌謡曲だよ人生は』（シンコーミュージック）、『エッジィな男ムッシュかまやつ』（リットーミュージック）などがある。
B：①『サムシング・エルス』②『ヴィレッジ・グリーン・プリザヴェイション・ソサエティ』③『この世はすべてショウ・ビジネス』
C：①「ウォータールー・サンセット」②「エンド・オブ・ザ・デイ」③「デイズ」④「セルロイドの英雄」⑤「カム・ダンシング」
D：英国人気質。
E：東京オリンピック1964の開催翌月にキンクスが日本デビューして、二度目の東京大会が開催か中止で大モメの現在に、こんなキンクス研究本が出るというのも、何かひねくれ具合いがキンクスっぽくて面白い（笑）。
F：All things must pass（諸行無常）

真下部緑朗（まかべ・ろくろう）

A：1964年8月3日鹿児島県生まれ、某出版社・営業部勤務。『フランク・ザッパ攻略ガイド』に引き続き、執筆者の末席に名を連ねる。
B：①『アーサー、もしくは大英帝国の衰退ならびに滅亡』②『サムシング・エルス』③『トゥ・ザ・ボーン』
C：①「ドント・フォゲット・トゥ・ダンス」②「ローラ」③「カム・ダンシング」④「ウォータールー・サンセット」⑤「セルロイド・ヒーローズ」。次点は「デス・オブ・クラウン」
D：シニカルな詩を書くところ。ちょっとほろりとするメロディを書くかと思えば、元祖ヘヴィメタルのようなメロディも書けるところ
E：改めてキンクスをファーストから順番に聴き、もっとちゃんと聴くべきだったと後悔。この本でキンクスの魅力の一端を伝えられたら、と思います。
F：我、未だ木鶏足りえず（伝説の名横綱・双葉山が連勝止まった時にタニマチに言った言葉）

森 次郎（もり・じろう）

A：1968年愛媛県生まれ。会社員デビュー30周年。賞罰なし。
B：①『アーサー、もしくは大英帝国の衰退ならびに滅亡』②『ヴィレッジ・グリーン・プリザヴェイション・ソサエティ』③『ワード・オブ・マウス』
C：①「セット・ミー・フリー」②「ヴィクトリア」③「ストップ・ユア・ソビング」④「カム・ダンシング」⑤「セルロイド・ヒーローズ」
D：節操のないところと、しつこいところ。
E：なんだかんだ言っても、キンクスはバンド、でした。
F：そのうちなんとかなるだろう。

山田順一（やまだ・じゅんいち）

A：ミュージック・フリー・ペーパー主宰後、音楽系出版社に入社。雑誌、書籍の編集、CD制作、イヴェントの企画運営に携わる。現在はフリーランスのライター／エディター・リサーチャーとして、ライナーノーツや雑誌への執筆及び編集、CDの企画編纂、監修などを行なっている。編著は『グラム・ロック黄金時代1971～77 ―フィーチャーリング・モダーン・ポップ―』、『GSアイ・ラヴ・ユー ニュー・ロック&アフター GSサウンド時代』など。
B：①『この世はすべてショー・ビジネス』②『サムシング・エルス』③『マスウェル・ヒルビリーズ』
C：①「ホエア・ハヴ・オール・ザ・グッド・タイムズ・ゴーン」②「ヴィクトリア」③「セルロイドの英雄」④「ホリデイ・ロマンス」⑤「カム・ダンシング」。次点は先輩からシングルをもらった「ローラ」
D：どこまでいってもブリティッシュっぽいところ。
E：お手伝いさせていただいて光栄です。みなさんと一緒に楽しみたいです。
F：死中に生あり、生中に生なし

執筆者プロフィール（&アンケート）

A：プロフィール
B：フェイヴァリット・ザ・キンクス・アルバム（できれば順位をつけて3枚）
C：フェイヴァリット・ザ・キンクス・ソング（できれば順位をつけて5曲。次点ありでも可）
D：キンクスのどこが好きか
E：本書に参加して改めて思うこと
F：座右の銘

和久井光司（わくい・こうじ）
A：1958年10月2日に東京渋谷で生まれ、横浜で育つ。総合音楽家。81年にスクリーンを率いてレコード・デビュー。翌年キティレコードで作家活動も始める。ソロ名義での代表作は、07年に同時発売した『ディランを唄う』と『愛と性のクーデター』（共にソニーミュージック）。著書・編著に、『ビートルズ原論』『放送禁止歌手　山平和彦の生涯』『ヨーコ・オノ・レノン全史』『フランク・ザッパ攻略ガイド』（以上は河出書房新社）、『ザ・ビートルズ・マテリアル・全4巻』『英国ロックの深い森・全2巻』『ラヴ　ジョン・レノン』（以上はミュージック・マガジン）、『ディランを語ろう』（浦沢直樹と共著／小学館）などがある。
B：①『ソープ・オペラ』 ②『スリープウォーカー』 ③『この世はすべてショウ・ビジネス』
C：①「ウォータールー・サンセット」 ②「ミスフィッツ」 ③「ホリデイ・ロマンス」 ④「アルコール」 ⑤「ライフ・ゴーズ・オン」。次点は「セルロイド・ヒーローズ」
D：文学的／映画的なところ。レイ・デイヴィスは20世紀最高のソングライターだと思う。
E：こういう本があったらいいのに、と思ってきたことが皆さんの協力で実現できたのが嬉しいです。たくさん売れることを願うばかり。
F：美は乱調にあり。

犬伏 功（いぬぶし・いさお）
A：1967年大阪生まれ、大阪市在住の音楽文筆家／グラフィック・デザイナー。英国産ポップ・ミュージックを軸足に音楽執筆活動を展開、地元大阪ではトークイベント『犬伏功のMusic Linernotes』を定期開催している。
B：すべてと言いたいところですが、今の気分としては
①『ロウ・バジェット』 ②『サムシング・エルス』 ③『UKジャイヴ』
C：同じくすべてと言いたいところですが、今の気分としては
①スカッタード（Scattered） ②振り返ったりはしないのだ（No More Looking Back） ③ディドゥ・ヤ（Did Ya） ④危険な街角（Dead End Street） ⑤スーパーマン（(Wish I Could Fly Like) Superman）
D：近代英国を代表する作家レイ・デイヴィスの素晴らしさ。そして、ライヴ・バンドとして常に「今が最高」と思えたこと。そんなバンドはキンクスだけです。
E：素晴らしいお仕事に関わらせていただけて感謝しています。キンクスの魅力がひとりでも多くの音楽ファンに届くことを心より願っています。
F：Sea Refuses No River

手銭辰郎（てぜに・たつろう）
A：1964年6月22日（レイの誕生日と一日違い）横浜生まれ／在住。東海大学文学部文明学科卒。ラジオ／音楽イベント制作会社ティーズ・カンパニー代表。近年はDJ（クラブ&ラジオ両方）としても活動中。居酒屋巡りと散歩が俺の趣味。
B：①『マスウェル・ヒルビリーズ』 ②『サムシング・エルス』 ③『不良少年のメロディ』
C：①「道化師の死」 ②「ストレンジャーズ」 ③「カモン・ナウ」 ④「ユー・ドント・ノウ・マイ・ネーム」 ⑤「リヴィング・オン・ア・シン・ライン」次.「アイム・フリー」（デイヴのヴォーカル縛り）
D：レイの唯一無二のソングライティング・センス、デイヴの緩急自在のギター・プレイ、バンド名
E：キンクスの素晴らしさの再確認は勿論ですが、今回担当させて貰ったデイヴ・デイヴィ

執筆　犬伏 功、手銭辰郎、中村俊夫、真下部緑朗、森 次郎、山田順一、和久井光司
アート・ディレクション　和久井光司
デザイン＆組版　倉茂 透
デザイン協力＆資料提供　犬伏 功
リサーチ＆編集協力　山田順一

ザ・キンクス
書き割りの英國、遙かなる亜米利加

2021年3月20日　初版印刷
2021年3月30日　初版発行

責任編集　和久井光司
発行者　小野寺優
発行所　株式会社河出書房新社
〒151-0051　東京都渋谷区千駄ヶ谷2-32-2
電話　03-3404-1201（営業）
03-3404-8611（編集）
http://www.kawade.co.jp/
印刷・製本　株式会社暁印刷

Printed in Japan
ISBN978-4-309-29135-2